# 吴越家声陌上花

## 第三届吴越钱王文化论坛论文集

杭州市临安区政协文史和教文卫体委员会
杭州市临安区社会科学界联合会
杭州市临安区钱镠研究会     编
浙江农林大学吴越文化研究中心

王长金　肖碧莲     主编

浙江工商大学出版社
ZHEJIANG GONGSHANG UNIVERSITY PRESS
·杭州·

**图书在版编目(CIP)数据**

吴越家声陌上花：第三届吴越钱王文化论坛论文集 /
王长金，肖碧莲主编. —杭州：浙江工商大学出版社，
2021.11

　　ISBN 978-7-5178-4668-0

　　Ⅰ. ①吴… Ⅱ. ①王… ②肖… Ⅲ. ①地方文化—华
东地区—文集 Ⅳ. ①K295—53

　　中国版本图书馆 CIP 数据核字(2021)第 198368 号

**吴越家声陌上花——第三届吴越钱王文化论坛论文集**
WUYUE JIASHENG MOSHANGHUA——DI SAN JIE WUYUE QIANWANG WENHUA LUNTAN LUNWEN JI

王长金　肖碧莲　主编

| | |
|---|---|
| **责任编辑** | 张晶晶 |
| **封面设计** | 林朦朦 |
| **责任印制** | 包建辉 |
| **出版发行** | 浙江工商大学出版社 |
| | （杭州市教工路 198 号　邮政编码 310012） |
| | （E-mail:zjgsupress@163.com） |
| | （网址:http://www.zjgsupress.com） |
| | 电话:0571-88904980,88831806(传真) |
| **排　　版** | 杭州朝曦图文设计有限公司 |
| **印　　刷** | 浙江全能工艺美术印刷有限公司 |
| **开　　本** | 710mm×1000mm　1/16 |
| **印　　张** | 16.25 |
| **字　　数** | 207 千 |
| **版 印 次** | 2021 年 11 月第 1 版　2021 年 11 月第 1 次印刷 |
| **书　　号** | ISBN 978-7-5178-4668-0 |
| **定　　价** | 68.00 元 |

# 编 委 会

"第三届吴越钱王文化论坛"顺利召开

"第三届吴越钱王文化论坛"与会人员合影

浙江省社会科学界联合党组成员、副主席陈先春致辞

浙江省社会科学院历史所所长、研究员徐吉军(中)与临安区政协党组书记、主席张金良(右),临安区政协副主席裘小民(左)亲切交流

浙江省社科联党组成员、副主席 陈先春

临安区政协党组书记、主席 张金良

浙江农林大学副校长、教授 吴家胜

杭州市社科联(院)党组成员、副主席、副院长 朱学路

临安区委常委、宣传部长 李赛文

临安区人民政府副区长 鲁一成

临安区政协副主席  裘小民

杭州市临安区社科联主席  肖碧莲

浙江农林大学文法学院院长、教授 王长金

浙江农林大学文法学院副院长、副教授 彭庭松

文江新民联合报业集团高级记者、知名学者  钱汉东

浙江省社会科学院历史所所长、研究院  徐吉军

浙江省临安中学退休高级教师 屠树勋

浙江农林大学教授 任重

杭州师范大学副教授 李最欣

浙江农林大学历史学博士 钱彦惠

与会专家参观临安博物馆

专家听取解说员讲解

# 前　　言

　　2020 年 11 月 23 日,第三届吴越钱王文化论坛在杭州临安举行。本次论坛在浙江省社会科学界联合会的指导下,由中国人民政治协商会议杭州市临安区委员会、中共杭州市临安区委宣传部、浙江农林大学主办,杭州市临安区社会科学界联合会承办,浙江农林大学文法学院、杭州市临安区钱镠研究会协办。会议开幕式由杭州市临安区委常委、宣传部部长李赛文主持。与会嘉宾围绕"吴越记忆与城市更新"的主题,开展研讨活动。20 余位专家学者在论坛上做了专题报告。

　　浙江省社科联党组成员、副主席陈先春在致辞中指出,吴越国文化作为浙江优秀传统文化的重要组成部分,具有重大现实意义和深远历史意义。本届论坛以"吴越记忆与城市更新"为主题,正是社科理论界学习贯彻党的十九届五中全会精神的重要举措。临安区社科工作者们在推动吴越国文化创造性转化和创新性发展上展现了强大动力。期待临安区宣传思想、社科战线能进一步用好吴越国文化这张"金名片",为推进浙江的社科强省建设、传承发展中华优秀传统文化共同努力。

　　杭州市社科联(社科院)党组成员、副主席、副院长朱学路在致辞中指出,本届论坛的举行是吴越国文化研究学界的一件盛事,也是临安暨杭州市社科联系统贯彻落实党的十九届五中全会精神的重要举措。吴越国文化是临安最具代表性的地方优秀传统文化,也是杭州市地方优秀传统文化中的重要组成部分。杭州市社科联、社科院将一如既往地支持临安优秀传统文化保护研究工作,推动吴越国文化创造性转化和创新性发展,合力推动杭州在建设"重要窗口"中展现"头雁风采"。

浙江农林大学副校长吴家胜教授简要介绍学校概况并在致辞中表示,学校高度重视吴越钱王文化的研究,以吴越国文化研究中心为载体,在吴越国遗址保护等方面取得了显著成绩,其中吴越文化传承与创新工程是区校合作"930服务项目"中的重要内容。本次论坛将进一步加强学校对吴越钱王文化的研究,并对浙西地域文化研究、乡村建设文化研究等起到推动作用。学校将充分发挥学科的特色和优势,为擦亮临安文化品牌做出新的更大贡献。

临安区政协党组书记、主席张金良围绕临安钱王文化保护利用情况做致辞演讲。他指出,临安在钱王文化保护利用方面已取得了显著成就:一是钱王文化内涵挖掘成果丰富;二是钱王文化品牌打造积极推进;三是钱王文化在城市更新中传承发扬。希望以吴越钱王文化论坛为纽带,持续推动临安与省内外各领域专家学者的合作交流更加活跃、更加深入。

在主旨发言议程中,专家们围绕论坛主题深刻阐述了各自的学术观点,他们从历史、文化、文物等角度,共同探讨吴越国时期经济开发、城市建筑、城市发展及吴越钱王文化的传承等一系列问题。

浙江省社会科学院历史研究所所长、研究员徐吉军就"钱镠与南宋都城临安"做专题发言,他认为吴越国在杭州近百年的建设治理,对南宋建都临安,对杭州城市的发展,均具有重大而深远的影响。

浙江省社会科学院文化所副所长、研究员何勇强在题为"论吴越国时期杭州崛起的地理因素"的报告中指出,杭州在不同历史时期的城市发展和功能分布有其特殊性,其城市建设的主要发展理念为"联通南北、向东拓展"。报告着重介绍了吴越国在水利整治方面的成效。

杭州师范大学人文学院教授、文博馆馆长王心喜在其论文《试论钱氏吴越国与日本的文化互动》中指出,五代吴越国时期中日交流出现了新的动向,从中国方面的单方输出,变为中日双方的双向交流。尽管此时日本的文化"逆输出"在质和量上都微不足道,但这毕竟是值得注意的历史现象,也可称为中日文化交流史上的一个转折点。

上海钱镠研究会名誉会长钱汉东在论文《上海的吴越国文化遗迹考略》中介绍了他的研究成果。他认为上海是有历史文化底蕴的伟大都市,吴越国的文物佐证了这个城市昔日的辉煌,也丰富了长三角地区星汉灿烂的文化内涵。

杭州师范大学人文学院副教授李最欣在论文《被误解千年的吴越王〈陌上花〉故事》中辨析了钱镠的"陌上花"故事的真实含义和被误读误解的过程。他认为,探寻"陌上花开可缓缓归矣"这句话的含义,有助于还原钱镠的"陌上花"这个美丽的爱情故事的原貌,对深入认识钱镠及吴越国不无裨益。

浙江省古建筑设计研究院规划二室主任吴修民在主旨发言中认为,临安吴越国王陵考古遗址公园,以整合空间资源为载体,以遗产保护为内核,以遗址活化利用为手段,对助推钱王文化遗产传承、提升临安城市文化品质具有重要意义。

杭州市钱镠研究会会长助理钱刚做了题为"民在心中文必兴盛——概述吴越文化形成的历史必然性"的主题报告。他就吴越文化形成阶段进行概述,揭示了吴越文化的本质属性和特征。他指出中华传统文化源远流长,博大精深,要提高对民族优秀文化的自信心。

在专家交流发言环节中,浙江省临安中学退休高级教师屠树勋在"五代吴越国的城市化"报告中介绍了吴越国城市化建设中的建筑修筑和城市结构改革;浙江省文物鉴定站研究馆员王牧在"吴越国的佛教造像艺术"报告中讲解了吴越国的佛像造像艺术;浙江农林大学讲师任光凌在"五代避讳与吴越国社会政治"的报告中探讨了避讳现象与当时政治格局的关系等。其他专家学者依据自身研究方向,多视角、多方位对吴越钱王文化进行研究成果阐述,并提出对下一步工作的对策和建议。

临安区政协副主席裘小民对本次论坛做会议总结。她热烈欢迎各位专家学者的参与,共商临安吴越国文化的保护传承。非常感谢各位专家在论坛上对临安吴越国文化传承的精彩发言和给予的悉心指导。同时也希望通过本次论坛对吴越国文化的保护、传承、弘扬工作有更清晰认识,打好这张城市文化"金名片"。

论坛还组织与会人员参观了临安区博物馆、昌化鸡血石博物馆和临安区艺术展示中心,实地感受了钱王文化历史遗迹,亲身体会了临安对吴越国文化的保护、传承的成效。

# 目　　录

## 吴越国城市与历史遗产保护

遗产活化与城市发展
　　——以临安吴越国王陵考古遗址公园规划为例
　　………………………… 吴修民　顾爱东　干立超（003）
论吴越国时期杭州崛起的地理因素 ……………… 何勇强（025）
五代吴越国的城市化 ……………………………… 屠树勋（036）
上海的吴越国文化遗迹考略 ……………………… 钱汉东（052）
所谓"近世都城"
　　——以吴越国杭州城为例 ……………………… 钱彦惠（060）
吴越国时期城池营建初探 ………………………… 许锦光（077）

## 吴越国政治与对外交往

试论钱氏吴越国与日本的文化互动 ……………… 王心喜（089）
关于如何评价吴越国的几个问题
　　——以欧阳修对吴越国的批评为例 ………… 任　重（102）
五代避讳与吴越国社会政治 ……………………… 任光凌（108）
论钱镠的政治谋略及对吴越国走向的影响 ……… 曹　渊（121）

# 吴越国文化与事件人物考证

被误解千年的吴越王《陌上花》故事 ……………… 李最欣(133)

吴越国文献《百家姓》的成书与流传 ……………… 胡耀飞(156)

吴越国诸王夫人研究 ……………………………… 谢宇荣(164)

民在心中　文必兴盛

　　——概述吴越文化形成的历史必然性 ……… 钱奕富(183)

钱岱其人及评价 …………………………………… 付庆芬(192)

钱俶刻印《宝箧印经》与吴越国阿育王塔之关系重考

………………………………………………… 吴天跃(204)

吴越国茶文化在五代十国的地位 ………………… 关剑平(224)

# 吴越国城市与历史遗产保护

# 遗产活化与城市发展

## ——以临安吴越国王陵考古遗址公园规划为例

浙江省古建筑设计研究院　吴修民　顾爱东　干立超

**摘　要**：近年来,遗产保护理念逐渐从"单一保护管理"向"多元活化利用"转变,并积极融入城乡发展。考古遗址公园作为遗产保护与展示利用的重要模式,与城市更新在空间资源分配、服务业态支撑、文化产业补链等方面有着紧密的关联。该文以临安吴越国王陵考古遗址公园规划为例,综合分析遗址公园规划与城市空间重构之间的耦合关系,以公园建设为载体、遗产保护为内核、遗址活化利用为手段,整合存量土地和可利用资源,实现遗产保护与城市更新的效益统筹。

**关键词**：临安;吴越国;遗产活化;城市更新;考古遗址公园

## 一、研究背景

### (一)一次不经意的考古

2017年4月,临安区政府地下车库人防工程项目在施工过程中发现古代建筑基址,经过数月的抢救性考古发掘,取得了重要收获——五代吴越国衣锦城建筑址初现。2018年初,在锦南街道锦桥村保障房项目施工现场,再次发现文物遗迹,经考古部门为期4个月的发掘,《咸淳临安志》中记载的净土寺遗址被揭开神秘面纱。新发现的遗址与现存的钱王陵、功臣山(含塔、寺)一同揭开了自五代以来临安城市的演变"源点",即"城—陵—寺"一体的整体格局(见图1)。

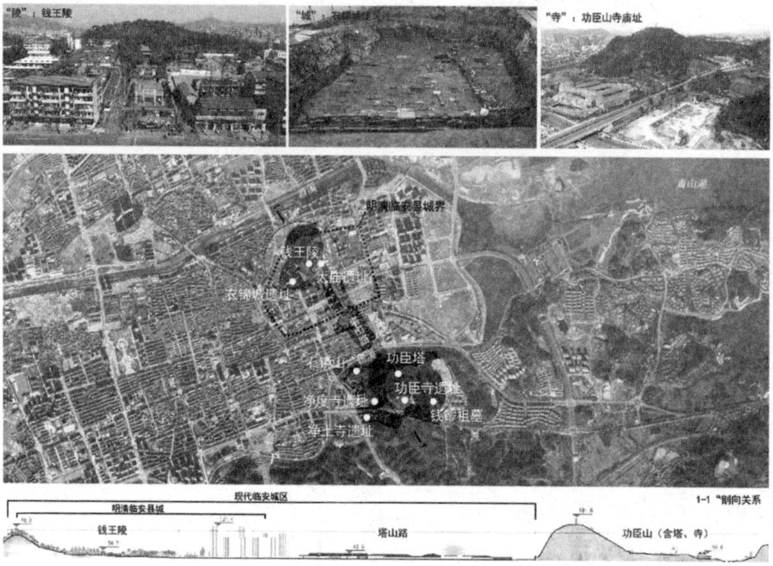

**图1  临安城区"城—陵—寺"一体的格局关系**

"城":临安城初建时的"衣锦城"兼具军治、家宅、家庙三项功能,是国内较为少见的王陵与城池建设融为一体的案例,为研究唐宋时期地方行政编制单位"军"的建置沿革,提供了珍贵的实物资料。

"陵":吴越国王陵是临安城营造建制的重要组成部分,为研究临安城与吴越国历史提供了切实的实物证据,其墓葬序列形式反映了晚唐至吴越国时期陵寝制度、堪舆学、墓葬文化艺术的演变,具有极高的历史价值。

"寺":集中分布于功臣山区块,包括功臣塔、寺院遗址(功臣寺、净土寺、净度寺)以及钱镠出生地相关史迹(婆留井、石镜山)(见图2)。其中,寺院塔幢遗址为研究钱镠及吴越国时期的佛教寺院建筑提供了珍贵的实物资料,钱镠出生地相关史迹千百年来更是钱氏家族代代沿袭的价值取向和精神追求,具有崇德向善、奋发向上的现实教育意义。①

图 2　衣锦城、功臣寺、净土寺遗址及钱王陵、功臣塔

　　考古遗址公园规划以规划对象的价值特征判研为基础。随着考古及研究工作的不断深入,对吴越国文化史迹的认知由墓葬、宗教领域逐渐拓展至对其整体价值的认知,其遗产价值内涵对当时及后世的文脉传承、城市更新和社会发展将产生深远的影响。

---

　　①　部分引自《吴越国王陵(钱镠墓、康陵、钱宽水邱氏墓)保护规划》《功臣塔保护规划》及相关考古研究成果。

### （二）临安城市的发展焦虑

**1.杭州"第十区"的身份转变**

2017年8月，"撤市设区"的一纸政令将临安纳入杭州市区的行政版图,杭州"第十区"的身份意味着临安将加速融入杭州全域文化体系,但同时也需要站在更大板块上去审视自身发展的现实:地域面积广大、行政中心偏东、山地丘陵占比大,客观上造成城乡统筹发展压力和区域发展的不均衡(见图3),本土发展在承接杭州主城区溢出效应的同时,更面临着融区入市带来的资源同质化和虹吸效应。因而深度挖掘优势资源,走差异化发展道路将成为临安适应"新身份"的应对之举。

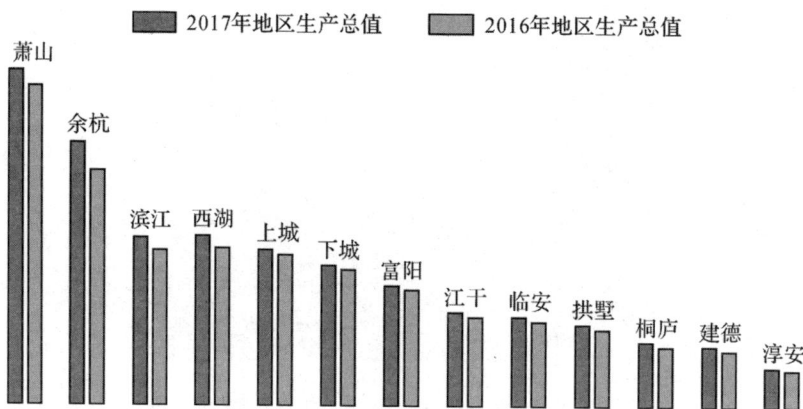

**图3　杭州下辖各县、区生产总值对比(2017年度)**

**2.地域文化内涵的再提炼**

临安区扼守浙皖门户,自古以来为浙皖赣三区的通衢要地。在当下,临安区延承"承东启西"的区位优势,发掘生态和人文资源成为其寻求自身发展定位、激活门户价值、提升发展能级的精准着力点。吴越国王陵相关考古史迹的重大发现,对临安深掘和重塑吴越文化品牌无疑注入了一针"强心剂",而其在老城区的集中分布形态,构建了"城市型"考古遗址公园的基本形态,形成了将文化资源与土地资源相互转化、硬与软基础设施相互支撑的独特优势。

## (三)遗址公园规划建设方兴未艾

### 1.发展现状——考古遗址公园的产生

"考古遗址公园"这一概念可溯源至 2005 年国家文物局启动的大遗址保护项目,先后经历了"大型古代城市遗址公园""大遗址公园""遗址公园""考古遗址公园"等演变时期,同期国家文物局发布的相关政策文件清晰地体现了我国遗址保护理念的发展过程。2009 年 12 月,国家文物局正式提出"国家考古遗址公园"定义,"是指以重要考古遗址及背景环境为主体,具有科研、教育、游憩等功能,在考古遗址保护和展示方面具有全国性示范意义的特定公共空间",随后颁布实施的《国家考古遗址公园管理办法(试行)》《国家考古遗址公园规划编制要求》标志着考古遗址公园的规划建设正式走向规范化、法治化。

考古遗址公园是将遗址保护与公园设计相结合,对已发掘或未发掘的遗址进行完整保存,综合运用保护、修复、重新整合、再生等一系列手法,对遗址进行保护、展示、研究和再利用。该保护模式充分发挥遗址所在地保护的优越性,顺应新型城镇化的发展要求,在国土空间优化开发的新格局中扮演重要角色。截至 2018 年底,我国已公布 36 处、立项 86 处国家考古遗址公园(见图 4),在理论与实践领域探索出多元化发展路径,涌现出诸多考古遗址公园与城乡发展良性互动的优秀案例,如西安大明宫考古遗址公园、成都金沙考古遗址公园、杭州良渚国家考古遗址公园等。

### 2.发展态势——与城市更新联动发展

考古遗址公园的规划建设涉及城建、规划、国土、交通、水利等社会各相关职能部门,更与土地置换、居民区征迁、地块经济形态等民生发展利益休戚相关,深刻影响着遗址及其周边的自然、人文环境。考古遗址依存于土地,其所承载的丰富的历史信息又

**图4 我国已公布与立项的国家考古遗址公园分布图(截至 2018 年底)**

赋予土地特殊含义,考古遗址公园的规划建设主动寻求二者利益的同步发挥路径,设法实现遗址在经济和文化领域的协同利用。

近年来,随着文物保护理念和意识不断加强,各地在不同地域对遗址公园的规划模式与手法都进行了有益尝试和探索。如西安大明宫遗址曾一度为杂乱无章的棚户区压占,当地政府充分认识到文物保护对西安城市更新的重要意义,果断对 3.2 平方公里的大明宫考古遗址公园规划范围实施整体拆迁,使 15 万居民的生活居住条件得到根本改善。遗址公园建设带来的衍生效应涉及城市基础设施、民生保障、现代服务等领域,遗址空间在城市更新的增长极效应逐年凸显。良渚考古遗址公园则将公园建设定位为与考古工作相配套、相结合的长期的建设过程,即首先建立起一个可供参观游览的考古遗址公园的框架体系,随着考古发现的新进展,不断确立新的展示点进行保护展示,形成分步实施、逐年投入的详细运作机制,充分反映了考古遗址公园的特点和生命力所在。

### 3. 小　结

对临安而言,古代遗址与现代城市在空间上的高度重叠,使得城市更新具备土地价值和遗产价值双重属性。考古遗址公园的保护理念正是借助"遗址"这一土地资源的独特性和唯一性,彰显地域在历史、社会、人文等方面的文化软实力,其实质不仅是促使"保护"与"发展"走向整合、追求文化遗产与城市建设的和谐共赢的战略构想,也是新时期临安区城市资源重新整合、重塑老城区特色空间的宝贵契机,从长远来看,更是挖掘自身优势、实现差异化发展、实现文化"反哺"经济的必由之路。

## 二、机遇与挑战

通过对自身文化解读、城市格局重塑等实现对空间资源的再分配,是临安走差异化"融杭"发展之路的新手段,也开拓了城市发展新视角。近年来,临安对外交通和物流信息的高速发展为文化输出注入强大动力,但同时也对城区架构的发展方向、土地价值的适应性调整、文化资源的精准利用都提出了更高要求,考古遗址公园的规划正是对临安城市现状发展的审视和评估。

### (一)建成区域的"高大上"

临安区社会经济的飞速发展使得土地需求不断增长,城市发展空间不仅向外扩展,高价值的老城区土地也不断被城市建设所"蚕食",临安"城—陵—寺"一体的历史格局、本体及其保存环境已日渐消弭。

"高"——2005年至2012年间,星港九月、钱王文化广场数座高层建筑完工,建筑高度刷新了临安区住宅小区纪录,但同时也对钱王陵的景观格局造成严重破坏,彻底阻断"穴山(太庙山)"与"朝山(功臣山)"间延续千年的视廊关系,对历史风貌产生很大影响。

"大"——中华人民共和国成立后城市化快速扩张时期,各机关单位附属建房、电影院等城市服务设施不仅挤占了钱王陵园的有限空间,更对地上和地下遗存产生了巨大破坏。20世纪90年代,原临安市政府对钱王陵园域内实施大规模环境整治和附属设施建设工程,先后拆除宿舍楼、电影院等后期占压建筑,修复墓道、礼制构筑物及周边历史环境,陵园环境得到很大改善和提升,目前东西两侧土地征迁工作已进入尾声,处于待利用状态。

"上"——神道、"穴山"(即太庙山,见图5、图6、图7)、"护砂"(青龙、白虎二山)构成钱王陵的主体,为古代高等级墓葬的格局所在。现状"左护砂"青龙山顶为后期建设压占,虽已拆除,但绿化、围墙等尚待整饬和恢复;"右护砂"白虎山大部分为区政府机关小区两幢住宅建筑压占,整体山形地势遭到严重破坏,太庙山局部地段为后期风貌不协调建筑压占,亟待整治。

图5 太庙山区域用地现状

## (二)考古发掘的动态性

考古遗址公园建设的核心内容是对遗址格局和历史价值的准确阐释,考古成果是保护展示工作的基础。但是从客观情况来

图 6　2004 年太庙山—功臣塔视廊关系

图 7　2018 年太庙山—功臣塔视廊关系

看,遗址公园规划范围内已开展考古发掘的地块包括区政府大院
［衣锦城遗址(见图 8)、明清临安县衙遗址］、太庙遗址、功臣寺遗
址、净土寺遗址(见图 9)、净度寺遗址,各区域考古工作进度、深
度、计划不统一,各时期遗迹整体布局尚不明确,大型建筑基址的
性质难以准确推定。考古计划的动态性、考古成果的碎片化、研
究成果的阶段性导致公园整体展示与其考古结论支撑之间出现
统筹矛盾。

　　因此,考古遗址公园需在考古成果与规划建设间寻求契合关
系,即考古发掘工作将伴随遗址公园规划建设的整个过程,有效
融合考古计划,甚至将考古过程公众化作为规划编制及保护展示
的研究课题,以期在弹性预留、计划衔接等层面实现良性互动。

图 8　衣锦城建筑遗址局部探坑

图 9　净土寺遗址阶段性发掘现场

## （三）文化研究的相对滞后

临安吴越国文化史迹遗存丰富，涉及宗教传播、城池演变、钱氏家传等多方面，具体包括墓葬、寺院、塔幢、城址、宫观、关隘等诸多遗产类型，是杭州地区除良渚文化、南宋文化外又一重要文化资源。诸多文化史迹衍生出来的研究"派别"十分丰富，但成果仅停留在对民俗、逸闻、传说等方面的研究，缺乏对吴越国文化脉络的系统研究,总体呈现低水平、片段化、展示方式单一、承载空间缺乏的特点。

### (四)城市更新的试探性

遗址公园所在区域用地复杂多样,涉及临安区政府在内的多个机关单位、沿塔山路高层住宅、功臣山路沿线城中村等地块,安置成本、建设密度、业态布局、投资估算、预期效果都是考古遗址公园规划建设需要统筹考虑的因素。

近年来,临安区政府对钱王陵中轴线两侧、塔山路沿线部分地块开展征迁和土地整理工作,累计投入资金达 9 亿元,为遗址公园建设在土地、资金、政策层面打下良好基础,遗址公园拟通过对现状存量土地的规划评估,指导城市更新策略和建设控制指标的调整和优化(见图 10)。

**图 10　遗址公园规划范围内土地利用现状**

### (五)小　结

临安城区的紧凑型发展空间决定了土地的稀缺公共资源属性,避免快速、无序、低质量的开发是考古遗址公园建设的重要原

则。因此,多元化发展、培育增长极、适配性开发、精细化经营是
"城市型"遗址公园建设与城市发展之间耦合关系之核心,这就要
求遗址公园用地需承担较为多元化的城市功能,采取节约型结构
形态和因地制宜的规划策略。

# 三、总体规划

在前期对临安吴越国文化史迹与现代城市空间叠加分析的
基础上,考古遗址公园规划以遗产突出价值阐释场景为核心,置
入"陵—城—寺"三大要素媒介,以上位规划、历史场景、城市时代
特征为准绳,通过与城市空间更新的联动,最终实现"城—园"互
融发展的规划愿景。

## (一)总体定位

规划拟建成以吴越国文化史迹为核心,以临安城市变迁空间
叠加为内涵,集吴越国王陵保护展示、佛教文化遗址展示、城市建
筑遗址展示、临安山水城市景观展示于一体,具有遗址保护、教育
展示、文化传承、科学研究、艺术创意、旅游休憩等多种功能,以展
示和体验吴越国历史文化、佛教文化、临安县(军)治城市发展变
迁,展示和体验人居与城市和谐发展关系的考古遗址公园(见图
11)。

图 11　考古遗址公园规划设想

### (二)规划架构与核心内容

考古遗址公园总体划分为太庙山、功臣山、塔山路三大区块,形成"两区一轴"的整体架构(见图12)。

太庙山区块为墓葬主题展示区,以钱王陵为主体,太庙遗址、衣锦城遗址分列东西两翼,以太庙山、青龙山、白虎山的山形地势反映五代王侯墓葬选址的大格局,利用临安图书馆的改造在外围解决游客集散及文化展示的场所需求。

功臣山区块为佛教主题展示区,以功臣寺、净土寺、净度寺遗址为展示核心,通过遗址现场展示、吴越佛教研学营地建设等手段,充分发掘区块价值内涵,与太庙山片区遥相呼应,展示钱镠从出生到归葬的完整序列。

塔山路区块为吴越文化体验带,重点植入非遗体验、特色商业、现代教培等城市业态,兼顾遗址公园主题和现代城市发展需求,通过道路步行化改造,串联南北两片区,实现游线和视廊贯通。

根据规划总体架构和各区块展示利用的主题类型,以下从遗产保护、交通组织、业态规划三个视角阐述规划核心内容。

1.遗产保护展示

(1)吴越国王陵展示区(太庙山)

通过该区块王陵与最新考古成果的展示,深入揭示城市发展演变的脉络与文化地层叠加的空间形态,凸显临安"城—陵—寺"一体的城市特色,构建主题明确、特色鲜明、历史与未来紧密关联的临安吴越国文化史迹展示核心。具体展示内容分为墓葬、城址、展陈三方面,分别对衣锦军治文化内涵、五代墓葬制度形制、吴越国历史文化进行系统解读(见图13)。

①王陵拜谒展示:通过对钱王陵中轴线建筑群的保护提升,展示吴越国创立者——钱镠墓葬宏大完备的场景及其保境安民的丰功伟绩。

②太庙遗址展示:通过对太庙遗址考古成果的现场展示,展

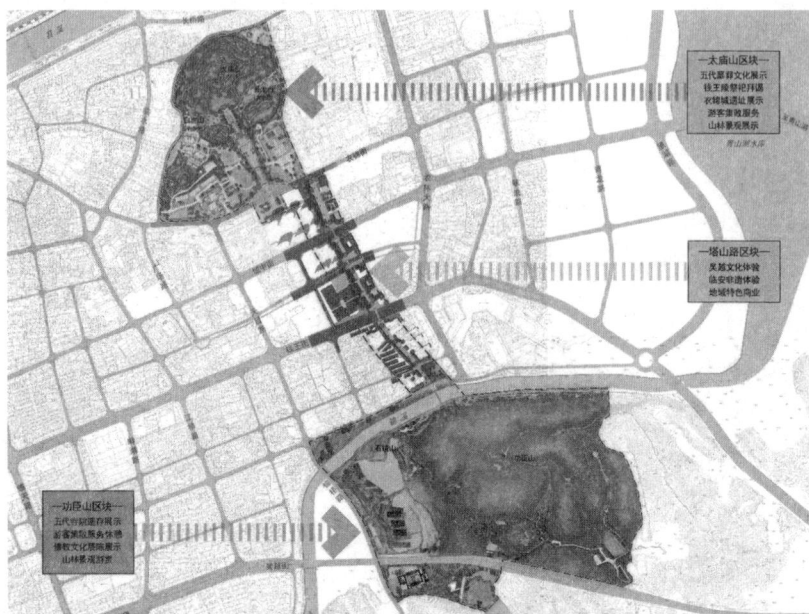

图 12　考古遗址公园规划架构与核心内容分解

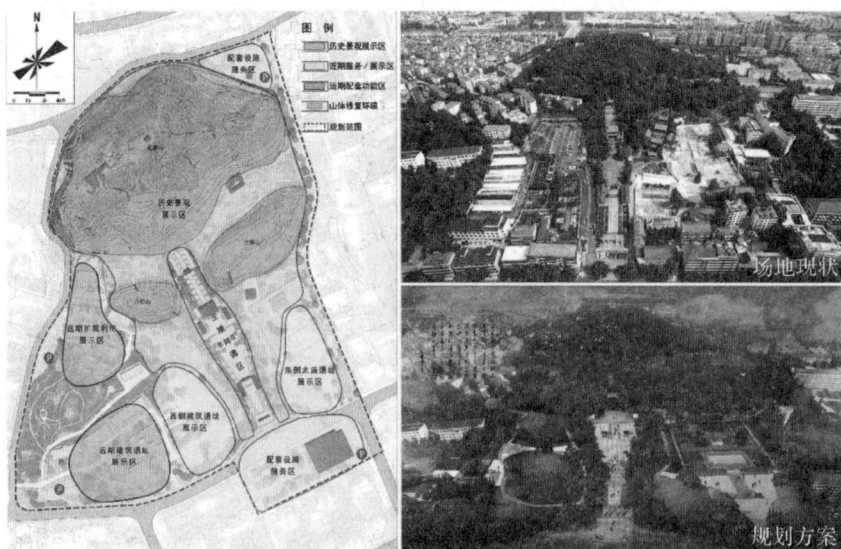

图 13　太庙山区块功能分区图

示唐至五代时期王陵规制及祭祀礼仪。

　　③吴越文化展示:通过吴越国文化展示中心建筑(利用现临

安区图书馆改造)与室内展陈,全面展示考古遗址公园的总体概况、衣锦城建筑遗址、钱氏家族纪念馆等内容。

　　④建筑遗址展示:以考古发掘成果为基础,对区政府大院内的吴越国衣锦城建筑遗址回填后进行地表模拟展示。

　　⑤历史景观展示:通过修复钱镠墓山形地势的风水格局、提升中轴两侧景观环境,加强遗址公园的历史氛围营造。

　　(2)佛教寺院遗址展示区(功臣山)

**图14　功臣山功能分区图**

　　功臣山区块地处临安老城区南部,现存功臣塔、功臣寺遗址、净土寺遗址、净度寺遗址等丰富的吴越国佛教史迹遗存(见图14)。作为钱镠出生地,婆留井传说、石镜祥照、舍宅为寺等人物逸事传说更加丰富了区块的空间叙事内涵。借助考古遗址公园建设的契机，深度发掘本区块的当代价值，正与当下国家经济文化发展大背景及"一带一路""海丝申遗"等倡议具有相当的契合关系。在区块空间架构组织层面，遗址公园规划拟利用已建成的临安博物馆、吴越文化公园展示资源，通过架桥（锦溪桥）改路（吴越街）串联各展示点，借助适配业态增强区域综合游览价值。具体展示内容如下。

①寺院遗址展示：通过功臣寺、净土寺及净度寺三处五代至宋时期寺院建筑遗址的现场展示，从不同视角、层次、内容集中体现吴越佛教的发展以及对后世佛教尤其是禅宗佛教的深远影响。

②佛教文化展示：通过净土寺遗址保护设施的室内文化展陈，解读吴越佛教对外文化交流史。

③钱氏遗迹展示：结合吴越文化公园建设，通过对功臣寺遗址（包括婆留井）、功臣塔、钱镠祖墓的现场展示，充分揭示钱氏家族以及其与吴越佛教的渊源关系。

（3）吴越文化体验带（塔山路）

在考古遗址公园规划架构中，塔山路承担着视廊空间过渡、历史文脉织补、交通集散组织、服务设施安置、老城复兴更新等重要功能，以临安吴越文化名城定位为基准，结合现状名城保护、城市发展、文化教育、市井生态、公众需求等，塑造富有地域特色的复合型文化体验空间。

2. 内外交通组织

（1）外部交通资源共享

重点解决遗址公园与紧邻市政道路的交通衔接、人车分流、停车集散三大问题。通过钱王陵南入口广场改造（衣锦街）、塔山路—功臣山路步行化、与东西向道路交叉管制、周边地块停车配套共享等手段，增强遗址公园内外部通达度、共享城市公共资源，强调南北通行的轴向关系。

（2）内部游线组织贯通

遗址公园内部游线组织以各价值阐释空间的序列关系梳理

为基础:太庙山区块需突破钱王陵中轴及其两翼区域的围墙阻隔、对王陵区与区政府地块(远期)预留交通串联空间;对功臣山区块现有展示资源进行整合,将功臣寺遗址、光孝明因寺遗址、吴越佛教研学营地、塔亭寺遗址纳入现状游线统一展示,通过吴越街局部架空改造、锦溪新建步行桥,打通区块南北两端交通阻隔,形成太庙山与功臣山区块步行游线的实际贯通。

3. 业态规划

遗址公园规划范围一直是临安人口集聚和贸易流通的核心所在。随着当代人口、产业的集散效应,城市空间结构已逐渐由单中心向多中心形态转变,城市中心体系横向竞争强化,城市中心区的空间特色化,对于振兴老城、彰显个性和强化竞争力十分必要,遗址公园的业态规划正是在此基础上应运而生。规划通过对太庙山、塔山路、功臣山三大区块业态进行适宜性评估分析,旨在构建以遗址公园为载体、以优势业态为引导的特色城市空间,以期通过整合城市文化资源,提高空间利用效率(见图 15、图 16)。

(1)钱王陵展示

钱王陵展示内容主要为钱王陵整体格局的展示,包括墓道、钱王祠、关帝庙以及遗存的石像生、墓表等。

(2)遗址类展示

遗址类展示业态包括太庙建筑遗址、临安县(军)治遗址、功臣寺遗址、净土寺遗址展示,形成类型多样的遗址展示群落。

(3)文化博览类

整合现有临安博物馆展示资源,通过吴越国文化展示中心、吴越佛教研学营地等改造利用类设施,以营造不同展示主题,丰富游览内涵。

(4)休闲游憩类

利用太庙山、功臣山吴越文化公园现存休憩场所,在游线组织、主题氛围等领域展开规划衔接,形成特色鲜明、独具魅力的众享空间。

(5)旅游服务类

旅游服务类业态分为两部分,一是服务考古遗址公园的游客接待中心及其配套服务设施,二是串联临安老城空间的吴越文化体验带(塔山路)及其城市服务业设施。

| | 商务服务 | 管理/监督 | 展示/博览 | 体验活动 | 集散广场 | 酒店餐饮 | 购物 | 休息场所 |
|---|---|---|---|---|---|---|---|---|
| 吴越国文化展示中心 | | | | | | | | |
| 吴越佛教研学营地 | | | | | | | | |
| 钱王祠等中轴线建筑 | | | | | | | | |
| 太庙遗址展示设施 | | | | | | | | |
| 功臣寺展示设施 | | | | | | | | |
| 净土寺展示设施 | | | | | | | | |
| 衣锦城史馆 | | | | | | | | |

■ 不匹配业态　■ 一般匹配业态　▨ 匹配业态

图 15　考古遗址公园业态适宜性评价表

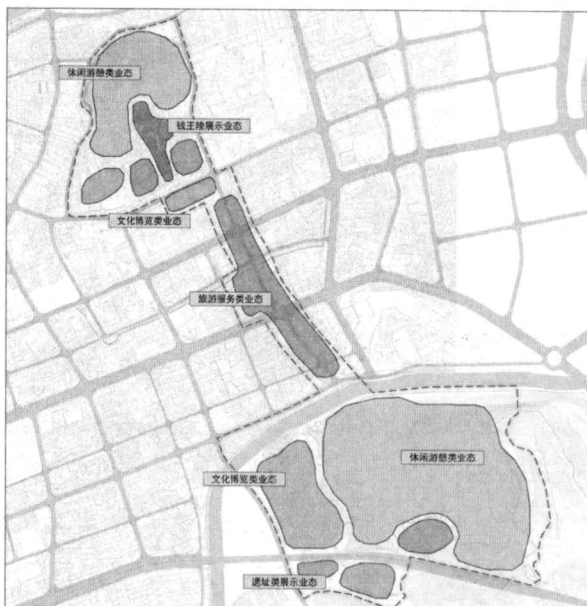

图 16　考古遗址公园业态规划图

## 四、规划策略

### (一)"非共识"思维演进

考古遗址公园兼具教育、游憩、科普等综合功能,是遗址保护展示方面具有示范意义的特定公共空间。从前期调研、中期衔接到后期调整,遗址公园的规划编制经历了数轮"思维复盘",在公众参与、城市共享、专业衔接等层面经历了从"非共识"到"共识"的演进。

1.公众参与视角下的意见共筹

在遗址公园各节点的提升改造过程中,规划编制单位对钱王恭祭、日常游客参观、城市资源共享等实际功能需求进行重点评估。如在钱王陵中轴线提升设计中将人车集散活动南移至吴越文化展示中心(现图书馆),有效利用长期闲置的钱王文化广场北广场,释放现钱王陵牌坊前场空间,解决大流量参观民众封堵入口、侵占衣锦街交通空间的问题;对钱王祠月台上下空间进行视线分析,通过竖向设计,保证钱王恭祭活动时参观者的视觉条件;此外,在钱王陵展陈展示提升规划过程中,规划编制单位与钱氏后裔开展充分沟通(见图 17),在研究资料获取、展陈空间设想、相关文物征集等方面都取得了重要收获。

2.政府决策下的城市共享

遗址公园规划范围内涉及两处全国重点文物保护单位,两处保护区划内管控规定、遗产类型、视廊空间等均为土地利用与开发的限制条件,共享城市已有配套服务设施解决游客集散和参观场地需求,是规划编制者与政府决策者多轮沟通的重要内容。如利用临安图书馆外迁进行建筑改造,妥善解决太庙山片区游客服务中心选址问题,退地还民、留白于后代;利用废弃钱湖水库堤坝

图17　规划中听取钱学森之子钱永刚教授意见

改造为吴越佛教研学营地,解决功臣山片区配套服务场地缺乏问题。

3.动态角度下的策略共谋

交通组织衔接:遗址视廊特征、功能结构分区、场景展示游线影响遗址公园交通组织的内部循环方式,而周边道路组织体系、各地块交通场地需求影响交通组织的外部链接方式。从现状发展来看,遗址公园范围内存在集散场地缺乏、断头路、河流阻断等众多问题,规划尽可能地利用现有道路及城市规划道路,重点解决塔山路及其延伸段的车行组织、人车分流、静态停车等问题,通过步行化改造,连接太庙山与功臣山两大片区,既实现了城市中心区低密度、慢性系统的开发,又实现了遗址公园南北交通游线的彻底贯通。

遗址保护展示:考古遗址公园强调规划的弹性与动态属性,其保护展示方式、功能分区、考古预留区的设置遵循规划"蓝图",其中的考古预留区旨在为后期的考古发掘和研究工作创造空间余地;同时,注重考古计划与保护展示的衔接,在遗址探明、风险预估的情况下陆续转换遗址区展示成果。

### (二)"混合式"规划策略

地处老城中心的特殊区位决定了吴越国王陵考古遗址公园规划建设呈现"适应性、混合式、多样化"的基本特征。在近年来规划领域"多规合一"理念的指引下,"自上而下"和"自下而上"相结合的混合决策是确保规划成果落地、实现资源有效配置、提高规划管理效力的有力保障(见图18)。

在具体操作过程中,对上位规划的指导效力进行评估分析尤为重要,关乎考古遗址公园规划的科学性和适应性。首先,政府战略决策和文物保护规划为公园规划提供宏观基础与目标导向,决定了项目整体定位;其次,对地块单元的建设控制、考古发掘计划成果、共管职能部门的适配评估,是规划编制和成果落地的利用基础,也是实现"一张蓝图绘到底"的辅助抓手。针对遗址公园类规划的特殊属性,采用以上混合式的规划策略,旨在协调融合各类规划,确保空间资源和边界相一致,最终实现规划的部署和引导效力。

## 五、结  语

当代城市的演进和更新具有其独特性与复杂性,具体反映在用地类型权属的复杂性、聚居人群诉求的多样性、土地空间发展的限制性以及传统空间风貌的控制性等方面。吴越国王陵考古遗址公园的规划涉及遗产资源整合、场景价值诠释、配套资源共享,通过工程技术手段实现蓝图到项目的平稳落地,实质上是在一定范围内集文保、规划、城建、考古、管理等多学科、多部门对城市优势资源的价值评估和重构,是遗产活化和城市更新双赢策略的一次有益尝试。

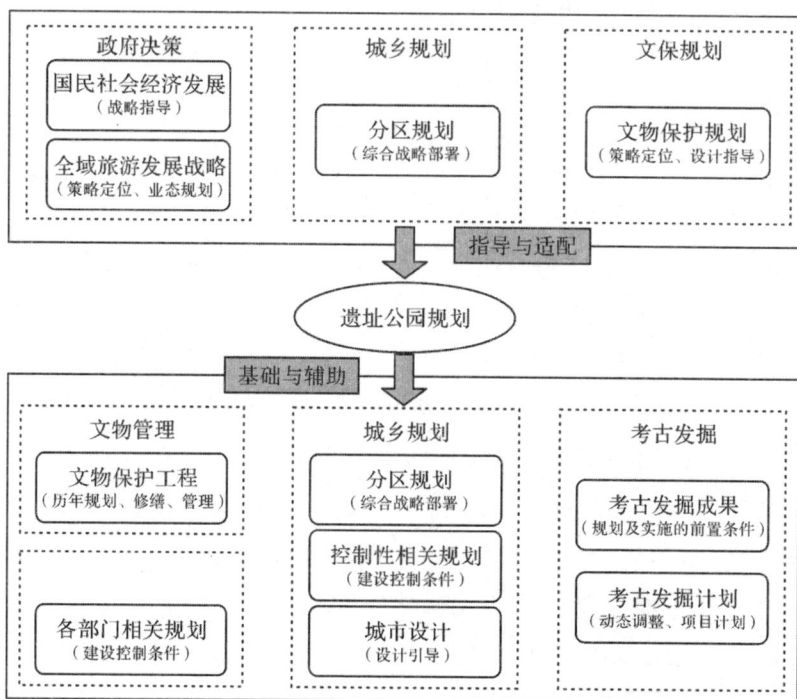

图18 "混合式策略"架构

## 参考文献

[1] 贺艳.一种新兴的规划类型:国家考古遗址公园规划[C].重庆:规划创新——2010中国城市规划年会论文集,2010.

[2] 冉淑青,等.国内外大遗址保护的经验借鉴与启示[J].人文杂志,2013(4).

[3] 刘斌.从良渚遗址谈关于遗址公园建设的思考[N].中国文物报文物保护周刊,2013-07-19(005).

[4] 石竹云.城市中心发展业态创新——载体特色化空间构建研究[D].南京:东南大学,2014.

# 论吴越国时期杭州崛起的地理因素

浙江省社会科学院　文化所副所长、研究员　何勇强

**摘　要**：该文从历史上长三角区域中心城市的特殊性切入主题，从杭州地理的特殊性展开，杭州虽依钱塘江为城，但杭州在很长的历史时期中并未借钱塘江航运之便利发展出"一河一城一区域"城市崛起模式。相反，钱塘江挟潮冲击，成为阻碍杭州崛起的一个障碍。而汉唐时期的五件大事改变了杭州：一是东苕溪的治理，二是大运河的贯通，三是西湖水利设施的修建，四是太湖流域水系的整治，五是捍海塘的修筑。到吴越国时期，吴越国政权高度重视杭州水利建设：修筑捍海塘、整治太湖流域水系、继续治理西湖。前代杭州水利建设，或挖井，或开塘，或疏浚，多局限于某一方面，吴越国时期的杭州水利建设则是全面的、成体系的。至此，以河流为中心的文化区域在吴越大地上开始形成。

**关键词**：杭州；吴越国；区域文化；水利建设

## 一、历史上长三角区域中心城市的特殊性

世界各大古代文明多起源于大江大河，如古埃及文明之于尼罗河，美索不达米亚文明之于底格里斯河、幼发拉底河，古印度文明之于恒河，以及中国文明之于黄河、长江。不仅世界各大古文

明如此,中国各区域文化,其形成与发展也多与河流有密不可分的关系,如山西文化之于汾河,陕西文化之于渭河,四川文化之于岷江,岭南文化之于珠江,湖南文化之于湘江,江西文化之于赣江,浙江文化之于钱塘江,等等,多是如此。而且,这些区域文化都显示出这样一种地理模式:一条河流,一座沿河的中心城市,一种区域文化。仍举上述这些区域文化为例:太原—汾河——晋文化,西安—渭河——关中文化,岷江—成都——蜀文化,珠江—广州——岭南文化,湘江—长沙——湘文化,赣江—南昌——赣文化。浙江文化的发展也是如此,一条钱塘江,一个中心城市——杭州,然后发展出一种独特的区域文化。一个沿河的中心城市在区域文化的形成中发挥了非常重要的作用。

当然,有些江河长度长,流经区域大,可能被分成多段,形成多个中心城市,发展出多种区域文化,如长江沿流有重庆、武汉等中心城市,分属巴文化、楚文化等不同区域文化。有些支流也是如此,如长江的支流汉江,历史上产生了汉中、襄阳、武汉等区域中心城市,它们也各自以这些大城市为中心,形成了各具特色的区域文化类型。

当然,有些区域,一条河流,在其流域不同地区的开发有先有后,中心城市也有一个变化的过程。如长江中游,江陵、九江曾是非常重要的中心城市,但现在它们的地位已被武汉取代。又如汾河流域,其最初的中心应在汾河南部,这里曾是传说时代的尧都;西周封晋,曾为晋国都城的翼、曲沃、绛,都在山西南部;晋三家中,韩氏初封韩原,后迁平阳,魏都安邑,皆在汾河流域南部。到战国以后,随着赵国势力的向北扩张以及韩、魏两国南迁,晋阳(太原)才开始崛起。至于黄河下游地区,其中心城市受历史上黄河改道及运河修建的影响较大,情况相对复杂一些。

长三角地区历史上并没有发生大规模江河改道,但长三角中心城市的变化以及区域文化的形成过程却也显得非常复杂和特殊。表现在以下两方面。

一是中心城市的多变。为了说明问题,先让我们看一下历史上长三角区域中心城市的变化情况：有文献记载以来，这一地区历史上最早的中心城市是吴国首都姑苏（今江苏省苏州市）和越国首都会稽（今浙江省绍兴市）。这两个城市自春秋至两汉，一直都是长江下游的两个中心，堪称这一地区的母亲城市。六朝以后，建业（建康）成为首都（现在的江苏省南京市），成为该地区最大都会，也是自然的中心城市。隋唐以后，政府为抑制南朝旧有势力，对建康在一定程度上实行"打压"政策，南京相对"没落"。同时，随着大运河的贯通，扬州崛起成为全国的经济中心，也自然成为长江下游当然的区域中心。同时，润州（今江苏省镇江市）与越州（今浙江省绍兴市）分别为浙江西道与浙江东道的治所，也都不失为当时重要的区域中心。五代以后，杭州崛起，南京也重新崛起，分别成为吴越国和吴国（南唐）首都，至北宋分别为两浙路与江南东路的治所，区域中心城市的地位被重新洗牌。长三角开始由苏越并峙走向宁杭争胜的时代。杭州在南宋时期成为一国之都，南宋亡国后它虽失去了政治中心的地位，但仍不失为一个全国性的中心城市。明朝之后，南京为首都，朱棣迁都北京后，南京作为陪都仍是一个全国性的中心城市。宁杭之间，可谓各领风骚数百年。清代，南京、杭州分别是江南、浙江的首府，苏州为一大经济都会，扬州因盐运重新崛起，长三角呈现多城争胜的局面。太平天国之后，受战乱影响，长三角地区的大量人才、财富、资源向上海聚集，上海异军突起。通观全国，除东北地区长期是游牧民族聚居地、情况有些特殊外，中国的区域中心城市往往是比较稳定的，如西安、广州、成都、太原等中心城市，甚至历数千年而不变，罕有长三角这么多变而复杂的情况。

　　二是在浙江地区，甚至整个长三角地区，其文化发展，一开始时并没有形成一条河流、一个沿河的中心城市、一种区域文化类型这种地理模式。这一地区刚开始出现的两个中心城市，姑苏和会稽，都不是沿大江大河的城市。姑苏处于太湖流域的低洼地，会稽南靠山，北面海，位于在山—原—海阶梯地形中的平原地带。

## 二、杭州地理的特殊性

吴越地区为何会出现这种特殊情况？后来"一河一城一区域"的模式又是如何形成的呢？

这首先要探究钱塘江的特殊性。钱塘江发源于今安徽省南部山区，河道主流及支流大部分在浙江境内。钱塘江北派自西向东流经淳安、建德，自建德后折向东北，经桐庐、富阳、杭州后入海。钱塘江南派，自西向东流经开化、常山，经衢州后折向东北，在兰溪汇入金华江，再东北流至建德，与钱塘江北派合流。金华江沿江有金华、义乌等城市。钱塘江的另一大支流是曹娥江，从金华山区北流，经剡溪，至上虞折向西流，入钱塘江干流。

通观钱塘江，表现出两个特点，一是河道曲折，二是沿流多山。这种情形与北方一些河流如汾河有明显区别。汾河自北向南流入黄河，一路之上，地势开阔平坦。而钱塘江，上游为山溪性河道，中游在丘陵，山连着山，曲折而行。这些群山是江南丘陵的一部分。其间虽有山间盆地或河谷平地，但或因自身发展空间有限，或因交通不便、腹地窄小，难以支撑起一个区域中心城市。因此，浙江地区最早的中心城市并没有出现在钱塘江干流所经地区，而是出现在地势相对开阔、具有水上交通优势的宁绍平原。

钱塘江流经杭州之后，地势突然变得开阔。杭州本来最具有成为区域中心城市的空间优势。但早期的杭州，其地理环境却非常恶劣。

杭州地处太湖平原南端，先让我们看一下太湖地区的自然地貌。太湖地区是一典型的碟形低洼地。其地势西北、西南高，东面低。太湖平原之西是地势较高的太湖，之北沿长江为宁镇高地，之东为大海。近江、沿海有一条不规则的弧形地带，地势也高于太湖平原中心地区。四面高地把太湖平原低洼地围在中间，湖沼密布，给人们的生活、生产带来很多不便。因此，人们要在太湖流域定居,最初的选择是周围的山地和高平原,而不是中间的低洼地。这一点从唐以前水利工程的修建上可以得到明显的反映。太湖地区在秦汉以前尚属未开发地区,所修建的水利工程,见于史籍记载的并不是很多。到魏晋以后,随着大量北方移民南下,这一地区逐步得到开发,出现了很多著名的水利工程,如镇江、常州一带的练塘、新丰塘,湖州一带的获塘、吴兴塘,大都分布在太湖南北两侧的高地。三国时东吴还在太湖地区开展屯田。孙权称帝以前曾派陆逊为海昌屯田都尉,在太湖东南屯垦;称帝后又分吴郡以西毗陵的屯田区设典农校尉。从地名就可看出,东吴屯田的地点不是在缘湖山地,就是在沿海平原,而不是在中间的低洼地。

再看杭州的情形。杭州城区西依西湖,东南临钱塘江。西湖的西面、南面是连绵的群山,阻断了杭州城向西、向南发展的可能;钱塘江江面开阔,钱塘江潮波涛汹涌,也成为杭州向东扩展不可逾越的障碍。向北则是太湖平原低洼地,湖沼密布。

杭州连接钱塘江与太湖两大水系,杭州西北有东苕溪。东苕溪发源于天目山地,向东流经临安、余杭(此处余杭非指今余杭区政府所在地临平,而指古余杭县治所在地,今余杭镇),自余杭镇折北而流,经德清、湖州,与西苕溪汇合,流入太湖。但这是苕溪现在的河道,古苕溪流路并非如此。在古代,苕溪出余杭之后,顺势东流,经今杭州城北,注入钱塘江。东苕溪现在的流向是古苕溪经过两次改道,到东汉时才逐渐形成的。[1]

因此,杭州城区的形势是:西湖、东苕溪、钱塘江,三面包围。古代钱塘江的江岸在今天钱塘江江岸之西,杭州城区的范围非常狭隘。西湖之外是连绵的群山,无法逾越。东苕溪西依险峻的崇山,东俯低湿的洼地,至今是浙江洪涝灾害最严重的地区之一。受此影响,杭城西北成了泄洪区,在历史上这一带湖沼密布,至今

---

① 吴维棠:《从新石器时代文化遗址看杭州湾两岸的全新世古地理》,《地理学报》1983 年第 38 卷 2 期。

仍有许多湿地。而东面的钱塘江对杭州的危害更加致命,钱塘江高潮为天下奇观,至今为旅游胜地。但在古代,并没有牢固的江堤保护,潮水自由来去,人们定居困难,饮用淡水缺乏,而且一片咸土,也非常不利于农业生产。因此,杭州最初的钱塘县县治并不设在现在的杭州城区,而是在西湖西北的灵隐山麓,但那里形势局促,根本没有足够的空间来支撑一个区域中心城市的崛起。

因此,杭州虽依钱塘江为城,但杭州在很长的历史时期中并未借钱塘江航运之便利发展出"一河一城一区域"城市崛起模式。相反,钱塘江挟潮冲击,成为阻碍杭州崛起的一个障碍。

# 三、汉唐时期杭州城的变化

历史上有五件大事改变了杭州,也进而改变了整个钱塘江流域的生态与文化。这五件大事,一是东苕溪的治理,二是大运河的贯通,三是西湖水利设施的修建,四是太湖流域水系的整治,五是捍海塘的修筑。其中汉唐时期有三件。

第一,东苕溪的治理。东汉熹平时期,余杭县令陈浑于县城西南筑塘围南湖,以分苕溪水势,南湖东南建泄水坝,沿溪广置陡门堰坝,遇旱涝可蓄可泄。经此一役,加上苕溪改流北注太湖,苕溪古河道下游情形得到很大改善。也是在那个时代,华信在钱塘江修筑海塘。也正是从那时起,钱塘县治开始从灵隐山麓迁到宝石山东麓。

第二,大运河的贯通。隋朝开凿大运河,杭州在大运河的南端。由杭州向北,是太湖平原、江淮平原、华北平原,是中国连片的平原地带,由杭州往南,是连绵的江南丘陵。因此,杭州是大运河自然的终点。杭州也因此成为交通枢纽城市,不但浙江,甚至福建、江西、安徽部分地区的物资都可以通过杭州向北输送。杭州的经济腹地变得广阔了。在同一时期,陈末隋初,先是钱塘郡,继而是杭州,杭州终于从一个县级城市升格为州郡城市。也正是在隋朝,杨素在杭州筑城,杭州开始以一个大城市的面目登上历史舞台。

第三,西湖的治理。古代西湖面积比现在大。西湖地势高,它对杭州发展也有危害。如果西湖缺水,湖之北的农田就得不到灌溉;如果西湖多水,洪水冲溢,也会给湖下游人们的生产、生活带来不便。[①] 至唐中期白居易任杭州刺史时,他开始大规模修建西湖水利设施。白居易任杭州刺史时,杭州多旱,他主持"修筑湖堤,高加数尺",通过"石函"进行调节,旱则"放水溉田"。白居易还建立了一套蓄放水的管理制度,"其石函、南笕,并诸小笕闼,非浇田时,并须封闭筑塞,数令巡检,小有漏泄,罪责所由,即无盗泄之弊矣。又若霖雨三日已上,即往往堤决,须所由巡守,预为之防"。[②]

至此,西湖与湖之东的城市、湖之北的农田形成一个比较完善的生态系统。大运河与钱塘江的航运价值进一步得到开发,为这个生态系统增添活力,为杭州城市的崛起奠定了基础。

## 四、吴越国杭州水利的全面整治

吴越国时期,吴越国政权高度重视杭州水利建设。围绕杭州,做了三件大事。

第一,捍海塘的修筑。杭州城市发展最大的困难来自海水的浸淹。为了避免海水的侵袭,早在三国时就已有人修建了防海大塘。当时的海塘是土石海塘,取材方便,但技术简陋,经不起海潮的冲击,特别是在接近海口的河段,迎水面常常一触即溃。到五代时钱镠新筑捍海塘。钱氏捍海塘遗迹在1983年出土。从中可见,钱氏筑塘采用"竹笼沉石"并以木桩巩固,是筑塘技术发展的

---

① 《宋史》卷三〇四《王济传》:"郡城西有钱塘湖,溉田千余顷,岁久湮塞。济命工浚治,增置斗门,以备溃溢之患,仍以白居易旧记刻石湖侧,民颇利之。"

② 白居易:《白氏长庆集》卷五九《钱塘湖石记》。

一个大改进。① 钱氏捍海塘的建造,消除了潮水对杭州城的威胁,使城市规模不断扩大。至宋元,杭州更是成为一个全国性的中心城市。杭州能够成为中国东南地区的一个大都会,捍海塘功不可没。

第二,太湖流域水系的整治。五代时期,吴越国与吴国(后演变为南唐)分占太湖流域,吴国占有常州,吴越国占有杭州、湖州、苏州。太湖平原的低洼地集中在吴越国的控制之下,吴越国在太湖平原低洼地建设圩田,在太湖东岸修筑堤坝,同时疏通太湖的出海河道。吴越国还置设撩浅军,负责捞河泥肥田,同时疏浚塘浦,维护堰闸堤岸。郏亶之子郏侨说:"浙西,昔有营田司。自唐至钱氏时,其来源去委,悉有隄防、堰闸之制。旁分其支脉之流,不使溢聚,以为腹内畎亩之患。是以钱氏百年间,岁多丰稔。"又说:"某闻钱氏循汉唐法,自吴江县松江而东至于海,又沿海而北,至于扬子江,又沿江而西,至于常州江阴界,一河一浦,皆有堰闸,所以贼水不[入],久无患害。"②

经此整治,太湖流域的经济重心开始从西、北的高地区转移到中部的低洼地带。由于低洼地土地肥沃,虽然开发甚晚,但一经开发,就发挥出极大的功效。相比之下,高田区由于过度开垦,导致它的生产地位不断下降,如黄震所说,"常、润渐北,则地渐高,而土渐硗,所收亩多止五六斗或四三斗。"③也正是从此之后,宋代出现了"天上天堂,地下苏杭"的谚语。苏州自陈末隋初析置钱塘郡(杭州)之后,一直没有大的行政区划变动,但到五代时,吴越国从苏州析置秀州(今浙江省嘉兴市),也从一个侧面反映了太湖流域低洼地带经济发展与人口聚集的事实。对杭州来说,太湖流域水系的整治,不但促进了杭州自身农业生产的发展,还打开了杭州向北发展与交流的空间,经济腹地更加广大。

---

① 浙江省文物考古研究所:《五代钱氏捍海塘发掘简报》,《文物》1985 年第 4 期。
② 范成大:《吴郡志》卷一九《水利》。
③ 黄震:《慈溪黄氏日抄分类》卷八四《代平江府回裕斋马相公催泄水书》。

第三,继续治理西湖。到唐朝末年,西湖葑草蔓合,湖面缩小,蓄水量减少。据《苏轼文集》卷三十《杭州乞度牒开西湖状》,吴越国时,"置撩湖兵士千人,日夜开浚"。

钱氏对西湖的治理并不只是着眼于西湖本身,而是将西湖的治理与钱塘江、大运河乃至太湖流域水系连为一个整体。

西湖的水资源具有三大功能:一是城市饮用水,如唐时杭州刺史李泌凿六井,引西湖之水以供居民饮用;二是农业用水,唐时另一个杭州刺史白居易筑堤蓄水;三是交通用水,西湖为江南运河提供水源。

当时杭州与西湖相配套的城市水利设施还包括城内、城外若干河渠。城内河渠有:茅山河,在城东,出保安水门接龙山河入钱塘江;盐桥河,南北向,居中,是城内河渠的干线;清湖河,西湖所引水量除供六井外都归此河,然后出余杭水门。这些河都可以通船,出水门后与城外河渠相连。此外,西湖东北杭州城外诸河河渠,主要有上下河塘,就是江南运河。它自西湖引水灌溉沿河两岸农田,通船北上可至秀州、苏州等地。据《十国春秋》卷七八,与此相配套的一项措施是设置龙山、浙江两闸。从交通用水的角度来说,西湖与水运、钱塘江是联结为一体的。

另外,从农业用水的角度来说,白居易曾说:"自钱塘至盐官界,应溉夹官河田,放湖入河,从河入田。"西湖之利,及于整个杭州之北。到吴越国时,据《宋史》卷三四八《毛渐传》:

> 案钱氏有国时故事,起长安堰至盐官,彻清水浦入于海;开无锡莲蓉河,武进庙堂港,常熟疏泾、梅里入大江;又开崐山七耳、茜泾、下张诸浦,东北道吴江;开大盈、顾汇、柘湖,下金山小官浦以入海。自是水不为患。

这里共提到了吴越国所开浚的四条水路。

(1)起长安堰至盐官,彻清水浦入于海。

(2)开无锡莲蓉河,武进庙堂港,常熟疏泾、梅里入大江。梅里,据《琴川志》的考证,乃是梅李之误,"在[常熟]县东三十六里"。

（3）开崐山七耳、茜泾、下张诸浦,东北道吴江。这就是郏亶所说的"东开昆山之[下]张浦、茜泾、七丫三塘而道诸海"。七耳即是七丫。郏亶提到在太湖流域的东北,松江口下,北绕苏州、昆山、常熟县界,有港浦四十九条,七丫、茜泾和下张即是其中的三条。

（4）开大盈、顾汇、柘湖,下金山小官浦以入海。

可见,西湖整治与整个太湖流域水系的整治同样是连为一体的。

杭州城市的崛起与发展和杭州水利建设密不可分。前代杭州水利建设,或挖井,或开塘,或疏浚,多局限于某一方面,吴越国的杭州水利建设则是全面的、成体系的。

至此,一条河流,一个沿河的中心城市,以及以此为中心的文化区域在吴越大地上开始形成了。

## 五、余　论

大江大河对于区域文化的意义,有时会表现为截然相反的两面:一方面,大江大河两岸气候与自然地貌大致相近,两岸的人们同饮一江水,交通往来,在文化上联结为一个整体;另一方面,大江大河江面阔大,在古代交通技术落后的情况下,这反会成为两岸人民交往的障碍。有时,大江大河还在军事上被当作防卫设施利用。在这种情况下,江河常形成两种不同的区域文化,中国古代有河南、河北、河东、河西,江南、江北等地理名词,便因此产生。这不但使黄河、长江成为行政区划上的分隔线,也在事实上推动了不同区域文化的产生。钱塘江流至杭州,江面异常开阔,钱江两岸因此被分割成两部分,吴与越,浙西与浙东。至于两浙在农业生产、文化学术等方面的差异,前人有很多研究。这里就不一一赘述了。

但自五代之后,一个沿江的中心城市杭州崛起之后,情况发生了根本性的改变。入宋之后,两浙并为一路,杭州为两浙路首府。至元为江浙行省,杭州仍为首府。明代正式形成今天的浙江省域,仍以杭州为首府,沿革至今未变。其间北宋后期,因为人口的聚集,到南宋又因国土的窄小,两浙曾经分治,但总的来说是合多分少。与此同时,两浙文化也日渐交融趋同,因为杭州是首府,乃全省人才所聚之地,表现尤为明显。

中华人民共和国建立以后,原隶绍兴的萧山被划到杭州,现在又成为杭州的一个区。近年来,钱塘江上修建起一座又一座大桥,昔日天堑,变为通途。杭州提出要从西湖时代走向钱塘江时代。究其背后的历史与文化原因,不仅是杭州的发展要不断突破一江一湖的限制,也是一个区域、一条河流、一个沿河的中心城市这种区域文化模式发展过程的延续。

## 参考文献

[1] 吴维棠.从新石器时代文化遗址看杭州湾两岸的全新世古地理[J].地理学报,1983,38(2).

[2] 浙江省文物考古研究所.五代钱氏捍海塘发掘简报[J].文物,1985(4).

# 五代吴越国的城市化

浙江省临安中学　退休高级教师　屠树勋

**摘　要:**钱镠经多年征战,牢牢掌控了吴越地区,给吴越国赢来一个相对和平的环境,获得了一个谋求发展的大好机遇期。钱镠开始了他繁荣吴越、改善民生的大规模的经济文化和城市建设,吴越国的城市化,一方面表现在修筑城池,或新筑,或扩建;另一方面表现在创造性地改革城市结构,取消官市制和坊市隔离制,推行了极大有利于贸易与民生的坊巷制,并且十分注重城市的生态环境和港口城市的建设,从而为吴越国的发展,乃至为后世长三角沪浙苏的腾飞奠定了良好的基础。

**关键词:**钱镠;吴越国;城市化

城市,在人类文明发展中具有十分重要的地位。因为"它将血缘、地缘、文化传统上大相径庭的陌生人群聚合在一起,从事着前所未有的交换与交流"[①],从而,大大促进了生产的发展、社会的进步。所以,城市是社会生产力发展到一定阶段的产物,它是随着野蛮向文明的过渡而产生的。在历史发展过程中,城市逐步成为当地、一个地区乃至一个国家的政治、经济、文化中心。城市成了社会进步文明的体现与标尺。从最初的原始部落到部落联盟,发展到一个个民族,于是开始聚居并形成城市。最早的城市在原

---

[①]　郑也夫:《古代中西城市化与民间社团之比较》,《北京社会科学》2001年第1期。

始社会晚期就出现了。部落或部落联盟用土石垒砌墙垣,并合围起来,形成有利于防御的固定居住中心,这就是城市的雏形。中国自夏商以后就不断有新的城市形成,据最新考古发现,吴越地区的杭州良渚,早在5000年前,就已经有了城镇。位于杭州北郊余杭区的良渚古城(内城3平方公里,外廓城6.3平方公里,包含外围水利系统100平方公里)是与古埃及的城市同时期建成的,无论规模还是内涵,在世界同类遗址中都极为罕见,堪称"中华第一城"。以良渚古城为核心的良渚遗址已经成为中华五千年文明史的有力物证。

在有文字记载的历史中,江南城市最早应是春秋吴王阖闾采纳伍子胥提出的"安君治民,去霸成王,化近而制远者,必先立城郭"的建议而筑的姑苏城(今苏州)。钱镠经多年征战,终于赢来了一个相对和平的环境,在牢牢掌控吴越地区后,他尽可能不介入军阀割据混战,获得了一个谋求发展的大好机遇期。钱镠开始了他繁荣吴越、改善民生的大规模的经济文化和城市建设,使之成为中世纪城市化的先驱。吴越国的城市化,一方面表现在修筑城池,或新筑,或扩建;据《武肃王庙碑记》称,吴越国"筑城垒五十来处",在战乱频繁的五代,有效地保护了百姓,"庇生民则百万有余";另一方面表现在创造性地改革城市结构,取消了官市制和坊市隔离制,推行了极大地有利于贸易与民生的坊巷制,并且十分注重城市的生态环境和港口城市的建设,从而为吴越国的发展,乃至为后世长三角沪浙苏的腾飞奠定了良好的基础。

## 一、进行城市结构性改革,实现杭州的跨越式发展

钱塘(今杭州)在秦与西汉为会稽郡(今绍兴)的属县,在东汉、六朝时为吴郡(今苏州)的属县。其时,它在两浙的地位自然不能与绍兴、苏州相比,甚至还赶不上三国孙吴时已建为郡治的吴兴(今湖州)、婺州(今金华)、台州(今临海)及东晋时建为郡治

的永嘉(今温州),只是与毗邻的富阳、余杭差不多。尽管三国孙吴时钱塘江下游已有建一州治的实际需要,但此时钱塘江下游尚没有形成一个堪当郡治的都市。所以,孙权在富阳设东安郡,南北朝时,梁末则改在钱塘置临江郡。陈初先在盐官(今海宁)置海宁郡,其后,陈后主才置钱塘郡于钱塘。隋开皇九年(589),隋灭陈后改置杭州于余杭,自此杭州才得名,但其中心在余杭(今余杭区余杭镇)。开皇十年(590)州治迁钱塘,开皇十一年(591)移治于柳浦西凤凰山麓(今杭州贴沙河西)。经唐代的发展,杭州有了较大的变化,特别是经白居易的《忆江南》"最忆是杭州"的传唱,杭州声名远播,但钱镠主政杭州之初,杭州的地位仍远不能与当时京都以外的大都会扬州、益州相比,在吴越地区也还在越州、苏州之下。只是经吴越国时期的跨越式发展,杭州才成为一流都市。《玉照新志》就说"杭州在唐,繁荣不及姑苏、会稽二郡,因钱氏建国始盛"。当代历史学家谭其骧也说:"实际当时东南的大都市,约可分为三等:属于第一等的是全国的经济首都扬州,属于第二等的是两浙的政治重心苏州与越州(绍兴),第三等才能数到杭州。使杭州从第三等超升到第一等的是五代的吴越钱氏。"[①]

## (一)扩建杭州城,改革城市结构

吴越国的城市化当然从杭州开始。钱镠主政杭州后曾先后三次扩建杭州城,其城市建设打破了我国先前城市结构封闭的模式,开创了中国城市结构开放的新模式。在战乱频繁的五代,扩大城市自然不能不注重安全防卫的需要。唐昭宗大顺元年(890)九月,他在老城基础上修筑杭州夹城(依附旧城故称夹城)。唐昭宗景福二年(893)七月,钱镠发民夫二十万及十三都军士筑杭州罗城。自秦望山由原夹城东,延伸至江干、钱塘湖(今西湖)、霍山、范浦,南起旧城的吴山东南麓,沿东河到艮山门,然后向西到

---

① 谭其骧:《杭州都市发展之经过》,1947年11月30日应浙江省教育会等之邀在浙江民众教育观讲演。

武林门,再往南到昭庆寺,共七十余里,把隋旧城东北部都包容罗织在内,故称"罗城"。在后梁开平四年(910),钱镠命子传璙修杭州子城,同时又扩建了罗城,主要是扩展旧城东南部,这样一来,杭州城的范围更大了。

我国传统的城市结构实施的是"坊市分离",即居民分坊而居,以便于管控;商贸市场则相对集中,成为买卖的交易区。两千多年前,汉惠帝元年(前194)至五年(前190)建造汉长安城(位于今西安市区西北郊),设城门12座,干道8条,最长的街道长5.5公里。城内建筑以宫殿为主,集中于城南部,约占总面积的三分之二。城北居民区分为160个"闾里"。西北为商业场所,史称"长安九市"。汉唐时期统治者进行的城市化,一般都是"内聚型"的,凭政治强力确立起社会中心地位,以城市为中心向内收缩,形成一个封闭的社会圈。为方便控制与管治,实施的是"坊市分离"制。一般州县以上每城设一二处"市"(州县以下不准设市)为商贸区,"市"与作为居民区的"坊"之间设有围墙、街鼓及坊门、市门,定时开闭。汉唐的城市是一个封闭的体系,这种官市制与坊市分离制,显然有利于统治者管控,而不利于民生,尤其阻碍商贸发展。这种城市结构的藩篱是什么时候被打破的呢?不少学者认为是在北宋时被打破的,他们往往以《清明上河图》中的描绘为证。殊不知,此图出现前二百多年的五代吴越国,在大规模城建中就创造性地打破了这种城市结构的藩篱;吴越国纳土归宋后,北宋推行的城市结构改革正是得益于吴越国开创的坊巷制改革,《清明上河图》所描绘的北宋繁华的汴京,正是吴越国杭州的翻版。

出身民间的吴越国开创者钱镠懂得"以民为本",认为"十四州百姓,系吴越之根本"。在建设城市中力求有利于商贸与民生,这就必须打破传统城市的封闭格局,建立一种开放的体系。于是,钱镠在城市建设中对我国传统的城市结构模式进行了大胆的改革,取消了官市制和坊市分离制,实现了"关键性的制度变革"①,推行了坊巷制,突破了延续一千多年的坊市分离的格局。由于吴越国的城市原先就不像中原那些大都会那样有严格的坊市隔离和管控,特别是杭州,到唐代才刚起步,因而具有一种后发优势。钱镠拓展的杭州罗城中,官府、民居、市集及酒楼、茶肆、娱乐场所相杂处,"城中分坊,坊中有巷;主干是坊,细支为巷"。先前封闭的坊市布局,转化成为开放的体系,非常适于民居和贸易。杭州城内沿河建街,沿街设市,河上架桥,水中行舟,水陆通畅无阻,街坊与市集有机结合。市场全面放开:行商坐贾、前店后坊(作坊)、小商摊贩,任由经营;白天交易,晚上还有热闹的夜市;城门内外均可自由交易买卖;西湖周边,也都是巷市,"民居与百司寺观,错杂而处"。对过去只准官营的陶瓷、丝织等特种行业,也允许民营,官私并行分头经营,"四方百货,不趾而集",叫卖之声,昼夜不绝。深夜游人才散尽,凌晨卖早点的就已在街头叫卖。杭州简直成了"不夜城"。

随着商贸的迅速发展,杭州丝织、雕版印刷、制瓷、建筑等一批高附加值的手工业获得了前所未有的发展机遇,在北方战乱中产生的大量移民,凡有一技之长的就被安排到各种专业作坊中,或织纴(丝织),或制瓷,或刻印,或建筑,促使这些当时高附加值的手工业获得了专业化发展,并且反过来又大大促进了商业化。商品生产各部门之间是互为市场的,生产者既是生产者又是消费者。比如,茶叶生产的发展为茶道与饮茶之风的普及创造了充分的物质基础,而饮茶的普及又繁荣了茶叶、陶瓷茶具的贸易;茶农对衣食的需求,自然也促进了相关行业的发展,从而导致商业交换不断繁荣。吴越国钱氏顺应商业化发展的潮流,允许官府与街市坊巷、酒肆、茶楼、商铺、寺观相杂处,许多前店后坊的新型店铺随之出现,原居民和新移民纷纷投身工商活动,街市充满生气和活力,呈现出一派繁荣的景象。商贸的发展,改变了城市商业的

---

① 著名汉学家施坚雅语。

布局和百姓聚居生活的组织方式,使之从封闭向开放转化,从而进一步推进了"城市化",被美国著名汉学家施坚雅(G. W. SKINNER)称誉为"中世纪期间中国""城市化上的革命"。

### (二)杭州城市化中的生态园林化

吴越国城市化的又一创新特点是城市的生态园林化。

钱镠不仅保留了西湖,而且对西湖整治做了重大决策:设置撩湖兵,进行专业管理。时杭州西湖"葑草蔓合,置撩湖兵千人芟草浚泉"。后唐天成二年(927),钱镠置撩湖兵士千人,专职疏浚西湖,清除葑草,加深湖床,使西湖广养水源并导入运河溉田,"所溉至千顷",甚至使西湖可以停泊战舰。开宝九年(976),钱弘俶又疏通涌金池,引湖水入城内运河,以利舟行。道路均以砖石修筑,雨天无泥泞之虑。为了增强城市的承载力,保证居民的生活用水,钱镠还在杭州城东设大小二堰,隔绝钱塘江涌入的海水,不使入城;在半道红则另设一堰,阻西湖水流走。西湖水不但用于灌溉农田,还通过涵管导入水井,以利老百姓生活汲用。钱氏在城内广开池井,如文穆王钱元瓘主政时开挖的引湖水入城的涌金池、吴山北麓大井巷的五眼吴山大井、南屏山西法因寺的钱王井、凤凰山梵天寺的灵鳗井等。据记载,在今杭州下城区,钱镠主政时开挖的水井,在新扩展的城北区片中兴寺(祥符寺)一带有近百眼,今仍有"百井坊"的街区名;今杭州延安北路保存着一眼古井,即为钱王百井尚存者之一。此外,像著名的"四眼井"、九曜山与余杭径山的钱王井等,均为"钱王所开"。钱镠也十分注重水井的维护,百姓水源得到了保证,生态得到改善,大大增强了杭州的承载力。

吴越国还在西湖周边修建了不少亭台楼阁、寺庙道观;建造了多处园林,广植四季花木,使杭城生态良好,美不胜收。钱镠在凤凰山的帅府(扩建成牙城),方圆九里,"以山阜为宫室,左界飞楼,右劘严城",气势雄健。内有大型宫殿,和一大批堂馆和院落、楼台,且不乏假山莲池、曲水亭阁之胜。钱镠的王府实际上就是西湖边一处宏大、富丽、精美的园林。钱镠日常居住的涌金门外的西园,毗邻西湖,园内遍植绿茵垂杨、奇花异木。近观湖波,水鸟翔集;远眺峰峦,螺堆翠黛。在湖边亭榭"半卷珠帘看景落,鼓箫长送画船归",完全是一种诗画意境。"窥一斑见全豹",从中我们就可以想见,杭州经过吴越国数十年的精心建设的繁华程度。

襟带江湖的吴山是杭州览胜的佳境。吴越国在山上辟庭院、建佛寺,在山巅建江湖亭,"左江右湖,极登临之胜"。沿西湖周围更广建庭园、佛刹,除吴山上的秾华园外,涌金门外还建了西园,嘉会门外建有瑞萼园,月轮山下则为南果园等。此后,钱镠的子孙又先后建了保俶、雷峰、六和、白塔等著名的钱塘四塔,尤其是雷峰、保俶二塔,一千多年来一直是西湖的地标性建筑,成为西湖园林建筑中的极品和西湖悠久文化的历史见证。其后,又经钱氏子孙和发了财的富商巨贾的建设,杭州王苑私庭,星罗棋布,富丽园林、寺庙宫观,随处可见。一大批文化名人为西湖所吸引,赞颂不绝,久而久之形成了独特的"西湖文化"。西湖的疏浚整治,使杭州变得艳丽秀美;市内运河的四通八达,使杭城呈现一派江南水乡的独特风貌,从而形成了一般大都市所没有的特殊的魅力。杭州成为"地上天宫"。在这样的背景下,杭州的达官贵人及富裕的杭州人也纷纷修建私家园林馆所。市民们也逐渐养成修饰庭院的风尚和栽花、养花、插花的习俗。杭州不仅有了绝美的生态,一种钱塘"园林文化"也渐渐形成。

### (三)开拓江河及海上运输,发展外贸

吴越国城市化中还特别重视河运、海运通道的建设。集于城北的江淮河艘及泊于江岸的江船海舶,从北关可沿城内运河深入市区。通常江帆经贴沙、龙山两闸入城,海船则从西兴(今萧山)渡江入贴沙河。吴越国专设"沿海博易务",广招客商,大兴舟楫之利。几次派蒋承勋、蒋衮为使者,向日本献书信,馈赠锦绮,吴越商船在日本遂受到友好款待,吴越国与高丽、大食及南海诸国的贸易也不断发展。

天祐三年(906)吴国占有洪州(今江西)以后,因吴国(后来的

南唐)不承认五代的中原王朝,吴越国与中原王朝的陆路交往中断,两国交往被迫通过海上进行。自杭州湾至山东登州、莱州,再转道到大梁(开封)。当时,钱塘江中有巨石,"横截波涛,中出崔嵬,商旅至此,辄为风涛所困,或至倾覆",人们称之为罗刹石。这块巨石严重阻碍了钱塘江的出海通道。为了便于航行,钱镠命工匠凿平了这块罗刹巨石,江水贯通,航行无阻。从此钱塘江出海就十分通畅。

为了获得中原朝廷对吴越国商贸活动的支持,每年除了依例贡奉外,吴越国还从贸易收入中提取大量利润献给朝廷,"航海所入,岁贡百万",成为中原朝廷的重要财政收入来源。

吴越国充分利用杭州湾出海的地理优势,大力发展海运,而海运业的发展使吴越国与北方中原,与契丹,乃至与朝鲜、日本都有了广泛的贸易来往,并获得了巨大的经济利益。

## (四)杭州成为世界级的大都会

社会的安定,经济的繁荣,手工业和商业的发达,大量城市人口带来的巨大消费量;便捷的街巷及充分的饮用水井、住宅等设施,使杭州的发展远远超过了中原和南方其他小国的都会城市,并成为当时一个世界级的大都会,进而使长三角的经济文化跃居中国前列,成为当时中国经济文化的重心。

杭州城市人口的增加是极其迅猛的,建州之初户籍仅15380户,钱镠接任杭州刺史时民户未满三万。而经钱氏吴越国施政八十六年,至纳土归宋时,杭州"当地住户十六万一千六百,客户八千八百五十七",就是说在杭州的常住人口总户数多达十六万余户,流动人口也近万户,人口增至五十多万。全城商铺也达"三万家"。近八十六年人口增长了五倍多,创造了史无前例的"城市化"奇迹。而同时期,曾经是世界最大城市的罗马,衰败到只剩二十万人,巴黎不过十万人。难怪《旧五代史》称此时之杭州"邑屋之繁会,江山之雕丽,实江南之胜概也"。而北宋著名词人柳永在他的《望海潮》(此词约作于吴越钱俶纳土归宋后三十余年)中更对杭州做了这样的描绘:"东南形胜,三吴都会,钱塘自古繁华。烟柳画桥,风帘翠幕,参差十万人家。云树绕堤沙,怒涛卷霜雪,天堑无涯。市列珠玑,户盈罗绮竞豪奢。 重湖叠巘清嘉,有三秋桂子,十里荷花,羌管弄晴,菱歌泛夜,嬉嬉钓叟莲娃。千骑拥高衙。乘醉听箫鼓,吟赏烟霞。异日图将好景,归去凤池夸。"杭州实在太美、太诱人了,以至末两句说:不舍得离开杭州的官员,只好把杭州美景画下来,带回去向同僚们夸耀了。而词中盛赞的"三秋桂子,十里荷花",更招来了金主南侵。相传"此词流播,金主亮闻歌,欣然有慕于'三秋桂子,十里荷花',遂起投鞭渡江之志"。(《鹤林玉露》)金主完颜亮南侵,自然有更深的历史背景,但是,作为柳永词的"粉丝",想来看看受到柳永如此赞美的杭州,应该也是人之常情。

如果说,柳永的《望海潮》用文学的手法充分展示了杭州的美妙与风情,那么,与柳永同时代的北宋文学家欧阳修则论及杭州繁华美丽之因。欧阳修是少数几个对钱镠持批判态度的历史学家、文学家,但是他认为,五代时"物盛人众"、繁华的都会,而又兼有山水之美,能让大家旅游观赏的,只有金陵(南京)和钱塘(杭州)。但是由于金陵在北宋统一过程中,遭到了极大的破坏,"今江山虽在,而颓垣废址,荒烟野草,过而览者莫不为之踌躇而凄怆""独钱塘自五代时,知尊中国(指中原朝廷)""不烦干戈,今其民幸富完安乐,又其俗习工巧,邑屋华丽,盖十余万家,环以湖山,左右映带。而闽商海贾,风帆浪舶,出入于江涛浩渺烟云杳霭之间可谓盛矣"。(《有美堂记》)欧阳修通过金陵与杭州的对比,高度赞美了杭州的繁华,揭示了"不烦干戈"这一重要原因,遗憾的是他没有看到在杭州繁华背后吴越国当政者与广大军民为杭州城市化所做出的巨大努力。

## 二、苏州园林城市的形成

后梁龙德二年(922),吴越国钱镠又整修苏州城。苏州时辖吴县、长洲、嘉兴、昆山、常熟、吴江 6 县。苏州城原为春秋时吴王阖闾所筑,大城四十二里三十步,小城八里二百六十步,系土城,时已残破。钱镠将其修成砖砌之城,其规制也类似杭州,推行坊巷制。钱镠子钱元璙为苏州刺史 30 年,很有治绩,特别是其将杭州的"园林文化"移植到苏州并加以创新,对苏州园林建设的贡献,泽被后世。元璙继承了五代以前园林设计中"覆篑土为台,聚拳石为山,环斗水为池"的范式,并在借鉴其父钱镠杭州城市园林建设的基础上,进行了新的创造。《吴郡图经续记》说元璙"好治林圃""酾流以为沼,积土以为山,岛屿峰峦,出于巧思,求致异木,名品甚多,比及积岁,皆为合抱,亭宇台榭,值景而造,所谓三阁、二台、龟首、旋螺之类"。其修建的南园,更是"流水巨石参差其间"。《九国志》也说:"元璙治苏州,颇以园池花木为意,创南园、东墅及诸别第,奇卉异木,名品千万,今其遗迹多在居人之家(后世散为市民的院落),其崇岗清池、茂林珍木,或犹有存者。"继元璙之后,其子文奉又接着治理苏州近三十年,对苏州园林贡献也很大。据宋代范成大说,元璙、文奉父子修了三十年的东墅,是一座仿自然的生态庭院。"极园池之赏","奇花异木及其身,见皆成合抱,又累土为山,亦成岩谷"。在钱氏父子的影响下,苏州的达官贵人和豪绅,也纷纷仿效。钱弘俶的小舅子孙承祐的私家园林就是一个典型。苏州城南存留至今的沧浪亭是现存苏州最古老的园林,它曾是孙承祐的池馆。园外一泓碧水,过桥入内,山石叠加,土山耸立,山下水池碧波荡漾,山上幽竹古木,山巅沧浪亭翼然凌空。山水间由一条曲折复廊贯通,从花窗漏格中隐约可见山水迢远。假山东南部有明道堂屋,与之相对是五百名贤祠,假山洞屋之上还有看山楼,楼北为翠玲珑馆,折向北为仰止亭。园内亭榭复廊与山水、古树、名花融为一体,既富有山林野趣,又蕴含清纯空灵,让人感受到一派清幽古朴的气息,是一处从描摹到再创的生态园林。原来,我们现在看到的苏州园林那种采用因地制宜,设置假山、曲池,以及借景、对景、分景、隔景等种种巧妙手法来组织空间,造成园林中曲折多变、小中见大、虚实相间的景观艺术效果;通过叠山理水,设水池、岛屿、石峰,栽植名花异木,配置亭台楼阁、堂宇水榭建筑,形成充满诗情画意的写意山水园林,在都市内创造出人与自然和谐相处的"城市山水林园",大多源于钱元璙父子主政近六十年的开发。而今苏州虎丘的云岩寺、虎丘塔、南园(今沧浪亭一带)、东圃、金谷园(今环秀山庄一带)、留园等,都是吴越时期杰作的留存。

而今,苏州以园林享誉中国。如果说杭州园林有湖山相谐、殿堂亭阁相依、奇花异草相映的特色,显示出一种王家园林"大家闺秀"的气派;那么,苏州园林的特色就是假山亭宇巧妙组合,水池台榭曲折多变,设树成景,立石成趣,蕴含一种地方与民间园林"小家碧玉"的姿色。

吴越国就是这样在吴越地区推进中国中世纪城市化,实现城市化中"关键性的制度变革",并为后世苏杭之成为"人间天堂"奠定了基础。


## 三、华亭(今上海市)和明州、温州、台州等海港的开拓


### (一)拓展华亭、吴江,奠基后世之上海

吴越国对具有发展潜力地区的开发,特别是开拓华亭,为后世之上海奠基,影响深远。今上海地区,时属苏州的华亭(今属上海市)、吴江(今属苏州市)的松江中部偏西有一条西北—东南走向的"冈身地带",需要稳定的灌溉用水。唐天祐初(904—905),钱镠派人疏浚了苏州新洋江及横塘,同时开通大虞浦、小虞浦,北

出新塘,南通吴淞江。新洋江的疏浚,既可将"流潦"(无规则流向的雨水)引入松江,"引江流溉冈身",同时又能补充江南运河的水量,沟通松江航道,航船可通过松江达新洋江,进而通往娄江(在今上海嘉定),使太湖流域的水运更为便捷。

今上海地区陆域形成后,总体地势低洼,水系紊乱,水旱灾害频发,一直得不到良好的开发。松江大多为小渔村。后梁乾化五年(915),吴越国开通了从吴淞江入海与从急水港下淀山湖的工程。两年后又大规模疏浚松江(今上海金山一带),开昆山、七耳、茜泾、下张诸浦东北道及吴江大盈顾汇柘湖及新泾塘(今上海青浦),使江水由小官塘入海工程。"自是水不为患。"(《宋史·毛渐传》)吴越国还在华亭城内普照寺后开凿仓河,"讫为运道",使"南通丰乐桥,东绝通波塘,与丘家湾水合",上海一带水上通道从此得以完善,既保证了苏州(包括今上海地区)免受重大的水患,又繁荣了经济。

后梁开平三年(909)吴越国又奏请后梁,在松江设吴江县,修筑吴江城,置官镇,并派建有重大军功的都指挥使司马福全权负责官镇事务。开平五年(911)正月,为巩固松江城防,钱镠命筑松江南北二城,原为东南沿海的一片小渔村成了一座县城,又经几年的发展,更一跃成为"东南大县"。

后唐同光二年(924),钱镠在嘉兴设开元府,将华亭与海盐隶开元府。其时,吴越有西府(杭州)、东府(越州),而以嘉兴为开元府,可见其对嘉兴、华亭(今属上海市)的重视。其时,华亭的青龙镇已是吴越国重要的通商口岸,海外商船来往已十分频繁。北宋初,钱俶在青龙镇西建造规模相当大的胜果寺,青龙愈显繁荣。与此同时,华亭的周浦,建了盐场,设置盐仓,成了吴越国的重要食盐供应地。

华亭的整治和发展,为后世上海的发展准备了最重要的具有较完备的水利、交通设施的陆域,并为其经济发展打下了最初的坚实基础。元至元二十九年(1292)设置的上海县,就是从华亭东北境析出长人、高昌、北亭、新江等乡所置。

杭州城市化中拓展罗城后,罗隐代钱镠作过一篇《杭州罗城记》,内有钱镠这样的话:"千百年后,知我者以此城,罪我者亦以此城。苟得(德)之人而损之己,吾无愧欤!"在生产力低下的五代实施城市化,动员数十万军民筑城池、建楼堂馆所和园林,常被认为是"劳民伤财"之举,显然钱镠虽想为百姓树德,自己也耗费了大量心血,但还是准备死后听骂声的。不过他认定:只要对百姓有利,即使自己名誉受损,也就没有什么好懊悔的了。钱镠意想不到的是他在杭州、苏州建城池,大搞城市化,不仅在当时对吴越百姓起到了保障作用,留下两座"天宫"般的花园城市,而且开创了工商贸易型城市的新模式,实现了"中华帝国城市发展"中"关键性的制度变革"①,从而大大促进了经济的繁荣,为苏杭之成为"人间天堂"奠定了坚实的基础,更为后世形成以上海为龙头的长三角城市群奠定了良好的基础。

### (二)明州海港的开拓

吴越国天宝二年(909)钱镠以子元璙为明州制置使,命筑定海城,加强了明州的市政建设。此后吴越王钱弘俶之弟钱亿,于宋建隆元年(960)也曾任此职。

明州历来是港口城市,早在春秋时就有海运,因其优越的地理位置,成为运河和海上丝绸之路的交汇点,世界各地的货物由此进入中国,并通过大运河运到内地,同时,沿途的货物再经运河运出来,经过明州港被送到世界各地。明州港在唐代被列为开埠港口之一,至唐晚期,明州港已跻身中国四大港口之列,成为唐王朝向东北亚、东亚开放的核心口岸。吴越国时,明州除与日本、新罗(朝鲜)进行商贸外,还沟通了与东南亚、南亚及阿拉伯各国的贸易。据史载,"海外杂国贾舶交至",江厦码头一带"帆樯如林""镇鼓相闻"。吴越国对外开放,明州的海外贸易更呈现前所未有的繁荣。面向日本、高丽、东南亚、西亚乃至非洲一些国家的贸易

---

① 〔美〕施坚雅:《中华帝国晚期的城市》,中华书局2000年版。

经年不断。日本著名学者木宫泰彦在《中日文化交流史》中记载，当时中国至日本的不少商贸团都是从明州始发的。向日本输出的商品主要有瓷器、香料、书籍、字画、丝织品等，日本运来的货物主要有沙金、木材和硫黄等；运往高丽的货物有茶叶、瓷器、丝织品、印刷品等，进口有人参、麝香、红花等。对外贸易的繁荣，加强了明州城市化的进程，完善了港口的内在结构和功能形态，使之成为海港贸易中心。当年的船只经明州港入境，先看到的是明州港的地标——天封塔，船舶靠岸后，到市舶司申报和查验；然后到府衙所在地鼓楼去盖章、领取通关文书。当时明州已经聚集不少外商，波斯人聚居的地方有自己的宗教活动场所清真寺，当地官府还建了接待波斯重要客商的波斯馆，这一带逐渐形成了一片外籍街区——波斯巷。吴越国时期，明州实际上已经成为一座国际性的港口城市。

因为宁波是海港，造船业应运而生，古代宁波姚江南岸有一条街就叫"战船街"，显然是造战舰的，吴越国的大量战舰应是这里制造的；当然也造了大量民用商船。到宋代，宁波已是全国建造海船的重要基地。

### (三)温州和台州海港的开发

温州是吴越国南部重镇，钱镠十分重视，曾命其子传瓘(文穆王)为温州刺史，以加强城市建设和军事防御。传瓘修缮晋时所筑的周18里的旧城鹿城，并增筑内城，史称钱氏子城。传瓘在修造时十分注意水路的畅通和有利于繁荣商业，特别是海上交通贸易。后梁开平元年(907)开始营造温州内外城，外城十八里十步，内城(子城)周长三里十五步，旁通壕堑，规制方整。城池呈正方形，四处城门上各筑一座城楼，东为"华盖楼"，南为"谯楼"(即鼓楼)，西为"西楼"，北为"临圃楼"。子城建成后，沿用了440余年，于元时废毁，仅存南城门谯楼即今屹立在温州旧城中心的谯楼。传瓘返回杭州王郡后，由都监使吴璋为温州制置使，继续加强海港的建设。五代吴越国在温州设立博易务，温州成为海上丝绸之路的重要节点之一,是龙泉青瓷出口海外的集散地。

## (四)台　州

台州既是海防要地,又是重要的商港,吴越国前后 28 任台州刺史中有 9 任都是钱氏子孙。台州的城建重在交通。从后梁开平元年(907)到后唐长兴二年(931),吴越国着力开凿"官河",北起黄岩,南到温岭,全长 130 里,并分凿 9 条各长 20 里的支渠,另配小渠上千条,组成温黄平原的水利交通网,大大改善了通航与水利,不但促进了吴越国内贸,也有助于对外贸易。据史载,当时新罗(朝鲜)商人大批结帮到临海,他们的商船停泊处称"新罗屿",在临海的聚居地称"新罗坊",客死临海的,就葬在附近山冈,山名也就成了"新罗山"。

台州自北而南分布着三门湾、台州湾、隘顽湾、乐清湾等深嵌内陆的海湾,以及海游港、健跳港、浦坝港、楚门港、玉榴港等深水和浅水良港近 40 处。这些海湾和良港在海上丝绸之路形成、转型和繁荣的各个时期,都曾发挥着重要的作用,成为"海丝之路"重要的补给港和避风港。早在五代时期,吴越王钱弘俶任台州刺史,蒋承勋、蒋衮等海商世家经常渡海贸易,并多次充当吴越国与日本的民间信使。台州也自然成了海上丝绸之路的又一重要节点。

台州沙埠青瓷以其胎骨细腻、色彩脆亮、温润如玉、透明如镜、纹饰繁复多姿等特征,在海外经济贸易史上占有重要地位。沙埠窑的青瓷从海门港出口,远销南洋诸国。

杭州的飞速发展带动了吴越国的繁荣,杭州所辖钱塘、盐官、余杭、富阳、临安、於潜、新城(今新登)、唐山(今昌化)都扩大了城镇的规模,更使苏州、越州、明州、湖州等充满了活力,嘉兴也在钱元瓘主政时升格为州城。后晋天福五年(940)晋从钱元瓘请敕准升嘉兴县为秀州,辖嘉兴、崇德、华亭三县。华亭、松江(今均属上海市)的一些小渔村兴起,成了一个个具有相当重要经济职能的市镇。钱镠扩建杭州城时,以宜于商贸、民生为本,实际上是使城建冲破了王权的束缚,而适应市场与民生的需求。吴越国确实在中世纪中国城市发展中,引领了"市场结构和城市化上的革命"。

吴越国在建设杭州、苏州时,还先后修建、重筑或增筑了一批州、县城。天复三年(903)筑婺州城,开平元年(907)重筑余杭城、增筑温州内外城;开平三年(909)筑定海城、吴江城;乾化二年(912)筑西陵城(今杭州萧山区)。在这些地方的城市化中,格局都利于商贸与民生。由于取消了坊市分离制,街巷商贸活动蓬勃兴起,人们可以在城内任何街巷或郊外各处进行买卖,尤其是节庆日,一些集市往往吸引大批民众赶市,这就为民间艺人活动提供了展示的平台,那些玩杂耍的、说书卖唱的、摆博彩摊卖梨膏糖的纷至沓来,使商贸活动与民间娱乐活动紧密结合,更促使了城市的繁华。

## 参考文献

[1] 司马光.资治通鉴[M].北京:中华书局,2009.

[2] 范炯,林禹.吴越备史[M].北京:中国书店,2018.

[3] 诸葛计,银玉珍.吴越史事编年[M].杭州:浙江古籍出版社,1999.

[4] 屠树勋.钱镠传[M].杭州:浙江工商大学出版社,1999.

# 上海的吴越国文化遗迹考略

上海钱镠研究会名誉会长　知名学者　钱汉东

　　**摘　要:** 吴越国存在的时间不长,常为史家所忽略。上海地域为吴越国辖区,那时的松江隶属秀州府(今嘉兴),因此,上海留下了不少吴越国时期的重要文化遗迹。钱王重视水利,开挖了闸北的钱溪,今称走马塘河;钱王崇尚儒、释、道,建寺起塔,礼遇高僧,教化民众,建起了龙华塔;七宝镇至今留有钱王赐吴妃书写的《莲花经》。松江还有著名的方塔(前身为兴圣教寺),嘉定南翔云翔寺前的双塔等,均建于五代吴越国时期。

　　**关键词:** 吴越国;钱镠;松江;上海

　　晚唐五代至宋初时期,吴越国(907—978)是江南的一个重要地方政权,它曾对上海经济文化建设发展产生过很大的作用。

　　晚唐五代十国被史学家称为"乱斯极矣",当时藩镇割据,战乱相续,"城头变幻大王旗",政权更迭,灾荒频繁,北方十室九空,百姓生活在水深火热之中。吴越国地域主要以今天的浙江省为主体,以杭州为都城,也就是今人所言的"长三角"核心区域。其全盛时期疆域包括今浙江省、上海市、江苏省南部和福建省东北部一带。吴越王钱镠(852—932)实行"善事中国、保境安民、发展农桑"的明智策略,使吴越国成为当时的繁华之地,长三角区域的"江南水乡",美丽富饶的"鱼米之乡"。

　　由于吴越国存在的时间不长,加上立国前的实际统治也不满百年,所以常为史家所忽略。随着人们对江南文化的研究深入,发现"上有天堂,下有苏杭"的奠基人——钱镠,才是博大精深的江南文化的最重要创建者。

上海地域为吴越国辖区,那时的松江隶属秀州府(今嘉兴),因此,上海留下了不少吴越国时期的重要文化遗迹。钱王重视水利,开挖了闸北的钱溪,今称走马塘河;钱王崇尚儒、释、道,建寺起塔,礼遇高僧,教化民众,建起了龙华塔;七宝镇至今留有钱王赐吴妃书写的《妙法莲花经》。松江还有著名的方塔(前身为兴圣教寺),嘉定南翔云翔寺前的双塔等,均建于五代吴越国时期。

# 一、走马塘河古称"钱溪"

吴越王钱镠是位贤明君主,他关注民生,重视经济建设。修建钱塘江海塘,疏浚西湖、宁波东钱湖、太湖等一系列水利工程,直接造福江南广大的黎民百姓。据《吴越备史》记载:"贞明元年(915)置都水营使,以主水事。募卒为部,号曰:撩浅军。……凡七、八千人。常为田事。"又云:"居民,旱则运水溉田,涝则引水出田,民得致力桑农,吴越富庶,自此盛于东南。"这些史料确切地记载了钱王兴修水利,让江南百姓受益得利的情况。

钱王疏浚开凿苏州到松江的河流,从吴淞江经封浜,穿越南翔、小南翔、墩前、大场、江湾,北抵蕰藻浜,流入黄浦江;另一支流折往北,进入太湖流域,长达 40 余公里,沿河普造堰闸,以时蓄疏,不畏旱涝,便利舟楫,这在当时是一项重大的水利工程,由此铸造了古代上海地区的金罗店、银南翔、铜江湾、铁大场四大名镇,为上海北部地区的经济发展奠定了基础,使百姓过上平安幸福的日子。

古代的吴淞江是上海第一大江,黄浦江紧随其后,到了明代由于大量的泥沙积压,致使变换了地位。吴淞江到晚清鸦片战争后,才改为苏州河。1843 年 11 月 17 日,英方代表巴富尔与上海道台宫幕久两人共同宣布上海正式开埠。有位洋人,溯河而上,发现乘船可直抵苏州府城,于是英文标准译名便为"Suzhou Creek"。1848年,上海道台与英国驻沪领事签订展拓英租界条约时,遂将吴淞江改名为苏州河,后来上海的民众也逐渐称之为苏州河了。

汉唐时期长江怒涛汹涌,"霸王潮"频仍,下游地区的堤岸常被冲垮,百姓深受水患之苦。传说西楚霸王项羽在安徽乌江自裁后,阴魂不散,化为江潮复仇。于是,民众在此建起庙宇,欲镇"霸王潮",如张良庙、萧何庙等,都用西汉名贤之名为庙名,嘉定徐行至今存有规模宏大的曹王庙(西汉名将曹参),楼台亭阁,气宇轩昂,晨钟暮鼓,梵音绕梁,香客云集,游人如织。为从根本上解决"霸王潮"对老百姓的侵害,钱镠组建了一支浩大的水利大军,同时征用大量民工开塘挖河,在吴淞江入海口的地方,开凿了一条河,排涝抗旱,便捷交通,俗称"钱溪"或"钱家浜",今名走马塘河(位于闸北彭浦新村),从而解除了旱涝自然灾害给老百姓带来的苦难。钱王因在治水中做出巨大贡献,被两浙百姓供奉为"海龙王"。

据《吴越书》记载:清雍正七年(1729),雍正皇帝得知钱塘江的海塘修筑完工,想到武肃王钱镠治水的功绩,封其为"诚应武肃王,发币金十万两,春熙门内,购民地四十亩,建海神庙,于海宁,敕封为:'宁民显佑,浙海之神'"。海宁盐官镇建造了海神庙。尔后乾隆皇帝(1751)来海宁盐官镇海神庙祭祀钱镠,敕封曰:"宁民显佑运德,海潮神,诚应武肃王。"海宁的海神庙香火旺盛,众人前来凭吊祭祀,怀念这位为江南水乡建设做出卓越贡献的君王。

钱溪为何改称为"走马塘河"。据清代《大场续志》载:"走马塘又称钱溪,系吴越王钱镠所开设,以收渔盐之利,宋名将韩世忠屯兵江湾、大场一带,于塘岸走马往来,人遂称走马塘云。"走马塘之名最早见于明万历年修撰的《嘉定县志》之中。邑人周兆渔曾有诗赞:"走马塘边走,寒云澹放晴。千畦腾水气,万叶战秋声。林鸟语谁解,岸花开不名。竹桥潮半没,难觅于陂行。"

穿越沪北的走马塘河,现在两岸高楼林立,垂柳依依,碧波荡漾,鸟语花香。在彭浦新村的河畔路旁,竖立着醒目的"静安区走马塘河长公示牌",上面有河界,河长姓名和职务,养护时间与内容,水域保洁员工号等。一级河长是静安区委副书记、区长于勇,还标明监督电话和手机号码,这让我颇感欣慰。流淌千年的走马塘河是钱王造福子孙后人的珍贵遗产,如今一旦出现了问题,便可直接找到责任人,这的确是走马塘河绿水清波的保证。

钱溪——走马塘河,这是一条极不寻常的河流,它连接着800年前的南宋,承载着一千多年前吴越国的辉煌。古贤虽与世人渐行渐远,但是当年钱王开河建闸、军民手推肩扛的震天号声;韩世忠巡视河塘、保家卫国的马蹄声,依然回响在岁月的风雨之中。

## 二、《吴妃手抄金字莲花经》

上海是块风水宝地,自古为富贵藏宝之处,今亦有收藏半壁江山之誉。地处闵行的七宝老街,至今保存着北宋时期的格局和风貌。街上有一座古寺,名曰:七宝教寺。寺内曾藏有七件宝贝:飞来佛、氽来钟、金鸡、玉筷、玉斧、梓树和金字莲花经。七宝镇也由此而得名。寺内有一棵高耸入云的千年古树——梓树,据说它是上海现存梓树中年岁最长的。七宝教寺始建的确切年代已无从稽考,明万历十八年(1590)所撰《重修七宝寺大雄宝殿碑记》中说"溯其创始之代邈不可稽矣",只知其从吴淞江迁徙至本地。七宝之一的《吴妃手抄金字莲花经》是五代时吴越王钱镠赐予的,为千年国宝。

据说松江著名的西晋文学家、世称"云间二陆"的陆机、陆云兄弟,被晋成都王司马颖杀害,陆氏后裔修"陆宝祠"祭祀,后更名为"陆宝庵"。"晚唐五代"时期,中原出现反佛事件,吴越王钱镠素有雄才大略,尊崇佛教,曾巡幸松江,特地到陆宝庵礼佛游憩。佛教有金、银、琥珀、珊瑚、砗磲、琉璃、玛瑙七宝,此七宝为珠宝中的灵物,蓄纳了佛家净土的光明与智慧,蕴涵深刻。"陆宝庵"谐音六宝,故吴越王钱镠觉得其内涵似乎不够完美,于是就赐给《妙法莲花经》,曰"此乃一宝也",成就了吉祥的七宝。随行的吴妃道:"七宝善缘,得三宝而国泰,得七宝而民安,此乃陆宝的佛缘,菩萨的慈悲,大王的洪恩,吴越黎民的福缘也。"钱王赐予吴妃用金粉恭录的《妙法莲花经》,僧尼视为珍宝,千年以降,朝代更替,七宝僧尼世代传承,不致流失湮没。《松江府志》《青浦县志》分别记载了七宝形成的过程:"七宝故庵也,初在陆宝山。吴越王赐以金字藏经曰:'此乃一宝也',因改名七宝。后徙于镇,遂以名。"七宝寺、七宝镇从而名扬天下。

稀世文物《吴妃手抄金字莲花经》能流传至今,是与诸多仁人志士的悉心保藏与保护分不开的。日寇侵占上海期间,欲掠夺七宝《吴妃手抄金字莲花经》,面对他们的威逼利诱,软硬兼施,爱国寺僧不为所动,甚至不顾生命危险,冒死保护国宝,成为佳话。尤其是七宝寺 20 世纪末期的住持金南大师为之付出了毕生的心血,几及身家性命。中华人民共和国成立后,寺僧将千年国宝《吴妃手抄金字莲花经》无偿献给国家,今在上海历史博物馆展出,成为镇馆之宝,深受观众的喜爱。每次我去上海历史博物馆参观,总要上楼欣赏这件珍贵的历史文物,久久地伫立,仔细地品赏其美妙的书法艺术和感悟其人文情怀。想当年,吴妃怀着虔诚之心书写经书时,胸中一定会升腾起对《妙法莲花经》的敬意。

《妙法莲花经》是中国佛教史上有着深远影响的一部大乘经典,此经译文流畅、文字优美、譬喻生动,教义圆满,读诵此经是中国佛教徒最为普遍的修持方法。《吴妃手抄金字莲花经》原本 31 页,至清末只剩 24 页,中华人民共和国成立后仅存 19 页。1951 年春,龙华区人民政府接收了《吴妃手抄金字莲花经》,并专呈上海博物馆珍藏,后这件见证上海文明进程的文物又转至上海历史博物馆永久展出。

吴越国存在时间并不长,这一时期流传至今的文物本来就极为稀少,纸质文物更是罕见,这又是吴越国王钱镠之妃的书作,更是不可多得。相传吴越国王钱镠之妃花了五年时间，用金粉正楷在蓝色绡纸上书写莲花经，其笔力遒劲，娟秀自然，有唐楷遗韵，经文字里行间缀有金绘莲花，故称"金字莲花经"。旧《青浦县志》称其"墨色烨然，是唐物"。《吴妃手抄金字莲花经》折射出吴越国对文化宗教的重视，也反映了当时贵族女子的文化艺术修养，其意义不可小觑，它对于研究吴越国宗教文化和书法艺术都具有很高的价值。

# 三、千年古塔龙华宝塔

沪上最古老的大型地面建筑当数龙华古塔，位于徐汇区龙华寺东侧，为全国重点文物保护单位。"龙华晚钟"曾是沪城八景之一，也是江南著名的古迹。据传龙华古塔是三国东吴赤乌十年（247）吴王孙权为孝母而造，赐额"龙华"，或曰：报恩寺。寺塔毁于唐朝末年的黄巢兵乱。

龙华古塔亦是吴越国先人留给上海的珍贵文化遗产。古塔楼台阁制，砖木结构，塔体橙黄，古朴典雅。塔高 40.40 米，七层八面，刹杆高耸；塔身每一层均有平座、勾栏，远远望去，曲栏重重，飞檐高翘，伸展深远；微风轻拂，铃声悠扬，清脆悦耳。据清康熙乾隆年间《上海县志》记载："龙华教寺相传寺塔为赤乌年建，殿宇创于唐垂拱三年（687），废于黄巢时镇将张郁之后。"明嘉靖万历年《上海县志》云："龙华教寺，相传吴越忠懿王尝夜泊浦上，风雨骤至，草莽间神光烛天，钟梵隐然，询其地，龙华寺基也，遂命大盈庄务张仁泰重建。"

由此可见，龙华塔在唐末战火中被毁，吴越王钱弘俶加以重建。晚唐诗人皮日休有《龙华夜泊》诗云："今寺犹存古刹名，草桥霜滑有人行。尚嫌残日清光少，不见波心塔影横。"此诗作生动描写了龙华地区的自然景观，也印证了当时的龙华寺已毁于战乱，不复存在。皮日休（约838—约883）被鲁迅誉为唐末"一塌糊涂的泥塘里的光彩和锋芒"。他为晚唐大臣,诗人、文学家。他的作品多为同情民间疾苦之作,对于社会民生有深刻的洞察和思考。黄巢称帝后(《唐才子传》),皮日休被迫任翰林学士,最后不知所终。

吴越国忠懿王钱弘俶(929—988)系钱镠之孙,在位30年,他就是完成著名的"纳土归宋",实现祖国统一的贤明国君。他是虔诚的佛教徒,曾铸造阿育塔84000座,分藏东南亚、日本、韩国等地,护佑子孙后代。我在各地田野考察过程中,看到过多座出土的阿育塔,杭州雷峰塔地宫也出土过。江南不少寺庙亦由钱弘俶建造。有一次,钱弘俶停泊沪上南浦,得知此处为龙华古塔遗址,遂命僚属张仁泰重建寺庙塔,并赐金像观音、善财童子、龙女各一尊,金字藏经一百零八函。据南宋绍熙(1190—1194)《云间志》记载:"空相寺,张仁泰请于吴越忠懿王始建,旧称龙华寺,冶平元年(1064)改今额。"清咸丰十年(1860)太平天国战乱,龙华寺院遭毁。今龙华寺于清光绪年间重建,目前保存下来的古塔,结构和砖身均为吴越国时旧物,算起来已有千年历史了。

千年龙华古塔,为灵气凝聚的佛教圣地。2013年新春,龙华寺照诚大和尚与钱氏宗亲相会,特意介绍说龙华古寺为钱王所建造。照诚大和尚还说起古塔现今面临的诸多困扰,如随着上海城市建设的飞速发展,地面沉降,加上四周路面不断抬高,塔身的第一层几乎埋进地里;塔是土木结构,由于排水系统不够顺畅,致使木柱长期浸泡在水里,难免腐烂变质;地铁的修建,路面重型卡车通过所带来的震动,等等。

此事引起了笔者极大的关注,国宝文物,不可疏忽,笔者撰写了《龙华千年古塔》一文发表在《新民晚报》上,还立即向上海市里有关领导报告,并撰写了题为《墙体开裂,塔身倾斜,电线老化——龙华古塔亟待修缮加强保护》的文稿,通过《文汇报》内参反映情况,引起了市委领导的高度重视。时任中共中央政治局委员、中共上海市委书记韩正,在发内参的第三天就做出批示:"请振武(上海市委宣传部部长)、铁慧(市政府副市长)同志予以关注。韩正。4月1日。"当日中共上海市委宣传部部长杨振武随即做出批示："请陈东(市委宣传部常务副部长)并劲军、晓波同志阅并提出意见。2013年4月1日。"4月6日,我正在河南仰韶文化遗址考察,接到市文广影视管理局局长胡劲军短信,希望我就此问题进行配合。尔后我又接到市文物局副局长诸晓波的电话,询问有关情况。中共市委办公厅督导组领导李鹏飞非常重视,多次协调此事,切实将保护文物的好事做好。

龙华寺马路如今已改道完毕,这在上海市中心是多么艰难之事,可见国家重视之程度。龙华古塔与寺院融为一体,僧众欢欣不已。上海钱氏宗亲闻讯后,继续善缘,捐资100万元,希望古塔能采用现代冷光源技术,以避免漏电等意外事故,让龙华古塔的灯光,天天亮起来,为上海平添祥瑞之气。我仰望高高耸立的千年龙华古塔,吟辞以颂之:

> 九峰结穴,三会居停。
> 天人德合,今古道承。
> 绳趋尺步,骏烈清芳。
> 肇自百善,恢而倍馨。

上海是有历史文化底蕴的伟大都市,吴越国的文物佐证了这个城市昔日的辉煌,也丰富了长三角地区星汉灿烂的文化内涵。它将激励子孙后代踏着先贤的脚步,谱写历史的新篇章。

# 所谓"近世都城"

## ——以吴越国杭州城为例

浙江农林大学　马克思主义学院　钱彦惠

**摘　要:**五代时期是中国都城发展史上的重要转折期,也是杭州城城市发展的重要阶段。通过吴越国钱氏三次大的扩建,杭州城一跃成为一等城市。从都城布局模式转变的角度来看,唐代都城布局中旧有的三城不完整相套式布局逐渐向宋代三城相嵌套的方式转变,封闭的坊市制也过渡到开放式的街巷制。处于唐宋变革期的吴越国都杭州城的布局情况为我们解读"中世纪都城"布局模式向"近世都城"布局模式转变提供了方向。

**关键词:**近世;吴越国;杭州城

有关杭州城的考古与历史研究工作开始较早。目前学界就杭州城的研究多集中在南宋时期。斯波义信先生(以下敬称略)、林正秋、唐俊杰、杜正贤、徐吉军等[①]前辈学者通过对相关考古资料的整理与文献资料的考证,已基本上复原了南宋临安城的布局情况,并对吴越国时期杭州城的某些布局情况进行了概括性梳

---

① 〔日〕斯波义信:《宋都杭州的城市形态》,《历史地理》第6辑;林正秋:《南宋都城临安》,中国文史出版社2006年版;唐俊杰、杜正贤:《南宋临安城考古》,杭州出版社2008年版;徐吉军:《南宋都城临安》,杭州出版社2008年版;张静波:《南宋临安皇城城墙及城门考》,浙江大学硕士学位论文,2015年;杜正贤:《南宋都城临安研究——以考古为中心》,上海古籍出版社2016年版;等等。

理。魏嵩山、奚柳芳、虞家钧、李志庭、阙维民和任牮时等①学者在对南宋之前杭州城城市发展情况进行研究时，也关注过吴越国杭州城的建设情况，并绘制出三幅相关的杭州城郭变迁示意图。②林正秋、杨渭生、伊藤宏明等也对吴越国时期杭州城建设做了专文论述，如林正秋、林琳从杭州城区的扩大、王宫的建设、西湖的保护与建设和钱塘江石塘的兴建四个方面，对吴越国时期杭州城的建设情况进行了考证。③ 杨渭生从城市扩建、西湖的管理与开发、射潮治水兴农商三方面对吴越国时期杭城建设情况进行了概括性梳理。④ 日本学者伊藤宏明从杭州城概观，城门，宫殿、官厅、军营，宗庙、祠庙、道观，佛寺等五方面，对吴越国杭州城进行了更为细致的探讨。⑤ 这些成果都是值得肯定的。不过，需要说明的是，上述成果仍有继续探讨的空间，如就吴越国在中国都城布局发展史中所处地位仍需要更多的关注。鉴于此，笔者试从文献考证与考古资料研读两方面入手，对吴越国时期杭州城的布局情况及其在中国都城发展史上所处地位进行研究，有不当之处，敬请方家指正。

---

① 魏嵩山：《杭州城市的兴起及其城区的发展》，《历史地理》创刊号；林正秋：《中国历史小丛书·名城史话》，中华书局 1984 年版，第 238 页；奚柳芳：《东汉时期钱塘县之废复》，《历史地理》第 2 辑；奚柳芳：《钱塘故址考》，《学术月刊》1985 年第 5 期；虞家钧：《杭州沿革和城市发展》，《地理研究》1985 年第 3 期；李志庭：《唐末杭州城垣界址之我见》，《杭州大学学报》1996 年第 4 期；阙维民：《杭州城池——暨西湖历史图说》，浙江人民出版社 2000 年版；任牮时：《南宋以前杭州城郭考》，浙江大学硕士学位论文 2002 年。

② 三幅图分别为魏嵩山的"杭州城郭变迁图"、贺业钜的"杭州城市边界的变迁"和阙维民的"五代杭州城郭略图"[魏嵩山：《杭州城市的兴起及其城区的发展》，《历史地理》创刊号，1981 年；贺业钜：《南宋临安城市规划研究》，收录于《中国古代城市规划史论丛》，中国建筑工业出版社 1986 年版；阙维民：《论杭州城区的历史变迁及其发展趋势》，《中国古都研究》（第五、六合辑），北京古籍出版社 1993 年版]。

③ 林正秋、林琳：《吴越国时期杭州城市的建设初探》，《杭州研究》2003 年第 1 期。

④ 杨渭生：《吴越国时期的杭城建设》，《杭州通讯》2009 年第 8 期。

⑤ ［日］伊藤宏明：《吴越杭州城考》，《鹿儿岛大学法义学部纪要·人文学科论集》1995 年第 42 号。

## 一、五代吴越国之前杭州城址的演变

隋唐时期,杭州城一直只是北不及苏州、南不及越州的二流城市。这种情况直至吴越国时才发生变化。五代时期是中国都城发展史上的重要转折期,也是杭州城城市发展的重要阶段。[1]借助钱镠在唐昭宗大顺元年(890)、唐昭宗景福二年(893)和后梁开平四年(910)三次大的扩建,杭州城一跃成为一等城市。

杭州本沿袭秦代所置钱塘县,始皇三十七年(前210)始见于记载。一般认为,秦至西汉钱塘县治在今西湖以西至灵隐一带;东汉时,郡议曹华信立海塘,"县境蒙利",其后钱塘县治迁至明圣湖北、宝石山东,即今武林路、保健路一带;[2]但也有学者对东汉钱唐县徙治武林门一带产生怀疑。[3] 对于这一问题,笔者不去细考,通过对相关文献的考究,可以知道华信筑防海大塘以后,杭州陆地面积继续扩展,西湖东部得到了一定的开发。据《南齐书·沈

---

[1] 斯波义信指出,9至13世纪是中华帝国史上的"城市革命期"(斯波义信:《中国中世的商业》,《中世史讲3中世的城市》,学生社1982年版,第201—216页;斯波义信:《宋代商业史研究》,风浔书房1979年版,第306—316页);谭其骧在《杭州城市发展之经过》一文中,梳理出杭州城市发展过程主要分为、山中小县时代(秦汉六朝八百年)、江干大郡时代(隋唐三百年)、吴越国都及两浙路路治时代(五代、北宋)、首都时代(南宋)、江浙行省省会时代(元代)和浙江省省会时代(明代至今)六个时期〔谭其骧:《杭州城市发展之经过》,《长水集(上)》,人民出版社1987年版,第417—428页〕。

[2] 南朝刘宋刘道真《钱唐记》载:"昔一境逼近江流,县在灵隐山下,至今基址犹在。"(乐史:《太平寰宇记》卷九三《杭州钱塘县下》引)郦道元《水经注》亦引此观点,提到"浙江又东径灵隐山,山在四山之中,有高崖洞穴,左右有石室三所……山下有钱唐故县"。林华东考证后认为,秦至西汉时期钱唐县治在茅家埠(鸡笼山下)至灵隐寺,再沿灵峰山下顺东北方向由白乐桥至玉泉和浙大,然后沿浙大路南折入曙光路、西山路至西湖宾馆(即刘庄)一带;东汉后钱唐县治在霍山、钱唐门,沿武林路向北,至昌化路附近西折向弥陀山,直至松木场、宝石山下范围之内(林华东:《钱唐故址考辨》;《钱塘故址位置新考——兼论西部都尉治和西湖的形成》,《东南文化》1990年第4期)。另外,虞家钧、魏嵩山、谭其骧、吴维棠等做出考证〔虞家钧:《杭州沿革和城市发展》,《地理研究》1985年第3期;魏嵩山:《杭州城市的兴起及其城区的发展》,《历史地理》创刊号;谭其骧:《杭州城市发展之经过》,《长水集(上)》,人民出版社1987年版,第417—428页;吴维棠:《杭州的几个地理变迁问题》,《历史地理》第5辑,第176—184页〕。

[3] 阙维民:《杭州城池——暨西湖历史图说》,浙江人民出版社2000年版,第13、14页。

文季传》载,485 年唐寓之起义,自富阳县顺钱塘江东下进军钱唐,"寓之进柳浦登岸,焚郭邑,彪(钱塘令刘彪)弃县走"。由此可知,六朝时期,钱塘县治当在柳浦附近,即今杭州城南凤凰山东麓,钱塘江北岸。(见图 1)

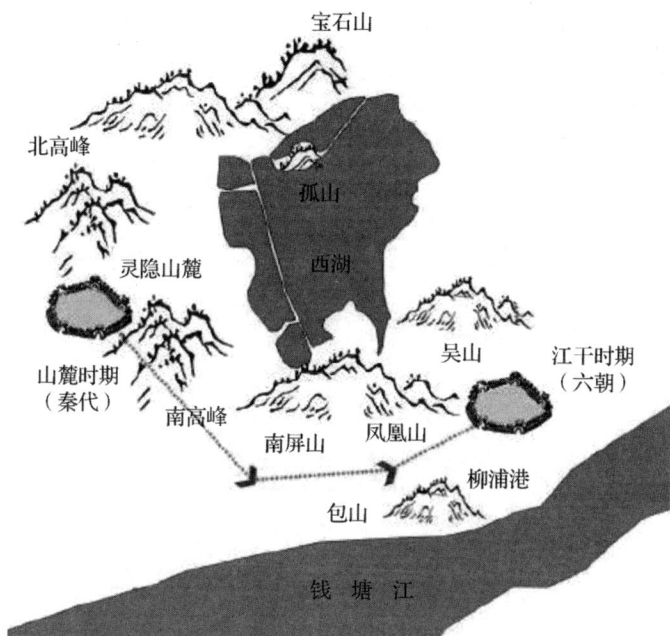

**图 1 杭州古代城址变迁图**①

隋文帝开皇九年(589)灭陈统一全国,废除钱唐郡,始建置杭州。开皇十一年(591),隋文帝命杨素主持营建杭州城。杨素以凤凰山东麓为州治,主持营建州城,周围仅 36 里 96 步。陈志坚考证认为,隋代杨素所建杭州城在性质上应是"子城",大小也应在"十里"左右。②但笔者认为,此说仍有进一步探讨的必要。

南宋乾道《临安志》卷二《城社》引《九域志》载:

隋杨素州城,周回三十六里九十步,曰:"有城门十

---

① 朱玲:《杭州古代城市人居环境营造经验研究》,西安建筑科技大学硕士学位论文。
② 通过对杨素同时期修筑的其他南方城池子城规模(会稽子城,周十里)与唐代杭州以后子城(皇城)规模及相关考古资料和文献资料的考证而得出结论(陈志坚:《杭州初史论稿》,杭州出版社 2010 年版,第 263—268 页)。

二：东曰便门、保安、崇新、东青、艮山、新门；西曰钱湖、清波、丰豫、钱塘；南曰嘉会；北曰余杭。有水门五，东曰保安，南水、西水；北曰天宗、余杭。"[1]

可见，钱湖门、钱塘门等在隋代即已存在，其位置应当与唐代差不多。作为一个州郡级城市，隋唐时期杭州城应当采取的是"子城—罗城"布局模式。而36里96步应该是隋杭州城罗城的范围。

唐代沿袭隋代旧城，并向北拓展。据《旧唐书·地理志》载："钱塘，汉县，属会稽郡。隋于余杭县置杭州，又自余杭移州理钱塘。又移州于柳浦西，今州城是。贞观六年，自州治南移于今所，去州十一里。又移治新城戍，开元二十一年，移治州郭下，二十五年，得还旧所。"[2]由此可知，隋代在余杭置杭州，后州治由余杭迁至钱塘县治所在的柳浦西（即凤凰山麓的柳浦，今杭州城南江干的南星桥一带[3]），而这里基本上成为隋唐时期杭州的州治所在。唐代实行的应是杭州州城和钱塘县县城双城制。贞观六年，钱塘县治"去州十一里"；后来移治到新城戍（即由凤凰山东麓江岸逐渐向北拓展到今吴山东麓的鼓楼一带）；开元二十一年，县治又"移至州郭下"，应该在位于柳浦西的州治附近；开元二十五年，移回到"去州十一里"的地方。但因方位不明，故县治地址未能确定。有学者考证，唐代钱塘县治在宝石山东的武林路附近，但按照度量衡测算，似远不止唐"十一里"。[4] 不过，按照白居易"州旁青山县枕湖"的诗句可推知，县治应在西湖附近。再由其《自湖上

---

① 周淙：《乾道临安志》卷二《城社》引《九域志》，《武林掌故丛编》，广陵书社 2008 年版。
② 刘昫：《旧唐书·地理志三》，中华书局 1975 年版，第 1588 页。
③ 阙维民：《杭州城池——暨西湖历史图说》，浙江人民出版社 2000 年版，第 11 页。
④ 《隋唐名郡——杭州》，第 248 页。

归入钱湖门经由万松岭还州治》①一诗可知,白居易从西湖回州治,需要经过钱湖门、万松岭。唐代钱湖门不知何处,但从宋代钱湖门在万松岭附近推测,唐代钱湖门也应在此处。它应是唐代杭州城罗城上的一个城门。谭其骧考证认为,隋代州城大抵在今凤山门南吴越牙城、南宋皇城故址;唐代杭州市区应南起江干,北届今武林门、艮山门的市区。但筑城年代已无确考。②笔者认为此说甚确。

唐代时期,杭州城建设有两项重要举措。一是咸通二年(861年)刺史崔彦曾在杭州钱塘县"南五里"开沙河塘。③南宋王象之提到:"河有三,曰外沙、中沙、里沙。"④魏嵩山考曰,外沙河南自吴山脚下望仙桥,东北循今江城路、大学路、光芒路,至艮山门达于运河。⑤里沙河即今菜市桥河;⑥中沙河今已无考,疑当介于外沙河与里沙河之间。二是唐德宗大历年间,刺史李泌在今涌金门、钱塘门之间,分开水口六,导西湖水入城,潴而为六井;唐穆宗长庆中,刺史白居易复加开浚。自是,居民日繁,城邑开始向北扩展。

## 二、吴越国钱氏对杭州城的建设

唐末战乱,杭州子城破败不堪。乾宁五年(898),时任杭州刺

---

① 朱金城的《白居易集笺校》(上海古籍出版社1988年版)在《夜归》诗的最后又作,《咸淳临安志》卷五二《自湖上归入钱湖门经由万松岭还州治》:"半醉闲行湖岸东,马鞭敲镫辔珑璁。万株松树青山上,十里沙堤明月中。楼角渐移当路影,潮头欲过满江风。归来未放笙歌散,画戟门开蜡烛红。"

② 谭其骧:《杭州城市发展之经过》,《长水集(上)》,人民出版社1987年版,第417—428页。

③《新唐书·地理志》。

④《舆地纪胜》卷二《临安府景物下》。

⑤ 清光绪《杭州府志》卷二十《山川》"外沙河旧在城外,自张氏拓城后,络入城中"。魏嵩山:《杭州城市的兴起及其城区的发展》,《历史地理》创刊号。

⑥ 淳祐《临安志》卷十《山川》谓里沙河一名后沙河,"在艮山门外坝子桥北"。坝子桥,今址犹存,在艮山门内宝善桥北菜市河上。

史、苏州观察使的钱镠把镇海节度使衙署从润州（今江苏镇江）迁到杭州，开始了对杭州城的建设。

## （一）吴越国钱氏对杭州城的建设

根据相关史籍的记载，吴越王钱镠对杭城进行过三次扩建。

第一次，钱俨《吴越备史》载，大顺元年（890）九月，"王命筑新夹城。环包家山泊秦望山而逦，凡五十余里，皆穿林架险而版筑"。[1] 这一次拓城主要扩展了旧城的西南。钱镠在杭州《罗城记》中对这次筑城也进行了记载："余始以郡之子城，岁月滋入，基址老烂，狭而且卑，每至点阅士马，不足回转。遂与诸郡议，崇建雉堞，夹以南北，矗立而峙。"[2]

可见，吴越国钱王沿用隋唐时期的杭州子城——凤凰山麓的柳浦西一带，但旧治"狭而且卑"故作"夹城"，以扩大州治的活动范围，并加强州城的军事防守。"夹城"内有子城（后为王城），其可能与镇江发现的唐代夹城构造差不多。[3] 子城上有城门二，南门即"通越门"，在凤凰山之右；北门为"双门"，[4] 亦作霍门，在子城

---

① 钱俨：《吴越备史》卷一《武肃王》，第 6180 页。

② 周绍良主编：《全唐文新编》卷一三〇《吴越武肃王钱镠》第 1 部第 2 册，吉林文史出版社2000 年版，第 1454 页。

③ 2000 年江苏镇江古城考古所在市内一工地发现了唐代夯土城垣和城下砖砌拱券涵洞遗迹，经考证应为唐代夹城遗迹。此处唐代城垣，在同时期衙城（子城）之外，并位于唐代罗城（郭城）之里（刘建国：《镇江发现唐夹城遗迹》，《文物报》2000 年 5 月 7 日）。

④ 南宋《淳祐临安志》卷五《官宇》载："府治，旧在凤凰山之右，自唐为治所。子城南曰通越门，北曰双门，吴越钱氏造。"通越门，经宋人考证，即南宋大内的丽正门一带，在今宋城路附近。双门，即南宋大内北门和宁门一带，在今中山南路与凤山门交叉处。国治的范围，比唐代州治有所扩大（林正秋、林琳：《吴越国时期杭州城市建设初探》，《杭州研究》2003 年第 1 期）。

的东北隅,皆包以铁皮。① 一般认为,秦望山在六和塔西。②"包家山在城南近郊。"③新修的夹城从包家山向西到六和塔西,使杭州西南部的防守得到加强。

第二次,《吴越备史》卷一《武肃王》载,景福二年(893)"秋七月丁巳,王(钱镠)率十三都兵泊役徒20万众,新筑罗城,自秦望山由夹城东亘江干,泊钱塘湖(西湖)、霍山(今少年宫后,在昭庆寺后)、范浦(在艮山门),凡七十里"。又说"景福二年,始作罗城,而江涛热激,版筑不能就。王(钱镠)内祷之,而沙涨15余里,功乃成就"④。

可见,第二次拓展罗城时又对夹城进行了改建,罗城也是由原夹城的走势向东、北扩建而成。其范围"南起凤凰山接夹城,东北循今建国路至今艮山门,由此折而西行,沿今环城北路抵今武林门,又折而南,循今环城西路止于今少年宫,仍与夹城相接"⑤。西界基本未变。这次扩展了旧城的东北。拓城后,罗隐代钱镠作杭州《罗城记》载:"由北郭以分其势,左右而翼,合于冷水源,绵亘若干里。其高若干丈,其厚得之半。"⑥

第三次,《资治通鉴》卷二六七载,后梁开平四年(910)吴越王钱镠"筑捍海石塘,广杭州城"⑦。修筑的捍海石塘始自江干六和

---

① 淳祐《临安志》卷五《府治》。

② 魏嵩山、虞家钧、钟毓龙和阙维民等认为秦望山当在六和塔西,即今二龙头一带(魏嵩山:《杭州城市的兴起及其城区的发展》,《历史地理》创刊号,上海人民出版社1981年版;虞家钧:《杭州沿革和城市发展》,《地理研究》1985年第3期;钟毓龙:《说杭州·说山》,浙江人民出版社1985年版,第61页;阙维民:《杭州城廓的修筑与城区历史的演变》,《浙江学刊》1989年第3期;陆鉴三:《城凡三重,纵宽横仄——吴越国杭州城》(修订版),《杭州历史丛编之三·吴越首府杭州》,浙江人民出版社1997年版,第25—34页。而桓进、李志庭等认为,秦望山应在今之将台山(桓进:《杭州秦望山在何处》,《浙江学刊》1988年第1期;李志庭:《唐末杭州城垣界址之我见》,《杭州大学学报》(社科版)1996年第4期。笔者认为,第一种说法可取。

③ 《咸淳临安志》卷二三《山川》。

④ 《吴越备史》卷一《武肃王》。

⑤ 魏嵩山:《杭州城市的兴起及其城区的发展》,《历史地理》创刊号,上海人民出版社1981年版。

⑥ 周绍良主编:《全唐文新编》卷一三〇《吴越武肃王钱镠》第1部第2册,吉林文史出版社2000年版,第1454页。

⑦ 司马光:《资治通鉴》卷二六七,中华书局1956年版,第8726页。

塔向北到达艮山门东。如胡三省所注"今杭州城外滨浙江皆有石塘,上起六和塔,下抵艮山门外,皆钱氏所筑"①。钱氏在筑海塘的同时,还开始修筑杭州城东南的外城,"建候潮、通江等城门",杭州城东南部"悉起台榭,广郡廓周三十里,邑屋之繁会,江山之雕丽,实江南之胜概也"。

关于夹城的具体范围,史籍上未有明文。不过通过对吴越时期杭州城城门位置的考证亦可知大概。南宋周淙乾道《临安志》卷二《城社》中保留着对吴越国杭州城城门的记载:

> 《资治通鉴》载:唐景福二年"钱镠发民夫二十万及十三都军士筑杭州罗城,周七十里"。南门曰龙山,东门曰竹车、南土、北土、保德;北门曰北关;西门曰涵水西关。城中又有门曰朝天门、曰炭桥新门、曰盐桥门,今废。土人犹以门称焉。②

结合对相关文献记载及后世学者的考证成果进行综合判断,一般认为,龙山门,在今六和塔西二龙头一带③;涵水西关,在今净寺旧雷峰塔下;朝天门,在今吴山东麓、中河西岸,今鼓楼附近;竹车门,在今望江门内望仙桥东南;南土门,即今淳祐桥西;北土门,称土址门(今菜市桥西之东青巷口);炭桥新门,在今中河丰乐桥西旧炭桥之东;保德门,亦称宝德门(在今艮山门外环城东路北端)。盐桥门在今中河盐桥西,北关门所在的夹城巷在今武林门外的米市巷附近。北关门,亦称武林门,遗址在今武林门环城北

① 司马光撰,胡三省音注:《资治通鉴》卷二五九景福二年七月,中华书局1956年版,第8445页。
② 周淙撰,钱保塘校记:《乾道临安志》卷二《城社》,中华书局1985年版,第24页。
③ 李志庭从龙山钱氏王室陵区位置(按照以往情况应该位于都城郊区)、方腊起义路线两方面进行分析,认为六和塔应该城外,即龙山门应该位于六和塔以东。[李志庭:《唐末杭州城垣界址之我见》,杭州大学学报(哲学社会科学版)1996年第4期]

路与武林路交接处。①

由此推测,其时杭州城垣界址应西起今六和塔,向东北绕包氏山至凤凰山麓,又北循今建国路至艮山门(东河在城外),折西循环城北路至武林门,再循大运河西岸至米市巷(大运河在城外),然后折而西南,循今马塍路至昭庆寺后霍山,再沿西湖东岸、南岸,过虎跑山,止于六和塔。②

另外,吴越王钱镠还加大了对杭州城内治所的建设。早在唐昭宗光化三年(900),钱镠开始扩建镇海军节度使使院"始辟大厅之西南隅,以为宾从晏息之所。左界飞楼,右蒯严城,地耸势峻,面约背敞,肥楹巨栋,间架相称,雕焕之下,朱紫莘莘,非若越之今而润之旧也"③。天复三年(903),钱氏在牙城内新建八会堂,后改名为都会堂;天复五年(905)钱镠在牙城内新建功臣堂。堂内"树碑纪功,列宾僚将校赐功臣名氏于碑阴者凡500人";后梁乾化二年(912)允许钱镠广建牙城王城;龙德三年(923),钱镠被晋封为吴越王后,他又进一步建造王城,陆续增建了天宠堂、天册堂、阅武堂、握发殿、思政堂、大庆堂、仙居堂、光册堂等。钱王王室生活

---

① 据淳祐《临安志》卷九《诸坞》载:"东西马塍在余杭门外羊角埂之间,……或云是钱王旧城,非塍也;今北关门,古之余杭门外地也;原自有北关门,今有夹城巷,乃古基也,地与马塍相接。"(淳祐《临安志》卷九《诸坞》)朗瑛《七修类稿》卷六《钱氏杭城门名》指出:"钱镠时杭门十座,城自南秦望山,北抵夹城巷,西亘江干,西薄钱塘湖、霍山、范浦,凡七十里。曰朝天门,在吴山下,今镇海楼也;曰龙山门,在六和塔西;曰竹车门,在望仙桥东南;曰新门,在炭桥东;曰南土门,在荐桥门外;曰北土门,在旧菜市门外;曰盐桥门,在旧盐桥西;曰西关门,在雷峰塔下;曰北关门,在夹城巷;曰宝德门,在艮山门外无星桥。旧时城垣南北展而东西缩,故曰腰鼓城。"(朗瑛:《七修类稿》,历代笔记丛刊本,上海书店出版社2009年版,第68页。)魏嵩山、阙维民、贺业钜等也进行了相关考证。参见魏嵩山:《杭州城市的兴起及其城区的发展》,《历史地理》创刊号,人民出版社1984年版;钟毓龙:《说杭州》第五章《说城邑》;阙维民:《杭州城廓的修筑与城区的历史演变》,《浙江学刊》1989年第6期;李志庭:《唐末杭州城垣界址之我见》,《杭州大学学报》1996年第4期。虞家钧:《杭州沿革和城市发展》,《地理研究》1985年第3期。

② 结合淳祐《临安志》卷九《诸坞》,朗瑛《七修类稿》卷六《钱氏杭城门名》相关记载与魏嵩山、阙维民、贺业钜等的考证。参见魏嵩山:《杭州城市的兴起及其城区的发展》,《历史地理》创刊号,人民出版社1984年版;钟毓龙:《说杭州》第五章《说城邑》;阙维民:《杭州城廓的修筑与城区的历史演变》,《浙江学刊》1989年第6期;李志庭:《唐末杭州城垣界址之我见》,《杭州大学学报》1996年第4期。虞家钧:《杭州沿革和城市发展》,《地理研究》1985年第3期。

③ 罗隐:《镇海军使院记》。

的殿堂,在王城之内,为东院,其内有丽春、瑶台、咸宁等多处宫殿。[①]后唐同光二年(924),钱镠又开慈云岭,建西关城。[②]

综上可知,五代吴越国定都杭州时,市区规划较为粗放。在凤凰山麓柳浦西一带设子城,子城外围又建了包括凤凰山、玉皇山在内的夹城。景福二年(893)沿着夹城扩建了罗城。当时杭州城市的实体大小,应与宋朝相差不大。

## (二)杭州城的水利设施建设

为了解决居民饮水和海水倒灌问题,吴越王在杭州城周围实施了三项重要的水利建设。

首先,吴越王钱氏广开"百井"。

吴越国时期,人口较为集中地分布在西湖沿岸的"六井"一带。杭城扩建后,人口剧增,为解决居民饮用水,钱氏在城内广开池井,如在涌金门内引湖水入城的涌金池,吴山北麓大井巷的五眼吴山大井,南屏山西法音寺的钱王井,凤凰山梵天寺的灵幔井等。钱氏先后凿井最多的是在新扩展的城北一带。杨渭生考曰,"在今杭州下城区百井坊一带,有钱王所凿的九十九眼井称'钱王百井'。今杭州延安北路保存着一眼古井,即为钱王百井仅存者之一"。宋初,除了"六井"以外,又扩展了水田、水塘、花圃、果园和桑田等。在东北角的艮山门内,东城的菜市门(东青门)郊外,也是蔬菜园和水塘相连的地方。[③]"六井"以东和抱剑营一带,是吴越王的骑兵屯驻地。

其次,设置撩湖兵,治理西湖。

唐代杭州刺史白居易曾治理过西湖。但到了唐末,因军阀割据,战乱频仍,西湖年久失修,出现了"湖葑蔓蔽"的局面。

---

① 林正秋、林琳:《吴越国时期杭州城市建设初探》,《杭州研究》2003 年第 1 期。

② 《开慈云岭记》"梁单阏之岁,兴建龙山,至涒滩之年,开慈云岭,使建西关城宇,台殿水阁,今勒贞珉,用纪年月。甲申岁六月十五日。吴越国王记"。周绍良主编:《全唐文新编》卷一三〇《吴越武肃王钱镠》第 1 部第 2 册,吉林文史出版社 2000 年版,第 1458 页。

③ [日]斯波义信:《宋都杭州的城市生态》,《历史地理》第 6 辑。

贞明二年(916)钱镠请封钱塘湖龙君为广润龙王,并在宝石山麓建广润龙君祠致祭,撰有《建广润龙王庙碑》。

天宝五年(912)钱镠拟扩大凤凰山王城。有一术士献策:"如在凤凰山造宫殿,王气太露,不过有百年而已;若将西湖填平,只留13条水路以蓄湖水,建宫殿为其上,便有千年王气。"钱镠答道:"西湖乃天下名胜,安能填平?况且五百年必有王起,岂有千年而天下无真主者乎?有国百年,事愿足矣!"

后唐天成二年(927),钱镠专门设了撩湖兵士千人,专职疏浚西湖,清除葑草,加深湖床;宋建隆四年(963)七月,钱弘俶"大阅舟娄舻于西湖";开宝九年(976)吴越国疏通了涌金池,引湖水入城内运河。随着钱镠对西湖的整治,西湖周围也得到进一步开发,十余所园林与数百处佛寺、塔幢纷纷修筑起来。如吴山上的秾华园,涌金门外的西园,嘉会门外的瑞萼园,月轮山下的南果园等。据《咸淳临安志》卷八十四《寺观》载,吴越国时期新建佛寺达200多座,其中较为著名的有昭庆寺、净慈寺、理安寺、开化寺、高丽寺、云栖寺、灵峰寺、宝成寺等;著名的寺塔有六和塔、保俶塔、白塔、雷峰塔与梵天寺、灵隐寺经幢等。

最后,筑塘修堤,阻拦潮患。

杭州城的防海大塘始创于三国时期功曹华信,惟塘以土筑,岁久辄坏。到中唐以后,杭州城仍潮患频仍,海潮或有奔逸入城。唐代杭州刺史崔彦曾在城外钱塘县"南五里"筑沙河塘(堤),开沙河塘。但始终未能消除潮患。每有涌潮水聚涨,"自秦望山东南18堡,数千万亩田地,悉成江面,民不堪命"。

武肃王钱镠修捍海石塘的情况在《筑塘疏》中有详细记录。"经始于开平四年(910)八月,竣事于是年十月。功成,计费十万九千四百四十缗。堤长三十三万八千五百九十三丈(折成现在度量单位,一千公里左右),以御江涛。外加土塘,内筑石堤,不辞鞭石畚锸之劳,以图经久乐利之计。"①

--------

① 《筑塘疏》。

北宋时期杭州人沈括在《梦溪笔谈》中记录钱氏捍海塘时,提到:

> 钱塘江,钱氏时为石堤,堤外又植木十余行,谓之晃
> 柱。宝元(1038—1039)、康定间(1040—1041)人有献议
> 取晃柱,可得良材数十万。杭帅(即太守)以为然,既而
> 旧木出水,皆配败不可用,而晃柱一空,石堤为洪涛所
> 激,岁岁摧决。盖昔人埋柱,以折其怒势,不与水争利,
> 故江涛不能为害。[①]

吴越捍海塘在多处都有发现。如 1983 年在杭州江城路工
地,挖地 11 米深,发现了部分石塘,其外加土塘,内筑石堤。同时
期海塘在 2014 年距离上一发掘地点以北 1 公里处也有发现。钱
氏的这种"石囤木桩法"一直为后世所采用。

吴越国时,钱氏还整治疏浚河道,重新筑起多个堤堰,如北郭
有清湖等堰,江干造浙江、龙山二闸(以遏制江潮入河,海潮倒
灌),城东有大、小二堰,因时启开,水运大畅,江川河艘,交织城
中。[②] 这使得杭州城内外诸河得以贯通,南由贴沙、龙山二河达于
江,北自上塘、下塘等河下注嘉、湖两郡。同时,又设水寨军,屯兵
浒浦一带,常驻管理。

## 三、吴越国杭州城的历史地位

从都城布局模式转变的角度来看,唐代都城布局中旧有的三
城不完整相套式布局逐渐向宋代三城相嵌套的方式转变,封闭的
坊市制也过渡到开放式的街巷制。处于唐宋变革期的吴越国都

---

① 沈括《梦溪笔谈》卷一一《官政》。

② 谭其骧:《杭州都市发展之经过》,1947 年 11 月 30 日应浙江省教育会等之邀在浙江民众
教育观讲演。

杭州城的布局情况为我们解读"中世纪都城"布局模式向"近世都城"布局模式转变提供了新的方向。

俞伟超、宋镇豪曾对中国古代城市发展阶段进行过研究。俞伟超从考古资料入手,把中国古代城市布局形态分为五个阶段:一是龙山时代,是城市的形成期;二是商和西周时代,是中国古代都城发展史上的最初阶段;三是东周至两汉时期,是都城的密封式规划阶段,这一阶段的规划思想受到了《周礼·考工记》的影响;四是曹魏到隋唐时期,是两京城的封闭式规划阶段;五是北宋至明清时期,是都城的开放式街道布局阶段。[①]

日本京都大学内藤湖南先生,站在中国文化史的角度上,提出了以"宋代近世说"[②]为核心的中国历史时代划分学说。这一学说,经过宫崎市定、谷川道雄等三代京都学派学者的发展,最终形成了魏晋以前为古代、魏晋隋唐为中世、宋代以后为近世的中国史分期学说。

学界在这一学说的影响下,开始对中国历史上的"都城布局模式"进行探讨。张学锋在《所谓"中世纪都城"——以东晋南朝建康城为中心》和《"近世都城"的出发——以南唐金陵城为例》两篇文章中对"中国古代都城""中世纪都城""近世都城"进行了概括性分析。[③]一般认为,中国古代都城布局模式仍然受到《周礼·考工记》"匠人营国"思想的影响。"旁三门""左祖右社""面朝后市"是这一时期都城布局的特点。秦汉统一帝国形成后都城呈现出来的多宫制,是古代都城的典型特征。

魏晋以后,都城布局开始发生变化,都城布局模式开始进入

① 俞伟超:《中国古代都城规划的发展阶段性》,《考古》1985 年第 2 期。

② 内藤指出,从唐末经五代到宋初,中国社会的各个方面都发生了巨大的变化,他从贵族政治的衰落和君主独裁政治的出现、人民地位的变化、"官吏选用制度的变化"、党派性质的变化、经济上(如货币制度)的变化、学术文艺性质的变化等方面,具体论述了中国社会的变化。简言之,这时期贵族阶层没落了,君主得以建立独裁政治,与此相应,中国官僚群体最后形成,开始出现平民主义倾向,文化回归到庶民手中,形成独具中国特色的近代社会。内藤湖南:《概括的唐宋时代观》,收录于刘俊文主编的《日本学者研究中国史论著选译》(第 1 卷),中华书局 1992 年版。

③ 张学锋:《"近世都城"的出发——以南唐金陵城为例》,《南京晓庄学院学报》2015 年第 5 期。

"中世纪都城"阶段。"中世纪都城"经过严格规划,坐北朝南,有明确的中轴线,实行单一宫制,并将之安排在都城中轴线的北端;政府的衙署主要分布在宫城之南的中轴线两侧;社会生活空间(外郭城)由里坊构成,其东、南、西三面围绕在宫城,宫城之北设置广阔的禁苑。① 市场也由"面朝后市"靠近宫城,开始转移到郭城中,并实行着严格的坊市制。②

唐末以来,中国都城规制又发生了显著变化,都城布局模式开始向"近世都城"转变。李瑞做了专门的论述,他指出从唐到宋,都城空间形态演变特点由不完整到完整的三套重城形态结构、规矩方正的棋盘型格局到自由灵活的空间形态,封闭的坊市结构到开放的街市结构。③ 而吴越国杭州城无疑是这一转变期的重要代表。经历了唐末五代的混战后,城市在空间上大大缩小,五代时期的城市一改中世纪都城那种规则有序的设计思想,朝着更加开放、更加合理、更加活性化的方向发展。④

吴越国杭州城依据山川形便,采用了特殊的坐南朝北(宫城在南)布局。这一时期杭州城北部大致采取了三重城制,即子城、夹城和罗城。这与唐长安城外郭城、皇城、宫城的不完整相套式布局⑤不同,采取的是近似北宋东京城的那种嵌套方式。⑥ 吴越国杭州城的西南方夹城与罗城基本上相重,这与南宋时期临安城基本一致。子城与罗城到南宋时期得到延续,并为南宋时期杭州城宫城、外城⑦的定型打下基础。不过,因为笔者现掌握资料所限,

① 张学锋:《所谓"中世纪都城"——以东晋南朝建康城为中心》,《社会科学战线》2015年第8期。

② 钱彦惠:《西汉长安城市场研究——兼论汉魏洛阳城的市场》,《考古学报》2020年第2期。

③ 李瑞:《唐宋都城空间形态研究》,陕西师范大学博士论文2005年。

④ 张学锋:《"近世都城"的出发——以南唐金陵城为例》,《南京晓庄学院学报》2015年第5期。

⑤ 唐代长安城中间北部是皇城,又名子城;皇城北面为宫城;最外是外郭城,又称罗城。(宿白:《唐长安城》,《文物天地》,1982年第4期)

⑥ 北宋东京城宫城、内城、外郭城三重环套的城郭结构。(李瑞:《唐宋都城空间形态研究》,陕西师范大学博士论文2005年)

⑦ 南宋沿用吴越钱氏子城,在此建宫城。南宋李心传记"临安府治,旧钱王宫也,规制宏大"。(李心传:《建炎以来朝野杂记》,中华书局1956年版)

就吴越国时期杭州城内市场布局情况尚缺少系统性研究,这有待于笔者的进一步考证。

## 参考文献

[1] 林正秋.南宋都城临安[M].北京:中国文史出版社,2006.

[2] 唐俊杰,杜正贤.南宋临安城考古[M].杭州:杭州出版社,2008.

[3] 徐吉军.南宋都城临安[M].杭州:杭州出版社,2008.

[4] 杜正贤.南宋都城临安研究——以考古为中心[M].上海:上海古籍出版社,2016.

[5] 林正秋,林琳.吴越国时期杭州城市的建设初探[J].杭州研究,2003(1).

[6] 杨渭生.吴越国时期的杭城建设[J].杭州通讯(下半月),2009(8).

[7] 谭其骧.杭州城市发展之经过//长水集(上)[M].北京:人民出版社,1987.

[8] 阙维民.杭州城池——暨西湖历史图说[M].杭州:浙江人民出版社,2000.

[9] 陈志坚.杭州初史论稿[M].杭州:杭州出版社,2010.

[10] 刘昫.旧唐书·地理志三[M].北京:中华书局,1975.

[11] 周绍良主编.全唐文新编[M].长春:吉林文史出版社,2000.

[12] 刘建国.镇江发现唐夹城遗迹[N].文物报,2000-05-07.

[13] 虞家钧.杭州沿革和城市发展[J].地理研究,1985(3).

[14] 钟毓龙.说杭州·说山[M].杭州:浙江人民出版社,1985.

[15] 阙维民.杭州城廓的修筑与城区历史的演变[J].浙江学刊,1989(3).

[16] 桓进.杭州秦望山在何处[J].浙江学刊,1988(1).

[17] 李志庭.唐末杭州城垣界址之我见[J].杭州大学学报(社科版),1996(4).

[18] 司马光.资治通鉴[M].北京:中华书局,1956.

[19] 周淙撰,钱保塘校记.乾道临安志[M].北京:中华书局,1985.

[20] 林正秋,林琳.吴越国时期杭州城市建设初探[J].杭州研究,2003(1).

[21] 俞伟超.中国古代都城规划的发展阶段性[J].考古,1985(2).

[22] 张学锋."近世都城"的出发——以南唐金陵城为例[J].南京晓庄学院学报,2015(5).

[23] 张学锋.所谓"中世纪都城"——以东晋南朝建康城为中心[J].社会科学战线,2015(8).

[24] 钱彦惠.西汉长安城市场研究——兼论汉魏洛阳城的市场[J].考古学报,2020(2).

# 吴越国时期城池营建初探

杭州市临安区委党史研究室　方志科科长　许锦光

**摘　要:**吴越国时期是江浙一带城池营建的一个高潮期。出于军事防御、保境安民等需要,吴越国的统治集团投入了大量的人力、物力,开展了大规模的城池营建活动。这些城池或大或小,几乎遍布整个吴越国,成为吴越国抵御外来进攻、维护自身统治、生民聚民等方面的坚强堡垒和重要支撑。而吴越国城池的营建也深刻地改变了浙江特别是杭州地区的发展方向,对后世产生了深远的影响。

**关键词:**吴越国;城池;营建

吴越国是唐末五代时期钱镠建立的一个割据政权。这个政权是在长期的战乱环境中建立起来的。城池作为古代最为重要的军事防御设施,一直以来就被吴越国的创立者和继承者们所重视。吴越国时期,凭借着雄厚的财力和丰富的人力资源,统治者们开展了大规模的城池营建。

## 一、吴越国城池营建的地理分布

吴越国强盛时拥有 1 军 13 州疆域,约为今浙江省全境、江苏省东南部(今苏州市)、上海市和福建省东北部(今福州市)一带。

(1)杭州(西府):辖钱塘、钱江、盐官、余杭、富春、桐庐、於潜、新登、横山、武康十县。

(2)越州(东府):辖会稽、山阴、诸暨、余姚、萧山、上虞、新昌、剡八县。

(3)湖州:辖乌程、德清、安吉、长兴四县。

(4)温州:辖永嘉、瑞安、平阳、乐清四县。

(5)台州:辖临海、黄岩、台兴、永安、宁海五县。

(6)明州:辖鄞、奉化、慈溪、象山、望海、翁山六县。

(7)处州:辖丽水、龙泉、遂昌、缙云、青田、白龙六县。

(8)衢州:辖西安、江山、龙游、常山四县。

(9)婺州:辖金华、东阳、义乌、兰溪、永康、武义、浦江七县。

(10)睦州:辖建德、寿昌、遂安、分水、青溪五县。

(11)秀州:辖嘉兴、海盐、华亭、崇德四县。

(12)苏州:辖吴、晋洲、昆山、常熟、吴江五县。

(13)福州:辖闽、侯官、长乐、连江、长溪、福清、古田、永泰、闽清、永贞、宁德十一县。

安国衣锦军,即今杭州市临安区,是钱镠的出生地,故升为衣锦军。

在吴越国十三州的地域范围内,并不是每个地区、每一个县都开展了城池的营建。吴越国的城池营建存在着明显的地域差异。吴越国的城池营建情况如下。

## (一)杭州的城池营建

### 1.杭州城

吴越国三次修筑杭州城。公元890年,钱镠修筑夹城。3年后,钱镠"率十三都兵洎役徒二十余万众新筑罗城",因其南北长,中部窄,史称"腰鼓城"。910年,钱镠又"定捍海塘基,复建候潮、通江等城门……是岁广杭城,筑子城"。经过3次大规模建设,此时"杭州南到钱塘江北,北至武林门,西濒西湖,东至菜市河(今东河)。"

2．临安衣锦城

衣锦城由钱镠兴建，其最初为屯兵驻军的军事堡垒，钱镠在此屯驻衣锦营。唐天复元年(901)，钱镠衣锦还乡，"升衣锦营为衣锦城""次年建城垣,治沟洫""城据安国山之右脉,崛起平地,四围周以深壕,苕、锦二水曲折环绕,形势天然。武肃时,唐昭宗赐名'衣锦'"。根据《咸淳临安志》的记载，临安衣锦城"周围五百二十步"。

3．富阳古城

吴越国时期,曾经修筑富阳古城。《咸淳临安志》记载:"富阳古城在荣国寺西北隅(今永宁寺城),周十二里,高二丈一尺,阔二丈;有屋七百一十九间、楼二十间。五代时,城在县东南,钱氏以地逼江,乃垒砖砾为之,略存封邑。"

4．余杭城

吴越国时期,钱镠对余杭城进行了扩建。光绪《杭州府志》记载:"后唐时号为清平军城……钱武肃王修广其壕。"

5．新登城

新登城为钱镠部将杜稜所建,当时称之为"东安镇城"。罗隐撰写有《东安镇新筑罗城记》一文,较为详细地记载了新登城的修筑情况。"起大顺辛亥年秋七月壬戌,迄于明年夏四月庚寅,蟠东蠹西,离连坎接,隆者就之,洼者盈之,民不弛担,时不妨农。夏五月甲辰,太师犒群帅于城下,若杵若畚者皆与焉。"《咸淳临安志》记载:"县因山为城,周二千五百七十一步,高二丈二尺。"

## (二)越州的城池营建

### 1．越州城

越州城历史悠久,在唐代是浙江的最重要城池,被称之为"东府"。但越州城在钱镠和董昌的战争中遭到破坏,"钱镠攻董昌,兵三万,屯迎恩门"。在取得对董昌的胜利后,钱镠随即重筑越州城。"唐乾宁中,钱王镠重筑。"

### 2.诸暨城

诸暨城为钱镠部将王永修筑。《诸暨县志》记载:"天祐初,吴越武肃王尝遣裨将王永修之。"

## (三)明州的城池营建

### 1.明州城

唐末时,明州郡治在鄞州。明州城根据康熙《鄞县志》记载:"大中十三年,象山寇乱明州……景福间,刺史黄晟拓基筑,始用砖石,屹城重镇;宋初,奉国节度使钱亿修治。"从《鄞县志》的记载中可以看出,吴越国两次修筑明州城。

### 2.镇海城

镇海城在唐宪宗时期设立,最初称之为"望海镇";唐昭宗乾宁年间,钱镠占据明州,改望海镇为静海县,"因置静海县,隶明州"。《十国春秋》记载:"辛酉,王自苏州复如东府;辛巳,巡明州,因城望海镇。"民国《镇海县志》记载:"县薄海为城,东连招宝山,出浃口……世传钱氏开邑时置,周四百五十丈,壕三百余丈。"

## (四)苏州的城池营建

### 1.苏州城

苏州是吴越国和淮南杨氏(后来的南唐)征战的前线,双方数次在苏州城下发生战争。钱镠在夺得苏州后,命自己的儿子钱元璙担任苏州刺史,镇守苏州。苏州城从春秋末期建城以来,到钱元璙任苏州刺史时,苏州城墙已残破,成了土城。钱元璙用夯土墙外包砖的方式,重新修筑苏州城。民国《苏州府志》记载:"梁龙德二年,钱氏复以砖甃,高二丈五尺,裹外有壕。"重筑的苏州城十分坚固。

### 2.松江城

松江是上海地区第一个设立的县,由钱镠所设,称之为"吴江"。同治《苏州府志》中记载:"乾化元年,吴越王钱镠筑,就松江南北两岸各筑一城(有南津、北津之名),后南城废,而北城村。"《十国春秋》记载:"筑松江南北二城,锁栅毕备。"

### (五)秀州的城池营建

秀州,包括旧嘉兴府(除海宁外的今嘉兴地区)与旧松江府(今上海直辖市的吴淞江以南部分)。秀州原来是唐代苏州府的一部分。晋天福四年(1939),钱元瓘以嘉兴为秀州,下辖嘉兴、海盐、华亭、崇德四县。

《秀水县志》记载:"唐僖宗文德元年,吴越武肃王命制置使阮结筑;五代晋天福四年,吴越王元瓘拓罗城,周十二里,高一丈二尺,厚倍高三尺。"《嘉兴府志》中经过考证认为秀水城是钱镠部将曹信所筑,"曹信于唐末自临平移镇嘉兴,始城其地"。

### (六)湖州的城池营建

1.湖州城

湖州城即乌程城。湖州城为当时割据湖州的李师悦所筑。《乌程县志》记载:"景福二年,刺史李师悦修(罗城)。"

2.德清城

钱镠任命儿子钱元璙为苏州刺史。《十国春秋》记载:"是时,筑城屯戍于德清之憾山,号曰奉国城。"

### (七)睦州的城池营建

睦州城即后世的建德城。睦州城为钱镠部将睦州刺史陈晟所筑。民国《建德县志》记载:"睦州城一作罗城,(唐)中和四年,刺史陈晟筑。周十九里,高二丈五尺,阔二丈五尺。"

### (八)婺州的城池营建

1.婺州城

《十国春秋》中有"城婺州"的记载,这说明在吴越国时期,钱氏曾经修筑过婺州城,但是缺失有关婺州城的具体情况。

2.东阳城

东阳城的修筑存在着不同的说法。道光《东阳县志》中记载:"《方舆纪要》相传吴越所筑;康熙志又云唐末县令沈口宪筑土城,周十里,为子城。"根据县志,唐末五代时期,修筑东阳城确有其事。

### (九)衢州的城池营建

衢州城为钱镠叛将陈璋所筑。《十国春秋》记载:"初武肃王命璋城衢州。工毕,赏图献王。"

### (十)温州的城池营建

天祐四年,钱镠派遣其子钱元璙、钱元瓘征讨割据温州的卢佶。击败卢佶后,钱镠命都监使吴璋为温州制置使。在占据温州后,吴越国随即新建温州城,《十国春秋》记载,"天祐四年筑温州子城,周三里十五步"。之后,钱氏又对温州城进行了扩建,《温州府志》中记载:"后梁开平初,钱氏曾筑内外城,旁通壕堑。"

### (十一)处州的城池营建

根据《处州府志》卷五《建置志·城池》中黄裳的文章,处州城为唐末割据处州的卢约所筑。但有关吴越国时期处州城的具体情况,《十国春秋》等史料也未作记述。

## 二、吴越国城池营建的特点

修筑城池在古代都是一项重大工程,从《十国春秋》《吴越备史》及浙江、江苏、福建等地的地方志资料来看,吴越国的城池营建有着以下五个特点。

## （一）分布范围广

除台州（福州地区城池为闽王所建）未见城池的营建外，吴越国在其统治地区都进行了城池的营建，通过新建、改建及增建等方式，吴越国修建了杭州城、苏州城、松江城、衣锦城、温州城等大小城池 20 座，基本覆盖了全境。

## （二）地域分化明显

考察吴越国时期城池的营建，可以发现新营建的城池主要分布在江苏南部、浙江北部、浙江西部地区，即集中在环太湖流域和沿钱塘江、金衢盆地一线。这种布置，主要是为了应对淮南杨行密及后来的南唐势力。吴越国在苏州、秀州、湖州、杭州、睦州、婺州、衢州投入大量的人力、物力，新建、扩建了许多城池，巩固了自身的统治。而在浙东、浙南地区，吴越国则很少营建城池，其原因可能是这些地区社会安定，不需要大规模地修建城池。

## （三）规模巨大

吴越国修筑城池不仅范围广，规模也是巨大的，特别是杭州、苏州等重要城池的修筑，规模更是宏大。以杭州城为例，唐大顺元年（890）八月，钱镠开始营建杭州城，在原来隋朝城墙的基础上，钱镠筑夹城，新夹城长五十余里；景福二年（893）五月，第二次修筑杭州城，除军队以外，更是征发民夫二十万人，新的外城总长七十余里。除了杭州城外，修筑苏州城、衣锦城、新登城、睦州城等都征发了大量民夫，历时一年甚至数年完工。

## （四）修筑时间集中

通过梳理历史资料，可以明显地看到，吴越国时期城池的营建集中在钱镠、钱元瓘统治时期，特别是钱镠统治时期为最。钱弘倧、钱弘佐、钱弘俶时期基本未见城池的营建。究其原因在于当时吴越国处在创立时期，大规模地修筑城池可以巩固统治，抵御来自杨行密为代表的各方势力进攻。如杜棱修筑的新登城就成为抵御杨行密进攻的重要堡垒。

### (五)城池坚固

从历史资料和近年来的考古发掘来看,吴越国时期修筑的城池普遍采用了夯土墙外包砖的结构,大如苏州城、杭州城,小如富阳古城、临安衣锦城等,皆是如此。这种形制的城池十分坚固,许多城池历经两宋和元朝,直至明代中期才废弃。在修筑城池的同时,普遍修建有壕沟,具有很强的防御能力。

## 三、吴越国城池营建的影响

所谓"筑城以卫君",修建城池的主要目的就是军事防御与政治统治。吴越国大规模、有意识地修建城池,在其北部和西部地区构建起以杭州城为核心,以苏州城、秀水城、睦州城、婺州城为主要支撑的城池防御体系。这种防御体系在历次的战争中得到了检验。杭州城在武勇都之乱中始终屹立不倒,衣锦城在李神福数万大军的围攻下不破,这些都证明了吴越国城池防御体系的可靠性。

吴越国这种城池防御体系对后世产生了深远的影响,改变了浙江社会经济的地理分布。隋唐时期,浙江的社会经济中心在以越州为核心的浙东地区,杭州地区不如越州和苏州。而吴越国定都杭州,建立起以杭州为中心的城池防御体系,使之成为整个吴越国的中心,奠定了日后杭州繁荣的基础。吴越国城池营建的另一个影响在于有了城池的保护,"生民聚民"成为可能。钱镠修筑松江城,在松江"置营田卒数千人,以松江辟土而耕",并招揽北方流民,开发松江。松江城起到的保境安民作用不容忽视。罗隐在《东安镇新筑罗城记》中这样评价修筑新登城:"是知人非城则无以为捍,城非人则无以自固。不有城也,人何以安?不有将也,城何以坚？于时紫溪窜堡火口，建宁下守，静江无将，奔我而活者，四镇之生聚焉。"从记述中，可见吴越国修筑城池在民生方面的作用。

# 吴越国政治与对外交往

# 试论钱氏吴越国与日本的文化互动

杭州师范大学 人文学院教授、文博馆馆长 王心喜

**摘 要:**十世纪中国,五代更迭,十国割据,战乱频仍,唯偏安东南一隅的钱氏吴越国与日本之间,并没有因为唐朝与日本官方关系的中断而停止交往;相反,双方在贸易交往的过程中,续旧好于海途,传佳话于后代。中日文化互动中,日本僧侣作为政府特允人物具有半官方性质,搭乘吴越商船频繁往来,在架起的文化交流桥梁上传播着佛教等文化信息,客观上有利于中国化的中华佛教进一步东传。吴越国时期"宝箧印经塔"通过来往于中日之间的吴越国商人和日本僧侣传播到了日本,对日本后世产生了深远影响。研究表明,五代十国时期中日交流出现了新的动向,即从以前中国方面的单方输出、日本方面的积极接受,开始变为中日的双向交流。尽管此时日本的"逆输出"在质和量方面都微不足道,但这毕竟是值得注意的历史现象,也可称为中日文化交流史上的一个转折点。

**关键词:**吴越国;日本;钱弘俶;宝箧印经(塔);互动;影响;研究

# 一、钱氏吴越国与日本文化互动的特点

五代十国时期的中日交往,具体地说就是吴越国与日本的交往。

九世纪初叶,虽然日本终止了与唐朝的官方联系,但双方的民间贸易并没有停顿。随后的五代十国时期,军阀割据,战乱频仍;唯独地处两浙的吴越国,统治者审时度势,推行"善事中国""保境安民"的基本国策,并依靠其发达的海上交通,与日本、朝鲜等地建立关系。

杭州湾沿岸一带,是中日之间海路交通的起止点之一。这一时期中国商船东渡之航路,继承前代交通的余势。隋炀帝开凿大运河后,杭州在全国水运交通中的地位发生明显变化,为浙东运河的起点,大运河的终点,沟通宁绍平原和杭嘉湖平原,成为钱塘江、大运河、浙东运河交汇的枢纽。杭州以其优越的区位优势,迅速发展,成为杭州湾区域整合中心。同时,海上直航贸易进入兴盛时期,杭州(西兴)为外贸港口之一,更通过浙东运河联结新兴的明州(今宁波),辐射东北亚和东南亚、西亚。

通观钱氏吴越国与日本文化互动的历史,从中可发现以下四个特点。

## (一)特点之一:吴越商船单向通航

据日本学者木宫泰彦在《日中文化交流史》中统计,五代十国时期中国船舶往返日本共计 17 次,其中史书上明确写明为吴越船舶者有 13 次;但日本船只一艘也没有。日本僧人来华,也都搭乘中国船。究其缘由,这种现象的出现与当时两国的政治因素密切关联。五代十国时,吴越国奉行"保境安民"基本国策,对内休兵乐业,对外大兴舟楫商贾之利,使海外贸易得以正常发展。相反,五代十国时正是日本醍醐天皇(898—930)至村上天皇(947—

967)执政时期,政府实行"锁国政策",对海外贸易采取消极态度,不准日本商船出海。正是这一政策,才出现了吴越商船单向通航日本的奇特现象。

单向通航制约了民间私人海外贸易的规模。这种局面到了12世纪中叶,随着日本武士执政的兴起,一度停滞的中日关系才出现转机,日本商船开往中国日渐增多,互通贸易渐趋恢复。

### (二)特点之二:日本官方采取冷淡的、消极的外交姿态

这一时期中日双方交往大部分是纯商业贸易往来,即使是政府间的往来,也是通过船商进行的。在官方的交往中,日本对于发展中日关系已不再像唐朝那样积极主动,一般是吴越国先遣使者到日本,出于应酬,日本才复函和答礼。而这种应酬的复函是由左大臣或右大臣署名,并未采取正式的国书形式,更没有特意派遣答礼使者,而是把书信托交吴越国的使者带回。日本官方冷淡消极的态度也可从复函的内容中反映出来。

### (三)特点之三:吴越国处于被动地位

一个值得注意的现象是吴越国在与日本的交往中完全处于下风,与它同东北亚四国的交往截然不同。

翻检史册,吴越国在与周边邻国百济、高丽、契丹、渤海等国交往时,交往的对象是它们的国王;而与日本交往时,交往的对象是它的左、右大臣。而吴越国在与百济、高丽交往时以宗主国自居,直接对其国王发布诏令,称其为"卿";对日本的左、右大臣,则不用诏书,而是用一般的书信。吴越国王给日方的书信现在已经佚失,但从日本左、右大臣的回信中"私交""兰契"之类的言辞中可以看出,双方完全处于一种平等的地位。这样,吴越国王比日本天皇就低了一等,成为对方的臣属。这是由于日本是一个海岛国家,受大陆威胁较少,在对中国的交往中有很强的平等自主意识。这一点在与唐朝的外交中也处处表现出来。那么,为什么吴越国在与日本交往中处于下风的情况下,又一再遣使献书并赠特

产呢？究其原因，这是吴越国在外交上的务实政策的体现。因为吴越国占据的杭州湾区域，自古就是中日交通门户，当地船商从唐代起就已在中日间的贸易中获利丰厚，所以吴越国建国后也想援例取得贸易利益。吴越国据地促狭，用度奢侈，又要取悦强国，和好邻"邦"，保全自身，必然会费用支出庞大，只得靠苛税和航海经商收入来支撑。

### （四）特点之四：互动促进了中日文化交流

吴越国民间纯粹抱着贸易目的的"唐贾船"，弥补了因遣唐使废止，导致中日朝贡贸易中断给日本贵族阶层带来的不便，继续给日益高涨的喜爱"唐物之风"的日本社会以物质补充。在巨大的国际贸易利润驱使下，"唐贾船"不断向日本进行贸易输出，不仅使日本社会所期望的珍货、特产源源而来，而且希望留学的僧侣们也用不着等十多年乃至二十多年才得一遇遣使入华的机会，他们可以搭乘唐贾便船，很容易地往来于唐日之间。唐商船航日，使日本与中国之间的交通日益方便与频繁。

## 二、钱氏吴越国与日本文化互动在中日文化交流史上的地位

吴越国积极主动与日本的交往，弥补了唐朝与日本官方关系中断所带来的缺憾。维持了双方的非官方和半官方接触。由此继续开展了中日经济文化交流，在中日文化交流史上占有一定的地位。

### （一）吴越国对日本文化影响的主要表现

吴越国对日本文化影响的主要表现有以下三个方面。

首先，推动了日本文化由"唐风文化"向以日本固有文化为体、汉学为用的"国风文化"转变。

吴越国（907—978）时期，正是日本的平安朝中期。

奈良时期(710—784),日本遣唐使来华广泛摄取中国物质文化和精神文化,对中国文化亦步亦趋,所以日本学者把奈良文化称为"唐风文化"。平安朝时期(784—1192),日本在咀嚼消化中华文明的基础上,于 10 世纪以后,创造出独具岛国特点的"国风文化"。通观日本文明发展史,"国风文化"时代上承奈良时代之唐风,下启东京时代之西化,可谓日本文化之精华尽在其中。

然而,文化的发展和衍变都有一个过程,都要经历一些中间环节,而且是继承与创新的对立统一。平安朝中期文化与吴越国文化一样,都是一种过渡期文化。吴越国文化处在唐朝文化和宋朝文化的过渡时期,是唐宋文化交替的中间环节;而平安朝中期文化则上承"唐风文化",下启"国风文化",也是两种文化交替的中间环节。838 年,日本停止派送遣唐使,断绝与唐朝的官方联系,进一步推动了日本文化由"唐风文化"向以日本固有文化为体、汉学为用的"国风文化"转变。

其次,我们认为,吴越船商以营利贸易为目的前往日本,因此直接给予日本文化的影响并不显著。

这时来华的少数僧侣与前代入唐僧不同,入唐僧的最大目的在于求法,而此时来华的僧侣并不是为了求法,而是为了继承前朝遗风,以朝拜天台山等佛教圣迹为主要目的。因此,日本受到中国佛教文化的影响很少。相反,日本对中国开始输出文化。日本按钱弘俶的要求赠送天台宗经典,宽建等僧侣来华时带来了日本的诗集和行草书,宽辅、澄觉在中国宣讲佛经和传授佛教获赐紫衣及大师称号等。这些史实说明,日益发达的日本文化开始输入中国了,尽管质和量都不足道。有学者将这种现象称为"逆输出",意为沿着和传统相反的方向输出。"逆输出"始自五代十国时期,两宋以后日渐增多,进入近代更加显著。

最后,客观上有利于中国化的中华佛教进一步东传。

以佛教为例,日本不仅保留下了较多吴越国时期的"宝箧印经塔",而且还在吸收中国佛教艺术特点的基础上融入日本文化,形成了独具日本特色的"宝箧印经塔"。

　　五代十国时期与唐代不同,日本僧侣利用吴越商船渡海来华者为数极少,名载史册的只有宽建和从僧宽辅、澄宽、长安、超会以及日延等6人。他们作为政府特允人物,是半官方性质的巡礼僧,在传递佛教等文化信息方面起了很大的作用。

　　肥前国延历寺高僧日延于天庆三年(940)来华,天德二年(958)回国。他归国时带回去"宝箧印经塔"。钱弘俶于955年命人造金涂塔八万四千尊,内藏《宝箧印心咒经》,颁行各地。日延带回去的便是其中之一。日延"得其塔而归。塔高九寸余,四面铸成佛菩萨像,内安佛像,大如枣像,及宝箧印经。经卷末书'天下兵马都元帅吴越国王钱弘俶'"(见图1、图2)。

**图1　杭州雷峰塔地宫出土的吴越王钱弘俶督造的宝箧印经塔**

(塔高35厘米,方形塔身,塔身边长为12厘米,塔身正中矗立五重相轮)

　　在日本发现多尊同一类型的塔。如大正七年(1918)和歌山县东牟娄郡那智的经冢遗址就出土了一尊。据同出物分析,应为平安时代后期即11世纪之物。在东京国立博物馆、福冈市今津誓愿寺、京都府相乐郡金胎寺、大阪长野金刚寺等也均收藏有传

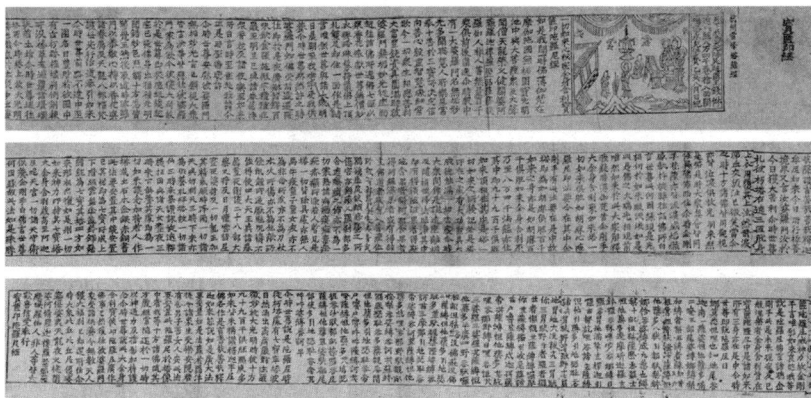

图 2　杭州雷峰塔地宫出土的《宝箧印经》

世的此类塔。因这些塔之底部刻有吴越王造塔的铭文,可推断这些小塔应是当年吴越王所造的八万四千尊金涂塔的一部分。这些实物的发现印证了佛教史籍的记载(见图 3、图 4、图 5)。

图 3　日本东京国立博物馆藏歌山那智经塚出土的钱弘俶督造宝箧印经塔

(从左至右侧面本生故事依次为:A 大光明王施首、B 尸毗王救鸽变、C 须大拏王眼施变、D 萨埵太子舍身饲虎变,吴天跃摄)

钱氏宝箧印经塔形制,对日本后世产生了影响。日本在吸收中国佛教艺术特点的基础上融入日本文化,形成了独具日本特色的"宝箧印经塔"。

因塔中藏有《宝箧印心咒经》,日本人称为"宝箧印塔"。其后,日本人依其形制,改为石制宝箧印塔,历代修造不断,存世数量巨大,成为日本最主要的三大佛塔形式之一。京都二尊院三帝

**图 4 日本奈良大峯山寺出土的吴越国钱弘俶督造宝箧印塔残片**

（左上为"方立"，右为塔片，描绘的是"大光明王施首"本生故事。图载奈良国立博物馆编，《聖地寧波：日本仏教 1300 年の源流》，大伸社，平成 21 年 7 月版，第 51 页。吴天跃摄）

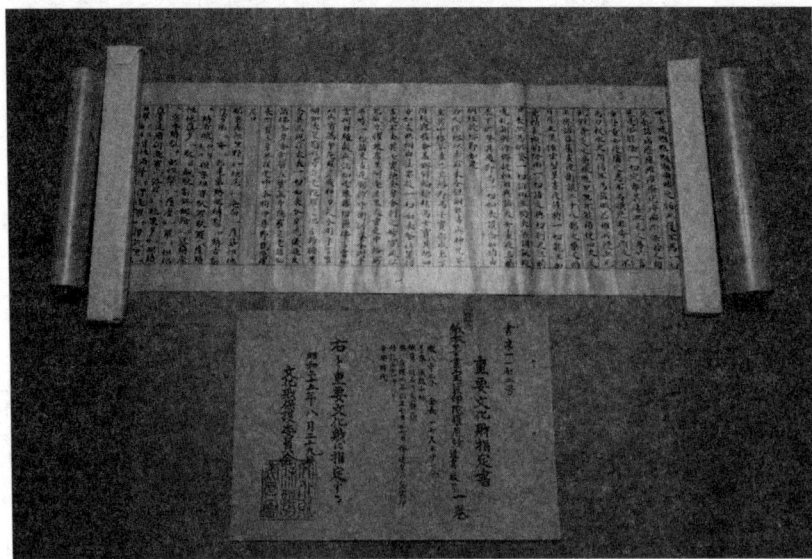

**图 5 日本大阪河内长野市金刚寺所藏的吴越国钱弘俶《宝箧印经》（吴天跃摄）**

陵的"宝箧印塔"，便是在此背景下建造的（见图 6）。三帝陵石塔，是日本土御门天皇、后嵯峨天皇、龟山天皇三位天皇的分骨灵塔。其中的"宝箧印塔",又称"阿育王塔",为古塔中极其珍贵的一类。

**图6　日本具有代表性的石造宝箧印塔遗存：京都嵯峨二尊院里的三帝陵**
（左为"宝箧印塔"）

1983年10月下旬,临安县文物馆在玲珑镇征集到一尊钱弘俶督造的金涂塔。该塔成铜绿色,方形,内空,残高13厘米,底边宽7.8厘米,底座内壁一面正书4行19字,为"吴越国王钱弘俶造八万四千宝塔己卯岁记"。这是一件难得的吴越文物。此外,福建连江、江苏苏州和浙江杭州、金华、宁波、绍兴、东阳、台州、嵊州等地也陆续发现了钱弘俶时期铸造的"宝箧印经塔"。

吴越王钱弘俶曾以《宝箧印心咒经》的名义一次性印刷佛经8.4万卷。这批佛经作为官方确定的正版范本,字体清晰、图文并茂,充分体现了当时杭州的印刷工艺水平。《宝箧印心咒经》赐给各地佛寺供奉,流传甚广,远及日本和朝鲜半岛。《宝箧印心咒经》的原刊本日本至今仍有收藏。

### （二）日本对吴越国文化影响的主要表现

日本对吴越国文化影响的主要表现在主要有以下四个方面。

首先,输入日本木料,修建"钱氏捍海塘"。清人倪璠《神州古史考·钱塘注》载有钱镠时"杭州候潮门外有椤木营、椤木桥。考之前史,椤木,日本国所献"。钱镠为遏制江潮修筑"钱氏捍海塘",所用的椤木就是从日本进口的。泛海运来的大批日本椤木,堆放在候潮门外的江滩上。江滩本无地名,因堆放椤木,人们便称该地为"椤木营"了,连候潮门外的吊桥也易名"椤木桥",椤木营即今天讹称的"落马营"。钱氏捍海塘的建成,解除了杭城的海潮之患,从此塘内"悉起楼台,广郡郭周三十里"。

其次,宋代文化高峰的形成,是继承和发展秦汉以来,特别是隋唐五代十国,包括吸纳了受日本"国风文化"影响的吴越国文化成就的结果。其中就有日本平安朝诗人菅原道真、纪长谷雄、桔广相、都良香和书法家小野道风的功劳。

再次,从文化传播手段的印刷业来看,吴越国倡导佛教,广泛宣传佛教义,印刷经卷,流传甚广。钱弘俶曾印《宝箧印心咒经》八万四千卷,经卷字体细小精美,纸质洁白,印刷清晰,墨色精良,可以说是吴越国雕版印刷的代表作。当时日本汉文佛经大量回传刊印,又进一步促进了雕版印刷业事业的繁荣。

最后,日本佛教文化对中国的"逆输出"显著。众所周知,吴越国三代五王(钱镠、钱元瓘、钱弘佐、钱弘倧和钱弘俶)皆崇释礼佛,大力提倡佛教,广建寺院,建造佛塔,刻印佛经,王室成员更是带头礼佛、供佛,从而在全社会蔚成习佛风气。仅都城杭州一地,扩建、创建的寺院就达 200 余所。吴越之地是天台宗佛教的势力范围,吴越与日本频繁的交往,给天台宗与日本的文化交流带来了方便。然而这一时期吴越几乎没有佛教典籍、道具法门流入日本。相反,吴越王钱弘俶却命吴越客商在日本搜求天台经论章疏。唐武宗"会昌法难"(842)以后,复经后周世宗两次灭佛,佛教天台典籍散亡大半,唯存断简零编。吴越王钱弘俶采纳德韶国师建议,派人到日本、高丽等国请回经典,而日本、高丽在唐代已经网罗得相当齐全,且保存完好。据《皇朝类苑》卷七十八引《杨文公谈苑》记述:"吴越钱氏,多因海舶通信。天台智者教五百余卷,有录而多阙。贾人言:日本有之。钱俶(即钱弘俶)买书于其国主,奉黄金五百两,求写其本,尽得之讫。"《释门正统·羲寂传》中也提到此事,并说钱弘俶此举,乃出于天台宗九世祖羲寂的提议。此事发生的年代不详,本宫泰彦以为,957年或959年吴越国持礼使盛德言抵日也许就是为了此事。

据考,此后约30余年即长德元年(995),杭州奉先寺也曾委托吴越商人在日本求买《仁王般若经疏》《弥勒成佛经疏》《小弥勒经疏》《决疑》《金光明玄义》及《严华骨目》等传入日本、而为中国佚阙的佛经和书籍,当时日本的天台宗座主觉庆便把这些论疏抄好后送来。

天台典籍从日本复还,实关系天台宗史,此典籍的返回,使天台教得以于北宋初年重兴而绵延其法脉。

宽建是兴福寺的僧侣,在醍醐天皇延长四年(926),为到五台山巡礼而申请渡海,获得许可,并赐黄金百两作为旅费以及菅原道真、纪长谷雄、桔广相、都良香等人的诗集九集和小野道风的行书、草书各一卷,于次年正月,带领从僧宽辅、澄觉、长安、超会4人,搭乘吴越商船渡海入华。不久,宽建在建州的浴室中不幸闷死,澄觉等人朝拜了五台山,游历了后唐王朝的都城洛阳。澄觉蒙赐紫衣,授资化大师封号;宽辅获弘顺大师封号。

日延是肥前国延历寺高僧,于天庆三年(940)来华,天德二年(958)回国。日延是受日本天台座主慈念和尚延昌委派,以"缮写法门度送使"(也就是"送书使"的意思)的名义将天台教籍送至吴越国。身为天台教俗家弟子的钱弘俶,在朝廷接见日延,当场赐予紫衣,准许其参拜天台山,遍游吴越诸地。他归国时带回去"宝箧印经塔"。钱弘俶于955年命人造金涂塔八万四千尊,内藏《宝箧印心咒经》,颁行各地,日延带回去的便是其中之一。日延"得其塔而归。塔高九寸余,四面铸成佛菩萨像,内安佛像,大如枣像,及《宝箧印经》。经卷末书'天下兵马都元帅吴越国王钱弘俶'"。

日本文化对中国的"逆输出",始于吴越国时期,宋代及以后逐渐显著起来。中华民族摄取外来文化的优秀成分,滋补、充实本民族文化这一可贵精神,不仅古代有之,近代亦复继承发扬。正如木宫泰彦所言:藤原时代(969—1068),"日本虽汲取了宋朝文化,但也向宋朝输出日本文化,以补对方的缺陷,彼此之间的文化地位,大致处于对等状态"。而这一"对等状态"是通过五代十国时期吴越国与日本文化交流和相互影响过渡而来的。

日本文化为吴越国所吸纳,促进了吴越国的经济繁荣和文化昌盛,并共同为日后宋朝与日本文化交流奠定了基石。

## 三、结　语

综上所述,十世纪中国南北纷争,五代更迭,十国割据,战乱频仍,唯偏安东南一隅的吴越国与日本之间,并没有因为唐朝与日本官方关系的中断而停止交往。相反,双方在贸易交往的过程中,续旧好于海途,传佳话于后代。其间,吴越国商船起到了沟通和桥梁作用。日本僧侣作为政府特允人物具有半官方性质,搭乘吴越商船频繁往来,在架起的文化交流桥梁上传播着佛教等文化信息。

研究表明,五代十国时期,中日交流出现了新的动向,即从以前中国方面的单方输出、日本方面的积极接受,开始变为中日双方的双向交流。尽管此时日本的"逆输出"在质和量方面都微不足道,但这毕竟是值得注意的历史现象,也可称为中日文化交流史上的一个转折点。

吴越王钱弘俶将 500 宝箧印经塔颁至海外,祈求海潮平息,水患不兴,果获灵应。吴越国时期"宝箧印经塔"通过来往于中日之间的吴越商人和日本僧侣传播到了日本。如今,日本保留下了9 座带有钱弘俶铭记的铜制"宝箧印经塔"和 1 件出土"宝箧印经塔"残片。

日本佛教徒至今深信,遍布日本的数百万座大小各异的石质"宝箧印塔",是镇护国家、消灾祈福的无上佛宝。看看遍布寺院、神社中大小各异的石质"宝箧印塔"便可略知一二。

## 参考文献

[1] 木宫泰彦.日中文化交流史[M].北京:商务印书馆,1980.

[2] 何勇强.钱氏吴越国史论稿[M].杭州:浙江大学出版社,2002.

[3] 吴玲.9世纪唐日贸易之东亚商人群[M].东京:日本勉诚出版社,1999.

[4] 王心喜.日本"遣隋使"来华目的及其年次探讨[J].杭州师范学院学报.2002(1).

[5] 苈岚.7—14世纪中日文化交流的考古学研究[M].北京:中国社会科学出版社,2001.

[6] 林树建.唐五代浙江的海外贸易[J].浙江学刊,1981(4).

[7] 王心喜.杭州湾地区原始文化海路输入日本论[J].文博,2002(2).

[8] 薛居正,等.旧五代史[M].北京:中华书局,1976.

[9] 胡锡年.古代日本对中国的文化影响[J].陕西师范大学学报,1979(1).

[10] 吕以春.五代吴越的基本国策与都城杭州的开拓[J].杭州研究,1993(6).

[11] 吕洪年.钱王故里的稀世珍宝[N].浙江日报.1994-4-2(7).

[12] 冷晓.杭州佛教史:上册[M].香港:百通出版社,2001.

[13] 藤家礼之助.日中交流二千年[M].北京:北京大学出版社,1982.

[14] 井上光直,等.日本历史大系1:原始·古代[M].东京:株式会社山川出版社,1984:882.

[15] 诸葛计,银玉珍.吴越史事编年[M].杭州:浙江古籍出版社,1989.

# 关于如何评价吴越国的几个问题

## ——以欧阳修对吴越国的批评为例

浙江农林大学 生态文明研究中心主任、文法学院中文系教授 任 重

**摘 要**:吴越国及其历史文化是中国古代史和中国传统文化的一部分,其地位、作用和影响也只能放在这个维度中予以考量。吴越国"纳土归宋",免民于涂炭,功莫大焉。然而,作为一个封建时代的割据政权,吴越国执政必有其弊端,对历代有关批评不能贸然漠视,唯有科学对待,以正视听。

**关键词**:吴越国;地位;科学评价

吴越国作为杭州(临安)历史最为耀目的一部分,被广为传颂,现在对吴越国的评价,包括对其创立者钱镠的评价几乎一边倒,似乎没有瑕疵,或者即使有瑕疵也不讲。这并不客观。吴越国的创立者钱镠确立"事大"原则,尊奉中原王朝为正宗,功莫大焉。然而,如果把钱镠与曹操相提并论,并且认为其"承受着一千余年的误解和非议"[①],可能说得过于绝对了,笔者不敢苟同,因为这并不符合历史唯物主义的态度,也不利于对吴越国的科学认识。我们认为,吴越国及其历史文化是中国古代史和中国传统文化的一部分,其地位、作用和影响也只能放在这个维度中予以考量。

吴越国是一个政权,其产生和半个多世纪的存在均与后唐之

---

① 李最欣:《钱氏吴越国文献和文学考论》,中国社会科学出版社 2007 年版,第 180 页。

世的普遍混乱有关。从某种意义上来说，钱镠建立吴越国，有保护一方百姓免受战乱侵扰的客观需求，在其半个多世纪的统治中，也的确为江南一军十三州百姓赢得了喘息的和平生存空间。在十国当中，吴越国的经济、文化建设等各方面都有不俗的表现，为后来中原王朝的统一奠定了坚实的基础。这是必须予以充分肯定的。毋庸讳言，任何一家封建王朝皆有其弊、其疴，因此也必然招致当世或后世的批评。这是极其正常的。欧阳修的批评便是如此。

应该说，与《旧五代史》相比，欧阳修补充了更多有关十国的资料，对十国的历史也更加重视，采取的态度也更加客观，而少了《旧五代史》中浓厚的正统意识。从其对十国的一个总的概括中，不难看出他对十国的鄙视态度还是相当明显的："自唐失其政，天下乘时，黥髡盗贩，衮冕峨巍。吴暨南唐，奸豪窃攘。蜀险而富，汗险而贫，贫能自强，富者先亡。闽陋荆蹙，楚开蛮服。剥剽弗堪，吴越尤甚。牢牲视人，岭蜑遭刘。"①可看出，其鄙视十国，而对吴越国尤甚。

从现存史料可知，在宋人对吴越国的批评中，以欧阳修的批评最为激烈。如果考虑到欧阳修在《新五代史》中的惜字如金，与不喜术者、预言、谶纬、祥瑞等记载，人们会对他耗费大量笔墨描绘术者对钱镠光明未来的预言感到惊讶。这无疑是为了他下面的评论而来的："天人之际，为难言也。非徒自古术者好奇而幸中，至于英豪草窃亦多自托于妖祥，岂其欺惑愚众，有以用之欤？盖其兴也，非有功德渐积之勤，而黥髡盗贩，倔起于王侯，而人亦乐为之传欤？"在五代十国历史上，各政权统治者利用术者、谶言、祥瑞为自己造势者不胜枚举，因此，这篇议论并非单指钱镠一人。然而毫无疑问，这是直接指向吴越王室的："考钱氏之始终，非有德泽施其一方，百年之际，虐用其人甚矣，其动于气象者，岂非其孽欤？是时四海分裂，不胜其暴，又岂皆然欤？是皆无所得而推欤？术者之言，不中者多，而中者少，而人特喜道其中者欤？"言辞

---

① 《新五代史》卷六一《十国世家序》，第841页。

之激烈,令人咋舌,特别是考虑到当时钱氏子弟在北宋朝堂占据重要位置的情况之下,就更显得非同寻常。

欧阳修对吴越国的批评集中在两点。一是赋敛苛重,虐用其民。他认为,十国之中,"剥剽弗堪,吴越其尤",仅比"牢牲视人"的南汉略好些。"自镠世常重敛其民以事奢僭,下至鸡鱼……必家至而日取。每笞一人以责其负,则诸案吏各持其簿列于庭,凡一簿所负,唱其多少,量为笞数,已则以次唱而笞之,少者犹积数十,多者至笞百余,人尤不胜其苦。又多掠得岭海商贾宝货。"①二是曾经改元,甚至很可能称帝。"然予闻于故老,谓吴越亦尝称帝改元,而求其事迹不可得,颇疑吴越后自讳之。及旁采闽、楚、南汉诸国之书,与吴越王老者多矣,皆无称帝之事。独得其封落星石为宝石山制书,称'宝正六年辛卯',则知其尝改元矣。'辛卯',长兴二年,乃镠之末世也,然不见其始终所因,故不得而备列。钱氏讫五代,尝外尊中国,岂其张轨之比乎?"②虽然欧阳修曾经怀疑吴越王钱镠想称帝,但并未找到证据,只能证明它曾经改元。改元事大,攸关忠奸之辨,这无疑触动了钱氏子孙的神经,他们对欧阳修的说法一再进行驳斥、辩解,责其"厚诬君子"③,甚至声称欧阳修是因与钱惟演结怨才诋毁吴越王室的。

揆诸史乘,钱惟演为人趋炎附势,攀附丁谓,诋谤寇准,为时论所鄙,在宋人所撰笔记中多有揭露,但欧阳修对之却并无不敬,不但于《归田里录》无贬辞,而且在《上随州钱相公启》《过钱文僖公白莲庄》等诗文中对他赞誉有加,"每与同僚叹公子之纯德也"④"幕府足文士,相公方好贤"。⑤且欧阳修为人光明磊落,当不致以私怨诋毁吴越国。

欧阳修出生于南唐故地,其家族在南唐李氏时为庐陵大族。

---

① 《新五代史》卷六七《五月世家》,第950页。
② 《新五代史》卷七一《十国世家年谱序》,第987页。
③ 钱伯言:《题先祖武肃王翰墨》,见《全宋文》卷三二六三,第305页。
④ 欧阳修:《归田录》卷一,中华书局1981年版,第14页。
⑤ 《欧阳修全集》卷五二《书怀感事寄梅圣俞》,第70页。

而南唐与吴越为敌国。虽然相继归宋，但在南唐故地，难免流传对吴越国不利的言论与证据。欧阳修对吴越国的观感，或多或少会受其影响。关于赋税苛重问题，在五代十国人的说法中便可以见到。如当时与吴越国敌对的南唐人认为："两浙钱氏偏霸一方，急征苛惨，科赋凡欠一斗者，多至徒罪。徐玚尝使越，云三更已闻獐鹿号叫，达暑问于驿吏，曰乃县司征科也。乡民多赤体，有被葛者，多用竹篾系腰间。执事者非刻理不可，贫者亦家累千金"，①"刮地重敛，下户毙踣"。②《旧五代史》亦称钱镠"穷奢极贵"，钱元瓘"奢僭营造，甚于其父"。③ 曾在雍熙年间任苏州长洲县令的王禹偁对吴越国的情况较为熟悉，认为"钱氏据十三郡，垂百余年，以琛赆为名而肆烦苛之政，邀勤王之誉而残民自奉者久矣。属中原多事，稔小利而忘大义，故吊伐之不行也。洎圣人有作，钱氏不得已而纳土焉。均定以来，无名之租息，比诸江北，其弊犹多"④。而与钱惟演相唱和的杨亿也不讳言"钱氏窃居之际，头会箕敛，民不堪命"⑤。苏耆《闲谈录》记载钱镠有其国时，规定在西湖捕鱼者每天须交纳数斤鱼，称为"使宅鱼"，"其捕不及额者，必市以供，颇为民害"。⑥《十国纪年》称钱镠"居室服御，穷极奢靡，末年荒恣尤甚。钱氏居两浙逾八十年，外厚贡献，内事奢僭，地狭民众，赋敛苛暴……"⑦《续资治通鉴长编》与欧阳修、刘恕的记载相近。黄伯思言"予家吴中，每闻故老言，钱氏有国时，赋厚役丛，民不堪生。今所营梵宫，修楹穹极，绵亘林壑，它所兴为率称是，宜若不能长守"⑧。《咸淳临安志》："钱氏擅二浙时，总于货宝，夭椓其民，民免于兵革之殃，而不免于赋敛之毒，叫嚣呻吟者八十年……"⑨吴越

① 郑文宝：《江表志》卷中，《全宋笔记》第1编2册，第264页。
② 佚名：《钓矶立谈》，《全宋笔记》第1编4册，第225页。
③ 《旧五代史》卷一三三《世袭列传一·钱镠》，第2061、2063页。
④ 王禹偁：《小畜集》卷一八《上许殿丞论榷酒书》。
⑤ 杨亿：《武夷新集》卷六。
⑥ 王士祯编：《五代诗话》卷五。
⑦ 《资治通鉴》卷二七二，第8880页。
⑧ 黄伯思：《东观余论》卷下。
⑨ 潜说友：《咸淳临安志》卷五九，《宋元方志丛刊》第4册，中华书局1990年版，第3878页。

王钱弘俶纳土归宋之后,太平兴国三年(978)范旻上言:"(钱)俶在国日,徭赋繁苛,凡薪粒、蔬果、箕帚之属悉收算。欲尽释不取,以蠲其弊。"①王永"悉除无名之算"②,整顿田赋。

凡上种种,说明吴越国苛捐杂税是存在的。封建社会体制下,有着尽人皆知的原因,这一点无须粉饰,不可能存在一个不向百姓征收苛捐杂税的政权。而较诸十国政权,对吴越国而言不仅可能还有另外的原因,并且这些原因可能由于如下境况而更为突出。举其荦荦大者,首先是庞大的军费开支。虽然吴越国八十年历史上基本处在一个和平环境中,但在钱镠建立霸权之初、钱弘佐时期和钱弘俶时期,各有大小不等的战事,有的历经数年,无论人力、物力抑或财力,消耗无疑都是巨大的。其次是对中原王朝的贡献。吴蜕在《镇东军监军使院记》载钱镠"以国家经费为忧,勤修职贡,航深梯险,道路相望,史不绝书,府无虚月。当朝廷多事之际,无帑充给,实有赖焉"③。欧阳修在《新五代史》中也说吴越国"常奉中国不绝"④。最后是钱氏吴越国的奢靡作风。虽然也有不少表扬吴越国"仁政"之论的,但多以《吴越备史》之类的记载为主,而《吴越备史》《钱氏家话》与《钱氏家乘》皆出自钱氏子弟之手,有所讳言是可以想见的。甚至于,即使《吴越备史》也曾记载钱镠"大会故老宾客,山林树木皆覆以锦幄"⑤。钱易《钱氏家话》中亦有所记载:"镠公宴不贰羹胾,衣必三澣然后易。"⑥

或以为欧阳修对吴越国的批评盖出于其"偏见",⑦其说辞恐怕站不住脚。吴越国在干戈扰攘的五代十国,既要应付战事,又要贡献中原朝廷,又需大兴水利、频繁营造城池,还要供应钱氏宫室的奢靡生活,百姓的负担自然不会轻。只是这与纳土归宋的功

---

① 《宋史》卷二四九,第 8797 页。

② 《宋史》卷三一二,第 10241 页。

③ 《全唐文》卷一〇五。

④ 《新五代史》卷六七。

⑤ 《吴越备史》卷一《武肃王》天复元年二月条。

⑥ 《资治通鉴》卷二七二,第 8880 页。

⑦ 李最欣:《钱氏吴越国文献和文学考论》,中国社会科学出版社 2007 年版,第 161—175 页。

勋相比,显得更为次要罢了。诚然,这并不是一个多么新的问题。围绕吴越国的评价及其争论一直在进行着。尤其是,拥有吴越国文化传承者身份的人们,出于情感等因素,期冀吴越国及其创建者美好如玉,其心可鉴。其实,愈是尊重史实,愈是有利于今人对吴越国的理解,因为没有人会对一个古代政权求全责备。而这种争议的存在,恰恰说明对吴越国史的研究还不够系统、不够深入,吴越国文化的整体风貌还不够清晰,未来尚有很大的努力空间。

## 参考文献

[1] 李最欣.钱氏吴越国文献和文学考论[M].北京:中国社会科学出版社,2007.

[2] 欧阳修.新五代史[M].北京:中华书局,2015.

[3] 曾枣庄,刘琳.全宋文[M].上海:上海辞书出版社,2006.

[4] 欧阳修.归田录[M].北京:中华书局,1981.

[5] 欧阳修.欧阳修全集[M].北京:中华书局,2001.

[6] 全宋笔记[M].郑州:大象出版社,2013.

[7] 旧五代史[M].北京:中华书局,2016.

[8] 王禹偁.小畜集[M].长春:吉林出版集团,2005.

[9] 杨亿.武夷新集[M].长春:吉林出版集团,2005.

[10] 王士禛编.五代诗话[M].北京:人民文学出版社,1998.

[11] 资治通鉴[M].北京:中华书局,2011.

[12] 黄伯思.东观余论[M].北京:中国书店出版社,2018.

[13] 潜说友.咸淳临安志[M].北京:中华书局,1990.

[14] 宋史[M].北京:中华书局,1985.

[15] 全唐文[M].上海:上海古籍出版社,1995.

[16] 吴越备史[M].北京:中国书店出版社,2018.

# 五代避讳与吴越国社会政治

浙江农林大学　图书馆　任光凌

**摘　要**：避讳是中国古代社会特有的文化现象、政治制度。五代十国时期，吴越国形成了双层避讳制度。这种双层避讳制度与当时政治格局相联系，体现了中原王朝与吴越国之间的控御怀柔关系。避讳对吴越国社会及名物制度产生了重大影响。

**关键词**：五代；吴越国；避讳；诏书不名

避讳是中国古代社会一种特有的文化现象、政治制度，其俗起于周，成于秦，盛于唐宋，其历史垂二千年。避讳有广义和狭义之别，从狭义来讲，"民国以前，凡文字上不得直书当代君主或所尊之名，必须用其他方法避之，是之避讳"①。从广义而言，避讳实际包括了忌讳、憎讳和敬讳三种情况。

五代十国时期，避讳制度强弱的演变与王朝政治局面的兴衰有很大关系。避讳与奉正朔相等，服则避，不服则不避，五代时其例特着。② 如《资治通鉴》卷二六七载：开平四年，自是镇（王镕）、定（王处直）复称唐天祐年号，复以武顺为成德军。胡三省注曰：镇、定臣梁，称开平年号，避梁庙讳，改成德军为武顺军。今既与梁猜阻，故年号军号，皆复唐之旧。同光元年，后唐灭梁，一度显

---

① 陈垣：《史讳举例》，中华书局 2012 年版。
② 陈垣：《通鉴胡注表微》，安徽大学出版社 2009 年版，第 90 页。

示出一统的端倪,对各地方势力触动颇大,荆南节度使高季昌闻帝灭梁,避唐庙讳,更名季兴。同光三年(925),湖南马殷奏:"管内州县名有犯献祖庙讳处,道州延昌县复旧名延唐县,郴州义昌县改为义彰县,岳州昌江县改为平江县,所司铸换新印赐之。"①

在五代十国时期及宋初的政治格局中,吴越国与中原王朝的关系非常特殊,既是宗藩关系,更是同盟关系。同盟关系本质上是一种战略关系,它源于双方都以杨吴—南唐为敌国的战略目标,在共同对付杨吴—南唐的战略利益上的一致。② 这种政治格局,决定了吴越国便"善事中国,勿以易姓废事大之礼",又"封疆自固",努力经营其小朝廷。从而形成了双层避讳制度,一方面尊奉中原,行五代之讳;另一方面加强域内控制,推行钱氏之讳。从中原王朝而言,中原政权也在名器层面对吴越国给予破格政策,作为特殊时期的怀柔手段,如"尚父、金印玉册、诏书不名"等,甚至对吴越国一些骄僭的表现采取容忍姑息的态度。

## 一、五代中原王朝避讳与吴越国

唐初君臣认为"德礼为政教之本,刑罚为政教之用",将礼作为制定法律的依据。在此背景下,将避讳写入律典,成为强制性的法律规范。《唐律疏议·职制》:"诸上书若奏事,误犯宗庙讳者,杖八十;口误及余文书误犯者,笞五十。即为名字触犯者,徒三年。"③《唐六典·尚书礼部》:"凡上表、疏、笺、启及判、策、文章,如平阙④之式。注曰:若写经史群书及撰录旧事,其文有犯国讳者,皆为字不成。"《唐律疏议·职制》《唐六典·尚书礼部》的有关条文,

---

① 王钦若:《册府元龟》,中华书局 1960 年版。
② 何灿浩:《控御与柔服:赵宋兼并吴越国的特殊方式》,《史学月刊》2008 年第 9 期。
③ 长孙无忌:《唐律疏议》,法律出版社 1999 年版,第 219 页。
④ 平阙就是在写文章时遇到某些字要提行另写(平)或缺格空字(阙),以示对字所表示的人或事物的尊敬。

一方面意味着避讳从传统的习俗走向法律化、制度化时期,另一方面则显示了盛唐国家权力对唐代社会生活的控制影响程度。

唐末,国运衰微,名存实亡,避讳也随着政治权力的转移而发生转移。天祐二年(905),"剑履上殿,赞拜不名,兼备九锡之命"。朱全忠将行篡代,利用其把持唐廷权力全国范围避其家讳,为取代唐室铺垫。天祐二年(905)十一月,中书门下奏:"天下州县名与相国魏王家讳同者,请易之。"

梁革唐命,凡地名、人名、职官等名与国讳、庙讳相同或相近,均须改易。开平元年(907)四月,朱全忠即位改元,以"名兼于二字,且异帝王之称,仍兼避易之难,郡职县官多须改换……改名晃……其旧名,中外章疏不得更有回避"。同年五月,"诏天下管属及州县、官名犯庙讳者,各宜改换:城门郎改为门局郎,茂州改为汶州,桂州慕化县改为归化县,潘州茂名县改为越裳县"(见表1)。①

表1　后梁避讳简表

| 世系 | 帝号 | 人物关系 | 名讳 | 嫌名 | 例 |
|---|---|---|---|---|---|
| 一 | 太祖 | | 朱晃,原朱温,唐赐名全忠 | | 《资治通鉴》:后梁开平元年七月,赐(张)全义为宗奭《新五代史》:许州,唐故曰忠武,梁改曰匡国 |
| 追赠 | 敬祖 | 曾祖 | 茂琳 | 慕、戊 | 《旧五代史》:茂州改为汶州,桂州慕化县改为归化县,潘州茂名县改为越裳县。同书,司天监奏"日辰内有'戊'字,请改为'武'",从之 |
| | 宪祖 | 祖 | 信 | | 《旧唐书》:信都曰尧都 |
| | 烈祖 | 考 | 诚 | 城、成承、丞 | 《旧唐书》:县名内有"城"字并落下,如密、郑、绛、蒲例,单名为文《旧五代史》:以翰林奉旨学士张策为刑部侍郎、平章事梁代避讳,改"承旨"为"奉旨" |

---

① 薛居正:《旧五代史》,中华书局1976年版,第51页。

续　表

| 世系 | 帝号 | 人物关系 | 名讳 | 嫌名 | 例 |
|---|---|---|---|---|---|
| 二 | 末帝 | 太祖子 | 初名友贞,更名锽,又更名瑱 | | 《旧五代史》:康怀英,本名怀贞,避末帝御名 |

后唐是沙陀人李存勖所建。同光元年(923),唐庄宗李存勖灭梁,以唐朝继承者自居,称后梁为"僭伪""伪朝",对后梁时期"天下官名府号及寺观门额,曾经改易者,并复旧名"。同光二年(924),"吏部奏十道图内州县名供三十七处犯献祖庙讳。敕改易之"。①

同光四年(926)四月,庄宗死于内乱,明宗李嗣源即位,改元天成。明宗在位八年,号称"小康"。明宗避讳要求较松,"应文书内所有二字,但不连称,并不得回避。如是臣下之名,不欲与君亲同字者,任自更改,务从所便,庶体于怀"②。天成四年(929)正月,明宗再次规定:"凡庙讳,但避正文,其偏旁文字,不必减少点画。"③

唐闵帝李从厚即位不到四月,即为末帝李从珂所取代。末帝李从珂在位三年,年号清泰。清泰二年(935),中书省上言:"御名上一字与诸王相连,太宗、玄宗故事,人臣、诸王合避相联字,改从单名。"从之(见表2)。④

表 2　后唐避讳简表

| 世系 | 帝号 | 人物关系 | 名讳 | 嫌名 | 例 |
|---|---|---|---|---|---|
| 一 | 庄宗 | 唐赐姓李 | 李存勖 | | 《旧五代史》:由是遣供奉官李瑰使西川。辑本案:《通鉴》作李存瑰,唐人避庄宗讳,故去存字 |

---

① 王钦若:《册府元龟》,中华书局 1960 年版,第 335 页。
② 王溥:《五代会要》,杭州出版社 2004 年版,第 2028 页。
③ 王溥:《五代会要》,杭州出版社 2004 年版,第 2028 页。
④ 王溥:《五代会要》,杭州出版社 2004 年版,第 2028 页。

续 表

| 世系 | 帝号 | 人物关系 | 名讳 | 嫌名 | 例 |
|------|------|----------|------|------|-----|
| 追赠 | 懿祖 | 曾祖 | 朱邪执宜 | | |
| | 献祖 | 祖 | 朱邪赤心,李国昌 | | 《通鉴》:(李)继璟不从,愿死帝前以明赤诚<br>《册府元龟》:延昌县复旧名延唐县,郴州义昌县改为义彰县,岳州昌江县改为平江县 |
| | 太祖 | 考 | 李克用 | | |
| 明宗 | | 太祖养子李嗣源,更名亶 | | 《册府元龟》:杨檀赐名光远。 | |
| 追赠 | 惠祖 | 高祖 | 聿 | | |
| | 毅祖 | 曾祖 | 敖 | | 《旧五代史》:郑遨,避唐讳,故世行其字云叟 |
| | 烈祖 | 祖 | 琰 | | |
| | 德祖 | 考 | 霓 | | |
| 二 | 闵帝 | 明宗子 | 李从厚 | | |
| 三 | 末帝 | 明宗养子 | 李从珂 | | 《新五代史》:李宾作乱,当作从宾 |

后唐清泰三年(936)七月,河东节度使石敬瑭(沙陀人)勾结契丹,灭后唐,建立后晋。石敬瑭是唐明宗女婿,与后唐渊源颇深,其在位时称后唐为前朝、先朝,并不讳唐。后晋避讳制度比后唐严格烦琐。天福三年(938)五月,"敕应诸州县名犯庙讳等:相南管内资兴县本州(郴州)名犯肃祖孝简皇帝庙讳,宜改为敦州;州管县(郴县)名与州名同,改为敦化县;义县(郴义)上一字亦与本州名同;改为敦和县;武冈县本州(邵州)名与宪祖孝元皇帝庙讳上一字音同,宜改为敏州;州管阳县(邵阳)上一字与州名同;改为敏政县;岭南晋兴县本州(邕州)名与孝元皇帝庙讳下一字音同;改为诚州;建州管武县(邵武)上一字亦与宪祖孝皇帝庙讳上

一字音同,改为昭武县,其已前州府县上中下仍准旧制为定"。①
此所敕改,字犯庙讳,诏文不明称之。

天福七年(942)六月,从子重贵继位,是为出帝。同年七月,
"诏应宫殿、州县及官名、府号、人姓名,与先帝讳同音者改之"②。
主要是回避"瑭"字,因与"瑭"同音字颇多,此次避改范围较大。
根据《册府元龟·帝王部·名讳》载:"明堂为宣德殿,唐州为沁
州,思唐州为思化州,密州附唐县为胶西县,蔚州兴唐县为灵山
县,博州堂邑为河滨,高唐为济城,定州 唐县为博陵,莫州唐兴为
宜州,真定府行唐为永昌、堂阳为蒲泽,彭州唐化为彭山,蜀州唐
兴为乡城,道州延唐为延喜,福州福唐为南台,寿州盛唐为来化,
鄂州唐年为临江,杭州钱唐为钱江、唐山为横山,台州唐兴为台
兴,随州唐城为汉东,代州唐林为广武,汉州金堂为汉城,合州石
镜为仙览,复州竟陵为景陵,中书政事堂为厅,堂后官诸房头为录
事,余并为主事。所有诸邑人姓名犯者并改。又改陕府甘棠驿为
通津驿。"开运二年(945)六月,刘昫等修成唐史,也因避讳称作
《李氏书》,即《旧唐书》(见表3)。

表3　后晋避讳简表

| 世系 | 帝号 | 人物关系 | 名讳 | 嫌名 | 例 |
|---|---|---|---|---|---|
| 一 | 高祖 | | 石敬瑭 | 唐、堂、棠、镜、竟 | 《东都事略》:(陶谷)姓唐,"因避晋高祖讳而更为陶,遂不复其旧。"《齐东野语》:晋高祖讳敬瑭,析敬字为文氏、苟氏,至汉乃复旧。又避偏嫌"镜"及"竟"。《册府元龟》:天福七年,敕改合州石镜为仙览,复州竟陵为景陵 |
| | 靖祖 | 高祖 | 璟 | | |
| | 肃祖 | 曾祖 | 郴 | | 《册府元龟》:郴州改为敦州;郴县改为敦化县;郴义为敦和县 |
| | 睿祖 | 祖 | 昱 | | |

① 王钦若:《册府元龟》,中华书局1960年版,第340页。
② 薛居正:《旧五代史》,中华书局1976年版,第1068页。

续　表

| 世系 | 帝号 | 人物关系 | 名讳 | 嫌名 | 例 |
|---|---|---|---|---|---|
| | 献祖 | 考 | 绍雍 | 邵、邕 | 《册府元龟》：邵州改为敏州；邵阳改为敏政县；邕州改为诚州 |
| 二 | 出帝 | 高祖从子 | 重贵 | | 《新五代史》徐无党注云：杜重威于晋出帝时，避出帝名去"重"至汉而复之。《旧五代史·杨承勋传》：（杨）承勋，光远之长子也。始名承贵，避少帝名改焉 |

开运三年（946）十二月晋出帝（少帝）为契丹所掳，河东节度使刘知远（沙陀人）趁中原局势混乱之机，建立后汉政权。后汉以汉朝后裔自居，"以汉高皇帝为高祖，光武皇帝为世祖，皆不祧"。乾祐元年（948）正月，刘知远以"君父之名贵于易避，臣子之敬难以斥尊，苟触类以妨言，必迁文而害理"，更名暠。汉高祖在位不足一年而逝，其子承祐即位，是为汉隐帝。隐帝在位三年，沿用乾祐年号而不改元，承祐之名亦不改，是古代历史少见，被宋人视之缺乏制度建设。《新五代史·汉高祖纪》徐无党注云："帝名承祐，年名乾祐，举国臣民共称而不改避，当时莫大之失本纪无讥者，但书其实。后世自见也。"（见表4）。

表4　后汉避讳简表

| 世系 | 帝号 | 人物关系 | 名讳 | 嫌名 | 例 |
|---|---|---|---|---|---|
| | 后汉高祖 | | 刘知远更名暠 | | 《宋史》：（鱼）崇谅初名崇远，后避汉祖讳，改之《册府元龟》：即位初，前邠州节度使折从远改名从阮 |
| 一 | 文祖 | 高祖 | 湍 | | 《旧五代》：山南道邓州临湍县，注：汉干佑元年正月，改为临濑县，避庙讳也 |
| | 德祖 | 曾祖 | 昂 | | |
| | 翼祖 | 祖 | 僎 | | |
| | 显祖 | 考 | 琠 | | |
| 二 | 隐帝 | 高祖子 | 承祐 | | |

历唐晋汉,皆出异族,讳法稍宽,至周而又密。① 广顺元
年(951)正月,原后汉枢密使郭威即位,建立后周,相涉人名、官
名、地名亦皆更改。《册府元龟》卷三载"相州张彦成、澶州李洪
义、侍卫步军指挥使曹英、前陈州刺史马令琮、庆州刺史郭彦钦皆
以名下一字与御名同、改为成、义、英、琮、钦。二月,泾州节度使
史康懿言臣名下一字与御名同,改之。三月,诏邓州军额(威胜
军)改为武胜军,灵武属郡(威州)宜改为环州,避御名也。八月,
环州刺史雷彦洪以名下一字犯御名,改之。十二月御史台奏:唐
景云三年改左右屯卫大将军为威卫。又唐高宗名治,其时改治书
御史为御史中丞,诸州治中为司马,盖臣子上书合避名也。请诸
卫中旧是屯卫者复旧名,从之"。广顺元年(951)"五月辛未,追尊
祖考为皇帝,妣为皇后",臣下与庙讳相同者皆更立新名(见表5)。

表5　后周避讳简表

| 世系 | 帝号 | 人物关系 | 名讳 | 嫌名 | 例 |
|---|---|---|---|---|---|
| 一 | 周太祖 | | 郭威 | | 《资治通鉴》:周改曹州威信军为彰信军,避太祖讳也 |
| | 信祖 | 高祖 | 璟 | | 《旧五代史》:南唐元宗(李)景,本名璟,及将臣于周,以犯庙讳,故改之 |
| | 僖祖 | 曾祖 | 谌 | | |
| | 义祖 | 祖 | 蕴 | | |
| | 庆祖 | 考 | 简 | | 《资治通鉴》:义武节度使孙方简避皇考讳,更名方谏。《宋史·王易简传》:周朝讳"简",易止名易 |
| 二 | 世宗 | 太祖养子 | 柴荣 | 荣、筦 | 《资治通鉴》:李筦即李荣也,避上名改焉。《新五代史》:皇侄守筦,以筦声近荣,为世宗避,更名守愿 |

① 陈垣:《史讳举例》,中华书局2016年版,第207页。

续　表

| 世系 | 帝号 | 人物关系 | 名讳 | 嫌名 | 例 |
|------|------|----------|------|------|-----|
| 三 | 恭帝 | 世宗子 | 宗训 | | 《宋史·周三臣传》:(张)崇诂本名崇训,恭帝嗣位,避讳改焉。《宋史·向拱传》:向拱,始名训,避周恭帝讳改焉 |

　　文献中所见吴越国避五代讳的情况主要有改地名、改人名、改姓、改干支等。五代时期,因避讳吴越境内地名反复更改,如后梁讳唐,改杭州钱塘县为钱江县。还将杭州唐山县改为吴昌县,台州唐兴县也改名为天台县。又后唐代梁,吴越国旋即恢复唐山、唐兴二县名。后晋开运年间,避石敬瑭名讳,吴越国又改唐山县为横山县,改唐兴县为台兴县。因后梁庙讳,遂将明州鄮县改为鄞县,避茂;新城县改为新登县,湖州长城县改为长兴县,婺州武城县改为武义县,温州乐城县改为乐清县,避梁讳"诚"。吴越国大臣在姓名上也有改避,如《旧五代史·王景仁传》云:"景仁本名茂章,避梁讳改焉。"《十国春秋·吴越》云:"成及字弘济,钱塘人。……天宝初避梁庙讳,改姓为咸。"行文中改避,如钱镠撰《镇东军墙隍庙记》,"开平二年岁在武辰□月"。此碑以"城"为"墙",以"戊"为"武",避梁庙讳。


# 二、怀柔诏书不名之礼


　　古代礼制讲究"君前臣名",臣下在皇帝面前称自己或者他人,一定要称名,决不能称字,以体现对皇帝的尊敬。作为对臣下的恩宠,又有"不名"的殊荣赐予,分别是"赞拜不名""诏书不名"。赞拜不名,就是在朝堂上官员对皇帝跪拜,礼仪官员唱赞到某个人的时候不像其他人一样称名,而称他的官职或者爵位等;诏书不名,是指在诏书当中,本应该称其名的时候省称,以示荣宠。

　　五代梁末帝分别赐予名将杨师厚,两浙钱镠"诏书不名"之礼。"末帝即位,封(杨)师厚邺王,诏书不名,事无巨细皆以咨之,然心益忌而畏之。"①龙德元年(921),梁末帝赐镠诏书不名。②"庄宗已破梁,(李)茂贞称岐王,上笺以季父行自处。及闻入洛乃上表称臣,遣其子从曬来朝。庄宗以其耆老,甚尊礼之,改封秦王,诏书不名。"③长兴二年(931),明宗"乃降制复授镠天下兵马都元帅、尚父、吴越国王。未几,又诏赐上表不名"。④《东都事略》:"(钱)俶入朝,太祖待以优礼,诏特赐剑履上殿,诏书不名。"《宋史》:太宗太平兴国二年(977),"吴越王遣使乞呼名,不允"。五代避讳与诏书不名,生动地体现了中央政权与地方藩镇的控御与怀柔关系。

## 三、吴越国国内避讳

吴越钱镠"外尊中国",境内则如《资治通鉴》所说:"仪卫名称,多如天子之制,谓所居曰宫殿,府署曰朝廷,教令下统内曰制敕,将吏皆称臣。"为了加强社会控御,吴越钱氏的避讳也涉及社会生活名物制度各个层面。避改内容非常繁杂,包括名姓、州县地名、日常用语都在避改之列,对两浙地区的社会生活及名物制度产生巨大影响。

武肃王钱镠讳镠,避嫌名镠、刘、留、榴、流。

### 1. 避讳改姓

宋王处厚《青箱杂记》卷二:"钱武肃王讳镠,至今吴越间谓……刘家、留家为金家、田家,留住为驻住。"清钱大昕《十驾斋养新录》卷十二:"今人姓金者,多称其郡望曰彭城,此承吴越避讳,改刘为金,姓改而郡望未改。"宋袁褧《枫窗小牍》:"罗昭谏投身武肃,特加殊遇,复命简书辟之。曰:仲宣运托娄荆州,都缘乱

---

① 欧阳修:《新五代史》卷二十三,中华书局1974年版,第237页。
② 欧阳修:《新五代史》卷六十七,中华书局1974年版,第840页。
③ 欧阳修:《新五代史》卷四十,中华书局1974年版,第433页。
④ 薛居正:《旧五代史》世袭列传二,中华书局1976年版,第1770页。

世:夫子辟为鲁司寇,只为故乡。以'刘为娄',避武肃嫌名也。"

### 2. 避讳改名

刘寄奴草。郑樵《通志》:江南人在汉时称刘为卯金刀,所以叫刘为金,故为金寄奴之名。《野客丛书》:"钱王讳镠,以榴为金樱。"

### 3. 诗文避讳

《苕溪渔隐丛话》后集卷八引《诗说隽永》:"晁氏尝于中壶缄线纩夹中,得吴越人写本杜诗,讳'流'字之类,乃盛文肃故书也。"《旧五代史》:"有人献诗云'一条江水槛前流',镠不悦,以为讥己,寻害之。"

文穆王钱元瓘,避偏嫌贯。宋朱翌《猗觉寮杂记》卷上:"钱元瓘据浙,浙人以一贯为一千。"或称贯为缗。《资治通鉴》称文穆即位后,更传为元,兄弟名传者皆更为元,不避中间连字"元",盖不以一尊,而伤兄弟之情。

忠献王钱弘佐。陆游《跋吴越备史》:"跋吴越备史二首,钱氏讳佐,故以左为上,凡官名左字者,悉改为上。此书所谓上右者,乃左右也。"

五季之乱,社会上传有"开口张弓"之谶。"有铜牌记多谶未来事,其中三句为有一真人在冀州,开口张弓左右边,子子孙孙万万年。江南中主名其子曰弘冀,钱镠诸子皆连弘字。期以应。"[①]当时是王侯崛起,人有幸心。南汉高祖刘龑也以弘遍名其子。

吴越国钱元瓘诸子并不避连字"弘",但社会避之,如臣相曹弘达,更名仲达。天福十二年(947)七月,李达以其弟通知福州留后,自诣钱唐见吴越王弘倧,弘倧承制加达兼侍中,更其名曰孺赟。[②]胡三省注:李仁达降唐,唐赐名弘义,编之属籍。及其叛唐,为唐所攻,求救于吴越,而弘字犯吴越讳,改名为达。其弟先名弘通,亦止名通。宋兴,避宋庙讳,吴越王室去弘,单称行之。

---

① 张敦颐:《六朝事迹编类》,上海古籍出版社 1995 年版,第 96 页。

② 司马光:《资治通鉴》,中华书局 1956 年版,第 9369 页。

五代吴越忠懿王钱弘俶。避嫌名叔。周广业《经史避名汇考》卷一八:"忠懿名俶,浙民避之,称季父曰小伯。"[1]

同样,吴越王室对其大臣也有不名之礼。《吴越备史》载:"(曹)仲达性淳厚,好施与,文穆尤重之,常止呼丞相而不名。"

敬讳之外,还有憎讳。吴越国与杨吴交恶,杨行密尝命以大索为钱贯,号曰"穿钱眼"。两浙亦岁以大斧科杨,谓之"斫杨头"。《舆地广记》:"朱梁时,杨氏据江、淮,于是吴越钱氏上言,以淮寇未平,耻闻逆姓。"钱镠不欲闻其姓。以阳杨同音,乃更境内诸有阳字县名,如杭州富阳县改富春县,越州暨阳县改诸暨县,处州松阳县改长松县,婺州浦阳县改浦江县,东阳县改东场县,温州横阳县改平阳县。

吴越对凶字、恶字避讳,如丘、陵、剡、归、危。《十国春秋地理表下》载:"衢州龙游县,注:就为龙丘县,吴越宝正末,恶丘为墓,不祥,改今名。越州萧山县,注:旧县。有西兴镇,古西陵也。武肃王屯兵,恶陵字,改曰兴。越州嵊县,注:本为剡县,后因古语二火一刀之说,恶其不详,改为嵊。"《九国志·吴越》载:"鲍君福初事刘汉宏,及镠东讨,乃率其党来附,号曰归明都。归明,谓归服圣明之主。"而《吴越备史》作:(鲍君福)"初仕彭城汉宏,及武肃王东讨,乃与其党归降,号曰向盟都。"盖古人讳死为归,生者为过客,死者为归人。另《新五代史·吴越世家》载:"信州危仔昌奔于镠,镠恶其姓,改曰元。"

从目前流传吴越国文献的避讳情况来看,出自官方的文本在避讳上相对严格。杭州石屋洞从钱弘佐时期开凿至钱弘俶时期基本完工,石屋洞题刻大致反映了各阶层的避讳认知情况,官员的避讳意识较强而百姓的避讳意识较松。这是由于各个社会阶层教育认知、自身利益的不同,从而导致对于社会制度的理解和执行也就不同。

---

① 周广业:《经史避名汇考》,上海古籍出版社 2015 年版,第 519 页。

**参考文献**

[1] 陈垣.史讳举例[M].北京:中华书局,2012.

[2] 陈垣.通鉴胡注表微[M].合肥:安徽大学出版社 2009.

[3] 王钦若.册府元龟[M].北京:中华书局,1960.

[4] 何灿浩.控御与柔服:赵宋兼并吴越国的特殊方式 [J].史学
    月刊 2008(9).

[5] 长孙无忌.唐律疏议[M].北京:法律出版社,1999.

[6] 薛居正.旧五代史[M].北京:中华书局,1976.

[7] 王溥.五代会要[M].杭州:杭州出版社,2004.

[8] 陈垣.史讳举例[M].北京 中华书局 2016.

[9] 欧阳修.新五代史[M].北京:中华书局,1974.

[10] 张敦颐.六朝事迹编类[M].上海:上海古籍出版社,1995.

[11] 司马光.资治通鉴[M].北京:中华书局,1956.

[12] 周广业.经史避名汇考[M].上海:上海古籍出版社,2015.

# 论钱镠的政治谋略及对吴越国走向的影响

浙江农林大学　文法学院讲师　曹　渊

　　**摘　要**:钱镠是吴越国的开创者,他的政治谋略及其制定的对内对外政策颇有成效,对吴越国具有深远的影响,不但为吴越国赢得了稳定的外部环境,而且在强敌中站稳了脚跟,使之从容整顿政治,发展经济。他的后继者们无不遵循其政令,并将之推向极致。而同时,他的相对保守的政策打击军将,过于强调经济活动等也导致民性懦弱,军力衰退的严重后果。由此来看,钱镠的大政方针是北宋的先驱。

　　**关键词**:五代;钱镠;吴越;政治;宗室

　　吴越是五代时期十国之一,统辖范围在今浙江、江苏一带。其创建者钱镠,杭州临安人,出身贫寒,史称"世田渔为事"[①]。早年应石境镇将董昌招募从军,走上戎马生涯,因参加镇压黄巢起义军有功,被唐王朝擢升为杭州刺史、镇海军节度使。中和二年(882),董昌与刘汉宏为争夺两浙地区控制权爆发战争,钱镠助董灭刘,取得胜利。乾宁二年(895),董昌称帝,国号罗平,改元顺天。钱镠乘机讨伐成功,遂并有其地。乾宁三年(896),钱镠受封为镇海、威胜两军节度使,自此据有两浙,正式成为一方割据者。天复二年(902),唐王朝封钱镠为越王。天祐元年(904),钱镠请

---

① 《旧五代史》卷一百三十三。

改封吴越王遭拒,经朱全忠奏请,改封吴王。贞明三年(917),加封吴越王钱镠为天下兵马元帅。次年三月,钱镠"初立元帅府,置官署"。梁龙德三年(923),被封为吴越国王,自此"镠始建国"①,以杭州为都城,实行统治。

钱镠是一代枭雄,其人"志气雄杰,机谋沉远",尽管出身卑微,但能奋起于乱世之中,草莽英雄,在强敌的夹缝中求生存,终至以弱克强,消灭竞争对手,打下一片江山。此等不凡的经历,令他深知兵强马壮与政治谋略的重要性。钱氏立国之时,与之并峙者有吴—南唐、荆南、前蜀、后蜀、楚、闽、北汉等国,边疆地区则有契丹、吐蕃、大理等少数民族政权,其中与吴越国毗邻的为吴—南唐及闽。闽是小国,实力较弱,吴—南唐地处吴越国西北部,虎视眈眈,实力较强,三者的关系类似于魏蜀吴,整体格局为吴越国与闽共抗北方强敌。当然,三者作为割据政权的存在是以中原多敌为前提的,一旦中原地区完成统一任务,则这些割据政权就不复再有存在下去的条件,正如马令所云:"世苟治矣,偏据之国,虽大必亡。"②对于吴越国来说,吴越、吴—南唐及闽形成一个相对封闭的斗争环境,而以中原大国为中心,包括了边疆少数民族政权在内,还存在一个以全中国为范围的大的斗争环境。这是三者不同于魏蜀吴的地方。此外,吴越国东临大海,与日本、朝鲜等亦有交往,此为其国际环境。顾祖禹认为"吴越之敌国外患,莫甚于淮南",基于此,吴越统治者不得不制定"阴结与国,厚赂中朝,恃为形援"③的斗争策略,形势显然如此。

吴越是小国,终其八十四年的兴亡史,④敌强我弱的格局从未改变过,这就使得它的斗争策略总体稳定。事实上,自吴越国创立者钱镠制定了基本的国策后,继位者们始终奉行不渝。这并不

① 《资治通鉴》卷二百七十二。
② 《南唐书》卷三十。
③ 《读史方舆纪要》卷八十九。
④ 《新五代史》卷六七《吴越世家》徐无谠注云:"钱世兴灭,诸书皆同,……盖自唐乾宁二年(895)为镇海、镇东军节度使兼有两浙,至皇朝太平兴国三年(978)国际,凡八十四年。"

是后来的君主们不敢创新，无所作为，而是客观环境决定的。这种敌强我弱、无法扭转的客观态势也迫使创立者钱镠不得不转型成为一个守成之君。当然，从主观上来看，这体现了他的审时度势与深谋远虑。钱镠防御性的政治谋略一方面维护了吴越国的生存环境，提升了国家的整体实力，另一方面也使得吴越国越来越"懂大体，识时务"，趋于自保，从而进取不足。钱镠的这一政治谋略大体可分为以下几个方面。

一是实行奉中原王朝为正朔的方针，具体表现为臣服与进贡。钱镠建国后，面对群雄割据的局面，能够保持清醒的头脑，在励精图治的同时，不妄自尊大，这是他立于不败之地的重要原因。当时天下纷乱，唐王朝名存实亡，一些军阀早已按捺不住，纷纷建国称帝，如吴国杨行密、南汉刘龑、闽国王审知、前蜀王建等皆已如此，并怂恿钱镠也早登大位。但他不为所动，且一针见血地指出："此儿辈自坐炉炭之中，又据吾于上耶！"这是曹操不慕虚名而处实祸的政治智慧，可见他智高一筹，远非那些志骄意满、目光短浅的武夫可比。尽管钱镠在中原王朝式微之时，也曾一度"僭伪"，"命所居曰宫殿，府署曰朝廷，其参佐称臣，僭大朝百僚之号，但不改年号而已"①，但很快，他就偃旗息鼓，回归藩臣本位，因此并未引起多大影响。值得指出的是，钱镠之臣服中原王朝并非效忠于一家一姓。他是从自身利益出发，看实力的。公元907年，朱温废唐自立，罗隐这些心系旧朝的文人曾力劝钱镠举兵讨梁，认为"纵无成功，犹可退保杭越，自称东帝"。但钱镠经过权衡，否决了这个计划，给出的理由是："兴兵征伐，必动干戈……吾以有土有民为主，故不忍兴兵杀戮耳。"这可能只是个搪塞的借口，实际的原因大概还是时机不成熟，无力进行兼并战争。朱温篡唐后，是为梁太祖，即位初，便封钱镠为吴越王兼淮南节度使，他的属下劝他抗拒朱温的任命外，钱镠却笑道："吾岂失为孙仲谋

---

① 《旧五代史》卷一三三《世袭列传第二》。

耶!"①可见他并不以改朝换姓为意,也不以臣服于人的姿态为耻,显示出一个成熟老练的政治家风范。钱镠之所以甘于自降身价,实在是因为吴及南唐是其心腹之患,而自身实力尚有待充实,不得不实行远交的政策,以达到相互制衡的目的。这个政治策略,在他临终之时,被总结为"嗣子承家,但守藩臣之分",切勿自尊自大,忘乎所以,导致失去中原王朝的支持,"自为厉阶,更寻覆辙"。② 此后,吴越国的后继者们确实谨记遗命,始终自觉地臣属于中原王朝,而不论由谁当家做主。

　　除了接受中原王朝的任命外,钱镠还以进贡表达臣属关系。他送礼物给名义上的宗主国,同时进行经济贸易活动。而后者才是真实的意图。贞明二年(916),梁末帝封钱镠为诸道兵马元帅,有人就劝谏,认为钱镠入贡,不过是想与我们做生意。据《旧五代史》载,双方的贸易往来已有专门的管理部门,可见规模不小:"先是,滨海诸郡,皆有两浙回易务,厚取民利,自置刑禁,追摄王民,前后长吏利其厚赂,不能禁止。"③《新五代史》亦云:"是时,江淮不通,吴越钱镠使者常泛海以至中国。而滨海诸郡皆置博易务,与民贸易。民负失期者,务吏擅自摄治,置刑狱,不关州县。而前为吏者,纳其厚赂,纵之不问。"④可见,钱镠是以进贡的名义来获取政治与经济利益。而其进贡之物就是贸易所得利润的一部分。史称吴越"航海所入,岁贡百万"。这样吴越国的进贡负担就在双边贸易中降到最低了。从斗争策略上来看,这是相当高明的一着。

　　二是努力发展经济,实行"保境安民"政策。吴越国一方面以臣服的姿态与中原王朝保持良好的关系,在"国际上"制造战略的平衡,从而赢得自身发展的外部环境;另一方面,又在此基础上,努力进行经济建设。这主要表现在内外两个方面。

---

　　① 《新五代史》卷六十七《吴越世家》。
　　② 《旧五代史》卷一三三《世袭列传第二》。
　　③ 《旧五代史》卷一百零七。
　　④ 《新五代史》卷三十。

(1)对外,积极发展经济贸易。吴越国不但利用藩臣的资格与进贡造成的有利条件大力发展与中原王朝的经贸活动,而且努力开展与各国的经济往来,甚至"国际"贸易,对于当时的强敌吴—南唐,除采取积极防御与对抗的军事策略外,亦不放弃与之进行经济上的交往。这是一种非常务实的政治策略,符合钱镠一贯的作风。后梁贞明六年(920)三月,钱镠派皮光业出使吴国,两国紧张关系得以缓和,此后经济往来取得一定程度的恢复。至钱弘佐当政后再派皮光业出使吴国,吴国赠钱三百万缗,而皮光业则奉命购买吴国货物。这不但是双方的一种政治示好,也标志着两国经济关系开始恢复。

与其他割据政权之间亦不乏经贸活动。2001年,杭州雷峰塔地宫中共出土各国钱币 3400 多枚,其中铸于五代宋初的计 41 枚,南唐 14 枚,后周 8 枚,北宋 5 枚,前蜀 11 枚,南汉 2 枚,后晋 1 枚。[①] 这些钱币的存在,虽然数量不多,却可借以窥到吴越国与当时各国经济交往的情况以及持续的时间。

吴越国还努力发展与辽国的关系,除政治上的图谋外,亦有经济因素在内。据统计,仅后梁贞明年间,史书上至少有四次两国交往的记载,并且都由吴越国以进贡的名义发起。进贡是一种政治姿态,背后则是出于全局的战略考虑以及努力增强自身经济实力的目的。据《赤峰县大营子辽墓发掘报告》[②]载,墓葬中发现有收口圈足青瓷小碗 6 件、敞口青瓷小碗 6 件、花式口平底青瓷小碗 2 件、青瓷小碗 2 件,另青瓷器具残片若干。据陈万里考证,该墓为五代墓葬,这些瓷碗皆为越器,可见出自吴越国。

此外,吴越国还积极开展海外贸易,主要对象有日本、朝鲜、伊朗等国。钱镠当上吴越王后,曾"遣使册新罗、渤海王、海中诸国,皆封拜其君长"[③]。宝正二年(927)十一月,又"遣尚书班为通

---

① 黎毓馨:《杭州雷峰塔地宫出土的钱币》,《中国钱币》2003 年第 1 期。
② 《赤峰县大营子辽墓发掘报告》,《考古学报》1956 年第 3 期。
③ 《新五代史》卷六十七《吴越世家》。

和使高丽及后百济"①。钱镠遣使海外，除了宣扬自身的政治地位外(以中原正统自居)，还与之进行经贸往来。与日本方面，据倪璠《神州古史考》：钱镠时期，"其地有椤木营、椤木桥，考之前史，椤木，日本国所献"。与伊朗方面，《吴越备史》卷二载："火油(指石油)得之海南大食国(今伊朗)，以铁筒发之，水沃，其焰弥盛。"以此可见吴越国当时海外贸易的盛况。

(2)对内，采取休养生息、重用宗室等政策。迫于自身国小兵弱，实力有限，吴越建国之初，钱镠致力于稳定周边环境，集中精力抓生产，在与吴国争战十余年后，主动遣使谈和。其臣徐温云："天下离乱久矣，民困已甚，钱公亦未易可轻，若连兵不解，方为诸君之忧。今战胜而惧之，戢兵以怀之，使两地之民各安其业，君臣高枕，岂不乐哉！多杀何为！"②自此，双方息兵达二十余年。钱镠及后继者们利用这种暂时和平的外部环境，努力发展国内经济，取得了不小的成绩。其具体举措大体有以下几个方面。

第一，鼓励耕织生产及商业活动。钱镠占有两浙后，以保境安民为己任，采取"偃息兵革"、恢复生产的措施，不久"四境粗安耕织"。③ 长兴三年(932)，继位者钱元瓘下令，"赦境内一应荒绝田户，尚隶租籍者，悉免之"。天福三年(941)四月，又免国内本年度一半的租税。此后，吴越国主政者皆有减免租税以促生产的举措。在织造业上，钱镠不但对民间的桑蚕生产予以鼓励，更组织官府集中生产。官营属于规模生产，已是纯商业行为，因此生产出来的商品质量高，所谓"精缣皆出于官"。官民一同发展丝织业，从事对外贸易，这在当时是不多见的。此外，钱镠还鼓励瓷器的生产。吴越的瓷器以越州(绍兴)窑制造的越器最为有名，其次为余姚上林湖制造的瓷器。吴越瓷器及丝织品除用来进贡以维持与中原王朝的政治关系外，还作为出口商品远销日本、朝鲜和

---

① 吴任臣：《十国春秋》卷七八。
② 吴任臣：《十国春秋》卷七八。
③ 吴任臣：《十国春秋》卷七八。

伊朗等国。

第二,兴修水利,治理潮患。吴越国境内水害频仍,尤以钱塘江为最。钱塘江为患,早在两汉即有记载,此后代代不绝,至钱镠统辖两浙后,更发生过一次空前潮患,当时"海飓大作,怒涛掀簸,堤岸冲啮殆尽。自秦望山东南十八堡,数千万亩土地,悉成江面"[①]。自然灾害已严重威胁农民的生产活动。到梁开平四年(910)八月,钱镠开始筑捍海塘,备极艰辛:"筑捍海塘,怒潮急湍,版筑不就,乃采山阳之竹,法矢人造为箭三千支,羽以鸿鹭之羽,饰以丹朱,炼刚火之铁为镞,命强弩五百人以射涛头,人用六支,每潮一至,射以一支。射及五支,潮乃退,东趋西陵。"事迹近似神话,却反映出当时钱镠治水的决心。除了潮患,吴越国境内水网纵横,湖泊众多。为此,钱镠建立了水利部门"都水营田司",并组建"撩浅军",专门从事水利工作。如在苏州有营田军七八千人,即"专为田事,导河筑堤"[②]。钱镠一系列的治水措施产生了积极的成效,不但农业生产迅速得以恢复和发展,而且"钱氏有国百余年,止长兴间一次水灾"[③]。

第三,在维护和巩固自身统治上,钱镠采取了重用宗室、打击军将的举措。唐朝的覆灭,一个重要原因是藩镇的设置,最终导致地方割据势力的崛起。钱镠亦是通过武力成为割据一方者,也深知军事实力的重要性。他的崛起,主要依靠八都军将与内牙军将。前车之鉴,再加上天复二年(902)、三年(903),及天祐元年(904)连续发生三起军将叛乱事件——第一起武勇都叛乱,杭州被围;第二起温州兵变,睦州刺史趁机叛乱;第三起衢州陈璋之乱,叛军一度控制了睦、衢、婺、处、温五州,形势十分危急,经此教训,钱镠不得不寻求对策。他采取的措施即是用宗室替代骄横难制的军将。天祐四年之后,在一系列对外战争中,吴越国皆以宗

---

① 《钱氏家乘》卷八。

② 范仲淹:《范文正公集·政府奏议》卷上《答手诏条陈十事》。

③ 《嘉兴府志》卷二十九《水利》。

室子弟为将,如与淮南的交战即是宗室子弟挂帅。这些负责征战的宗室先后有钱镠从弟钱銶、钱镒、钱锯,弟钱镖,子钱元璙、钱元瓘、钱元瑛等。除了令宗室掌握军权外,钱镠还进一步援宗室将军治州权。据《吴越备史》《吴兴志》《钱氏家乘》等载,开平三年(909)五月,钱元球镇明州,开平四年(910)三月,钱镖刺湖州,乾化元年(911)秋,钱元璙牧睦州,等等。至乾化四年,吴越国大半的州都已归宗室控制。

此外,为了巩固统治,钱镠十分重视人才。他把他的居住之处称为"握发殿",效法周公对人才的敬重。[①]唐末落魄文人罗隐受知于钱氏即为显例。为了网罗人才,他甚至派出画工数十人,住在松江,称作"鸢手校尉",凡从北方流徙至此者,画下相貌,他则据以选择清俊者予以任用。钱镠还很重视儒教,常以忠、孝、义、信等儒家理念教育子弟;其对僧人亦颇礼遇,如僧昭被尊为国师,还曾虚心向僧璋问法;等等。这些宗教文化措施也起到了凝聚人心、团结社会的作用。

综上所述,钱镠在唐末五代纷乱的局势中,依靠自身的实力打下一片江山,但吴越国地小兵弱,无力与强敌进行直接的抗衡,只有采取守势,这使得开创者钱镠在建国之初不得不转型成为一个守成之君。为了巩固统治以图发展,他的政治策略,一是通过降低政治姿态结交大国,二是努力发展经济,暗蓄国力,以待时机,三是通过打击军将,重用宗室,以巩固中央集权。以上务实得当的举措,无疑为吴越国赢得了相对稳定的外部环境,造成国内安定团结的局面,从而使之站稳脚跟,壮大了实力,延长了统治时间,但相对保守的战略倾向使得后继者们显得安于现状,过于强调经济生活,也容易使人娇惰忘战,而以宗室代表军将,更使得吴越国的战斗力大大下降。如欧阳修云:"钱氏兼有两浙几百年,其人比诸国号为怯弱,而俗喜淫侈,偷生工巧。"[②]苏轼亦云:"其民至

---

① 吴任臣:《十国春秋》卷七八《吴越二》。
② 《新五代史》卷六十七《吴越世家》。

于老死不识兵革,四时嬉游,歌鼓之声相闻,至于今不废。"①可见其影响之深。钱镠的后继者们无不遵循父祖遗训,以"秉号令""保边疆"为己任,不事干戈,在明判大势的助推下,终而至于纳土归宋,换取了一方太平。这是相当难得的,却也可谓钱镠政治谋略的最终结果。

**参考文献**

[1] 欧阳修.新五代史[M].北京:中华书局,1974.

[2] 吴任臣.十国春秋[M].北京:中华书局,1983.

[3] 薛居正.旧五代史[M].北京:中华书局,1976.

[4] 司马光.资治通鉴[M].北京:中华书局,1956.

[5] 曾国富.五代吴越国王钱镠略论[J].广西社会科学2007(1).

[6] 倪士毅,方如金.论钱镠[J].杭州大学学报,1981(3).

[7] 何灿浩.吴越国宗室述论[J].南开学报,2004(6).

① 苏轼:《苏东坡集》三三《表忠观碑》。

# 吴越国文化与事件人物考证

# 被误解千年的吴越王《陌上花》故事

杭州师范大学　人文学院副教授　李最欣

**摘　要:**从北宋苏轼、晁补之到清代王士禛以及近今学者,无数人都津津乐道于五代时吴越王钱镠《陌上花》故事的美好风情,甚至付诸吟咏,可是未见有人明白钱镠"陌上花开,可缓缓归矣"这句话的真实意思。这句话中的"可缓缓归",实际上是"请快快回来"的意思,是钱镠思念和渴望吴夫人的委婉表达。探寻钱镠这句话的含义及其原因有助于还原钱镠《陌上花》这个美丽的爱情故事的原貌,这对深入认识钱镠及吴越国不无裨益。

**关键词:**钱镠;陌上花;缓缓归

吴越王钱镠(852—932)的结发之妻吴夫人(858—919)春节前省亲临安,好久没有回杭州来,钱镠写信催促时有这么两句话:"陌上花开,可缓缓归矣。"其中的"可缓缓归"实际是"请快快回来"的意思。可是,从北宋两个著名文学家苏轼(1037—1101)、晁补之(1053—1110)到清代学者王士禛(1634—1711)和近今诗人徐志摩(1897—1931)以及现当代学者,均没有明白钱镠"可缓缓归"的真实含义,但又颇有热情地津津乐道,甚至付诸吟咏,于是,钱镠的《陌上花》故事就一直处于被误解误读的境地,迄今已达千余年之久。辨析钱镠《陌上花》故事的真实含义和被误读误解的过程,不仅是一个有趣的思维训练活动,也是认识钱镠优秀品质的一个可靠视角。

# 一、分析苏轼所记载的钱镠《陌上花》故事

就现有的文献资料看,钱镠《陌上花》故事的最早出处,可以追溯到苏轼的作品。苏轼的诗《陌上花三首》的小序说:"游九仙山,闻里中儿歌《陌上花》。父老云:吴越王妃每岁春必归临安,王以书遗妃曰:'陌上花开,可缓缓归矣。'吴人用其语为歌,含思宛转,听之凄然,而其词鄙野,为易之云。"

九仙山在浙江省杭州市临安区境内,风景秀丽。苏轼这里记载的临安九仙山里父老的话语焉不详,需要仔细辨析。父老的话是:"吴越王妃每岁春必归临安,王以书遗妃曰:'陌上花开,可缓缓归矣。'"吴越王是吴越三世五王中的哪一个王?吴越王的妃是哪一个妃?这两个问题都暂且搁置不论,先讨论两个问题。第一个问题是,"吴越王妃每岁春必归临安"的"每岁春"是什么意思?第二个问题是,吴越王要妃子"缓缓归"是归向哪里?

先看第一个问题。从字面意思来看,"每岁春"就是每年春天,这没有问题。有问题的是,吴越王的妃子每年春天必定回临安,这与自古以来中国人的生活习惯不符合。自古以来中国人的生活习惯是什么?中国人每到春节前回家乡或回故乡,过完春节等春天快到或者春天已经到了的时候就离开家乡或离开故乡去谋生的地方。可见,临安父老说吴越王的妃子每年春天才回临安,这是不符合常理的。也就是说,"每岁春"指每年春天是有问题的。现在继续讨论"每岁春"究竟是怎么回事。父老说,吴越王的妃子每年都要回临安,那就是说,她原本不在临安。吴越王的妃子不在临安,那在哪里呢?吴越国第一任国王钱镠发迹后(即钱镠奉唐朝廷之命灭了杭州刺史董昌后)直到吴越国第五任国王钱弘俶,吴越国三世五王常驻的地方一直是杭州。所以,这里的吴越王妃所在的地方理论上说是杭州。吴越王待在杭州,吴越王的妃子跟随吴越王,故吴越王的妃子必然也待在杭州。吴越王的

妃子常年待在杭州,那么,吴越王的妃子什么时候回家乡临安探望双亲呢?按照中国人的常理和习惯,当然是春节前回临安了。那么,吴越王的妃子探亲结束什么时候离开临安回杭州继续陪伴吴越王呢?按照常理和习惯,当然是过完春节从临安返回杭州了。至于什么叫"过完春节"?解释就不能拘泥,而适宜宽泛一点。正常情况下,过完大年初一初二甚至只过完大年初一,就可以算过完春节了,当然向后延续几天,例如过了大年初五、大年初九、大年初十再离开故乡,也可以说过完春节。一般而言,过了正月十五元宵节或过了元宵节再延后一天,也就是过了正月十六,那就算春节过完了。从正月十七开始,就不算春节了。但是,过完春节在家乡再待一段时期,例如再待个把月或再待一两个月,也就是说到了阳春三月,再离开家乡去该去的地方,仍然可以说成是因过春节而在家乡待了一段时期。讨论到这里就可以认为,吴越王的妃子随吴越王待在杭州,春节前回家乡临安省亲,故"吴越王妃每岁春必归临安"的"每岁春"一定是指每岁春节前。因为吴越王的妃子有一年、二年或几年是春节以后春天到了才去,这还讲得通。否则,说吴越王的妃子每年回家省亲都一定是春节过完了等春天到了才去,这无论如何都讲不通。因此,"每岁春"应该是、也必然是"每岁春节前"。如果不是这样,那就不可思议,也绝不可能。

现在讨论第二个问题:吴越王对妃子说"陌上花开,可缓缓归矣"是归向哪里?按照"吴越王妃每岁春必归临安"的陈述,自然是说妃子从另一个地方(吴越国三世五王常驻杭州,故这另一个地方只能是杭州)归向临安。即使认为"每岁春"就是每年春天(而不是每年春节前),吴越王对妃子所说的"可缓缓归"也极小可能是归向临安。为什么呢?因为吴越王的妃子去临安是回故乡探望双亲,春节过了春天到了才探望双亲,这已经有点晚了。吴越王的妃子回家探亲已经晚了,吴越王还让妃子一路上慢慢走,慢慢欣赏小路上开放的花儿,这有点一路游山玩水的意思。就是说,一路游山玩水欣赏美景比探望双亲还重要,这显然是不符合常情常理的。故,吴越王对妃子所说的"陌上花开,可缓缓归矣"极小可能是归向临安。这只是一个原因。另一个原因是,苏轼记载的父老的话明确地说:"王以书遗妃曰:'陌上花开,可缓缓归矣。'"吴越王给妃子写信说"陌上花开,可缓缓归矣",就是说妃子已经不在吴越王身边了,已经不在杭州了。可见,吴越王所说的"可缓缓归"是让妃子从另一个地方回到杭州,回到吴越王身边来。吴越王是什么时候给妃子写这样的信的呢?吴越王说"陌上花开",也就是小路上的花儿开放的时候。花儿开放,那就是春天到了,也就是过完春节,或者说是春节后。由这两个原因可以断定,吴越王写信时给妃子所说的"陌上花开,可缓缓归矣"的"缓缓归"是让妃子从临安回到杭州回到吴越王自己身边。

总结可知,苏轼记载的父老的话语焉不详,颇具有误导性。父老的话如果说得完整而且明白点,就应该是这样的:"吴越王妃每岁必归临安,春,王以书遗妃曰:'陌上花开,可缓缓归矣。'"这话翻译并补充完整就应该是,吴越王的妃子每年一定要(从杭州)回临安省亲。妃子过年回家省亲,已经过完年了,春天都到了,小路上的花儿都开放了,妃子还没有从临安回杭州,吴越王就写信说:"陌上花开,可缓缓归矣。"这样,理解起来就又明白又顺畅了。

## 二、分析清初《十国春秋》记载的钱镠陌上花故事

苏轼所记载的钱镠陌上花故事的不足之处是没有交代或暗示临安父老所说的"吴越王"是吴越国三世五王中的哪一个吴越王,也不知道吴越王的妃子是哪一个妃子。这两个问题,在清初儒士吴任臣《十国春秋》中有足够明白的记载。

《十国春秋》卷八十三《吴越武肃王庄穆夫人吴氏》全文不长,故抄录于此:"庄穆夫人吴氏,安国县人也。父仲忻,浙西观察判官,累赠吏部尚书。初,武肃王议昏,仲忻家咸以王豁达大度,不事产业,将不许。而夫人世父负知人之鉴,固趣成焉。及归室,闺

门整肃,孝敬尽礼。武肃王性严急,常怡颜以谏之。抚爱诸子,有如一体。历封燕、晋二国,至吴越国正德夫人。夫人常游奉国寺,王命载帛百缣以备散施。夫人曰:'妾备尝机杼之劳,遽以游赏靡费,非恤民之道。'遂不受而罢。夫人每岁春必归衣锦军以为恒。武肃王语之曰:'陌上花开,可缓归。'时人用其语以为歌曲,至今传之。天宝十二年(919)薨,年六十二,谥曰庄穆。有子十三人。"

《十国春秋》的上述记载表明,陌上花故事的主角是吴越国第一任国主钱镠(852—932,享年 81 岁)和钱镠的结发之妻吴氏(858—919,享年 62 岁)。

《十国春秋》关于吴越国的记载来自宋代人写的杂史和笔记,所以"时人用其语以为歌曲,至今传之"的"时人"指宋代人,"至今"指到宋代时,这和北宋时苏轼《陌上花三首》小序中所说的"闻里中儿歌《陌上花》""吴人用其语为歌"是相符合的。可见,钱镠写信催吴夫人回来时所说的"陌上花开,可缓缓归矣"被吴越地区的人改编成民歌或儿歌传唱了很久很久,这件事情是可信的。

现在分析钱镠"陌上花开,可缓缓归矣"这句话的真实含义。

按照《十国春秋》的记载,钱镠的结发之妻吴氏每年春天一定要回衣锦军(今浙江杭州临安区),从常情常理上看是春节时看望其父母,而且这事情多年来固定不变,即所谓"以为恒"。钱镠对吴氏说:"陌上花开,可缓归。"《十国春秋》关于钱镠的这话,给人两个疑问。第一,不知道钱镠这样讲,是当面对吴氏这样讲,还是写信时对吴氏这样讲。第二,不知钱镠这话,是偶然间一次、两次对吴氏这样讲,还是每年都对吴氏这样讲。现在详细讨论。

如果是当面这样讲,那就是为了防止吴夫人回临安看父母时在临安待得太久,就早早叮嘱说:"陌上花开,可缓归。"意思是,春天一到,小路上的花就开了,小路上的花开的时候,你就可以慢慢回来了。这样讲说明钱镠十分喜欢吴氏,十分依恋吴氏,吴氏还没有离开,他就盼着吴氏早日回来。如果是写信给吴氏这么讲,那又分两种情况。一种情况是吴氏回临安去了,但春天没有到,小路上的花没有开,钱镠就给吴氏写了一封信,信中有"陌上花开,可缓归"的话,这和当面给吴氏讲这话的作用是一样的,是嘱咐吴氏"一旦春天到了,小路上的花开了,你就可以慢慢回来了"。这同样可以说明钱镠十分喜欢吴氏,十分依恋吴氏,吴氏刚离开钱镠不久,钱镠就忍不住写信嘱咐吴氏早点回来。另一种情况是吴氏回临安去了,钱镠看到春天到了,小路上的花开了(至于吴氏是在去临安的路上,还是到临安不久,还是到临安很有一段日子了,都可以),钱镠就在给吴氏的信中说出"陌上花开,可缓归"这话,那意思就是说:"春天已经到了,小路上的花已经开放了,你可以慢慢回来了。"这依然说明钱镠十分喜欢吴氏,十分依恋吴氏,面对春天的美景,不忍心也不愿意自己独自欣赏,要吴氏早点回来和自己一起欣赏春天的美景。可见,无论哪种情况,都可以说明钱镠十分地喜欢和依恋吴氏,即便不同情况下钱镠喜欢和依恋吴氏的程度有差别,其差别也很小,而且也很难辨别哪个程度深哪个程度浅。

如果"陌上花开,可缓归"这样的话钱镠是偶然间对吴氏讲过几次,甚至只讲过一次,不论吴氏后来是不是每次过完年都早早回到杭州,钱镠再没有说过这样的话,可是,即使是这样,依旧引起了人们的赞叹和随之而来的歌唱和吟咏,那说明钱镠与夫人吴氏之间的感情之好得到了人们普遍的关注和称赞。如果"陌上花开,可缓归"这样的话,钱镠给吴氏讲过许多次,甚至吴氏每年回临安探亲,钱镠都要讲一次,对吴氏的感情从来好,一直好,好到了底,对吴氏一直都是十分地喜欢和依恋。这样,钱镠与吴氏间的这种感情和钱镠"陌上花开,可缓归"这话,得到了人们普遍的关注和称赞就更容易理解了。从钱镠和吴氏白头到老的结局来看,认为钱镠把"陌上花开,可缓归"这样的话给吴氏讲过许多次甚至吴氏每次回临安钱镠都要这样讲,是符合常理常情的,逻辑上是讲得通的。

## 三、解读 "可" 字和 "缓" 字

吴越王钱镠对结发之妻吴氏所说的话,按照苏轼的记载,是 "陌上花开,可缓缓归矣",按照清初吴任臣《十国春秋》的记载,是 "陌上花开,可缓归"。上文先弄清了苏轼所记载的临安父老说 "吴越王妃每岁春必归临安" 的 "每岁春" 是 "每年春节前" 的省略 语或含混语以及吴越王所说的 "可缓缓归矣" 或 "可缓归" 的 "归" 是要妃子从临安归向杭州,然后弄清了《十国春秋》所说的 "陌上 花开,可缓归" 不论是当面对吴氏这样讲,还是吴氏离开身在杭州 的吴越王钱镠后钱镠在信中对吴氏这样讲,不论是吴越王钱镠偶 然间给吴氏这样讲还是很多次甚至一直对吴氏这样讲,都说明了 吴越王钱镠十分地喜欢和依恋吴氏。弄清这些问题,对理解钱镠 "陌上花开,可缓缓归矣" 或 "陌上花开,可缓归" 只是有帮助而已, 并不是透彻理解钱镠所说 "陌上花开,可缓缓归矣" 或 "陌上花开, 可缓归" 这个话的关键。那么,钱镠这个话的关键是什么呢?关 键有两个字句:一个是 "可",一个是 "缓" 字或 "缓缓" 这个词。以 下对这两个问题,逐个分析。

首先,"可缓缓归" 或 "可缓归" 的 "可" 字,表面上是 "可以" "行" 的意思,是表示陈述的语气。实际上,"可" 在这里不是陈述 语气,而是祈使语气。因为是祈使语气,所以,"可" 不能简单地翻 译成 "可以",而需要翻译成 "必须" 或 "请"。也就是说,"陌上花 开,可缓缓归矣" 或 "陌上花开,可缓归" 表面上是说 "小路上的花 儿开放了,你可以慢慢回来了",实际上应该翻译成 "小路上的花 儿都开放了,你应该慢慢回来了" 或者 "小路上的花儿都开放了, 你必须慢慢回来",或者用祈使语气:"小路上的花儿开放了,你慢 慢回来吧。" 吴越王钱镠明明是要求妃子从临安早点回杭州陪他, 那为啥要用陈述语气的 "可" 字呢? 因为用 "可" 字语气显得委婉 一点儿。为何用 "可" 字就委婉一点儿呢? 因为用 "可" 字表示让

步,意思是"可以慢慢回来",也"可以不慢慢回来"或者也"可以慢慢地不回来"。至于吴越王妃吴氏回来还是不回来,是慢慢回来还是快快回来或用其他方式回来,全部由吴越王妃自己决定。因为钱镠给了妻子回来还是不回来、慢慢回来还是快快回来的选择权,所以,用"可"字表达"必须"的意思,是委婉语气,而且仅仅是委婉语气,完全没有"你回来还是不回来无所谓"的意思,也没有"你早早回来还是很晚回来无所谓"的意思,钱镠的意思仅仅是、也只能是:"小路上的花儿都已经开放了,你快点回来吧。"为什么呢? 接下来分析"慢慢"的意思。

其次,就像"陌上花开,可缓缓归矣"的"可"的意思是"必须",用"可"字仅仅是为了语气委婉一样,"缓缓"的意思是"快""快点""快快",用"缓""缓缓"这样的措辞仅仅是为了语气委婉。怎么知道是这样的呢? 从生活常识、生活的常情常理知道的。钱镠十分喜欢结发之妻吴氏,故他给妻子吴氏的信中不会有"你可以回来也可以不回来,你回来不回来我无所谓"的意思,同样也不会有"你是早回来还是迟回来,我无所谓""你归心似箭地回来还是一路游山玩水慢腾腾回来我无所谓"的意思。那么,是不是说"缓"在字义上有"快"的意思呢? 不是。"陌上花开,可缓缓归矣""陌上花开,可缓归"的"缓"字的意思是"快""快点""缓缓",仅仅是在具体语境中的意思,是具体语境中词义向相反意义上的演变。具体语境中词义向相反意义上的演变是个大问题,本文就不展开讨论了,本文只讨论"可""可以"或"好""缓缓"或"慢慢"含义的演变。

最后,"可""可以"在日常生活中常常表示"必须"的意思。同理,"慢慢"在日常生活中常常表示"快""快点""快快"的意思。生活中常有这样的情景。女儿晚饭后到同学家做作业或玩,时间如果有点晚了女儿还没回来,例如到了晚上八点半女儿还没回来,父亲或母亲打电话催时常常会大吼一声:"你可以回来了!"或者"你好回来了!"听了家长这样的吼声,一般情况下女儿都会尽快回家。除非是抬杠或其他原因,女儿不会想"我可以回去了,那就是说也可以不回去""说我好回来了,那就是说我不回来也好"。同理,晚上到了八点半,女儿还没回家,父母电话中大吼一声"你可以慢慢地回来了""你慢慢地可以回来了",女儿一般都会尽快回家,极少有女儿会理解成"爸妈说我可以慢慢地回去了,那就是说我不要着急地回去"。补充一下,"你可以回来了"常常被说成"你好回来了",这里的"好"的意思就是"可以"。如果说"不好",那就是"不可以"。在杭州的街道上,常常看到一块地面上有白色的线画个长方形的框子,里面写了四个大字"不好停车"。说"不好停车",意思就是"不可以停车",你绝不可以说:"你说不好停车,我不嫌不好,我愿意在这里停车。"事实上,有"不好停车"那四个字,杭州人一般就不会把车停在那里。像这种明明想说"不能停车""不可停车"却说成"不好停车"的事情,杭州有,苏州有,其他地方有没有我不知道,但我知道我的老家陕西没这种说法,重庆的人说重庆也没有这种说法。像"不能停车""不可停车",陕西人就直说"不能停车""不可停车"或者干脆写"禁止停车",估计陕西人这种说法在全国比较常见。再补充一下,晚上八点半以后父母给女儿电话中怒吼"你可以回来了""你好回来了"中的"可""好"都表示委婉语气,但父母却是大吼一声或怒吼一声,这里的"大吼""怒吼"恰恰表明"可以""好"确实是表示委婉语气,因为父母已经吼了,但依然使用"可以""好",说明"可以""好"表示语气委婉已经是一种习惯了。即使父母因为态度不好想表达"你赶快回来""你必须回来"的意思,也依然使用"你可以回来了""你好回来了"这种说法。

可见,"陌上花开,可缓缓归矣""陌上花开,可缓归"的"可"的意思是"必须""一定",说"可"仅仅是为了语气委婉;"缓缓"或"缓"的意思是"速""速速""快""快点""快快",用"缓""缓缓"的说法仅仅是为了语气委婉。

## 四、解读"陌上"和"陌上花开"

　　钱镠对结发之妻吴氏说："陌上花开，可缓缓归矣。"意思是："陌上的花儿都已经开放了，请你快快回来。"这里的"陌上花开"意思是"陌上的花儿都已经开放了"，表示时间，而且表示时间已经很晚了，对妻子吴氏是有埋怨、抱怨的意思的，而绝没有"花儿开放了，花儿很好看"的意思。所以，"陌上花开，可缓缓归矣"仅仅是委婉地说"陌上的花儿都已经开放了，请你快快回来"，而绝没有"陌上的花儿都已经开放了，开放的花儿很好看，你一边走路一边看花儿，你不要着急着回家"的意思，凡是认为钱镠这么讲是让吴氏一边走一边欣赏美景的看法都是误读。

　　接下来解读为什么是"陌上"的花儿开放。"陌"是田间东西方向的小路，相对的另一个字"阡"是田间南北方向的小路。"阡"和"陌"都是指田间的小路，区别是方向上一纵一横，"阡"为纵向的路，"陌"为横向的路。按理说，"阡"和"陌"都可以表示小路，但不知什么原因，表示小路时一般多用"陌"而少用"阡"。例如形容相识的人不再来往，说"形同陌路"，而不说"形同阡路"；说"陌生"而不说"阡生"；有"陌上桑"之说，而没有"阡上桑"之说。可见，"阡"和"陌"都可以指小路，但"陌"比"阡"要常用得多。也就是说，陌上花开，就是小路上的花儿开放了。

　　再谈钱镠说"小路上的花儿开放了，你快快回来"中为何是"小路上"的花儿开放，而不说大路上的花儿开放。快快回来就快快回来，花儿开放就花儿开放，为何要特意说"小路上的花儿都开放了"呢？道理是这样的。钱镠嫌妻子吴氏回家探望父母好久都不回来，他对妻子吴氏是有点怨言的。他的抱怨是："你过春节探望父母时间也太久了，春天都已经到了，你怎么还不回来？"怎么知道春天已经到了呢？虽然大路上的花儿开放了和小路上的花儿开放了都可以说明春天到了，但是，小路上的花儿比大路上的花儿更少被行人关照和损害,所以小路上的花儿能够更真实地说明季节物候的变化,也就是小路上的花儿比大路上的花儿能够更及时、更真实地报到春天的消息。有人也许会说:"那么人迹罕至的地方的花儿,例如幽谷的花儿,不是比小路上的花儿能够更真实、更及时地报到春天的消息吗?为何不说'幽谷花开,可缓缓归矣'呢?"是的,就报到春天的消息而言,幽谷的花儿确实比小路的花儿报到得更及时、更真实。可是,为了看看春天到底来了没有,还非得去幽谷里看花儿才行,这也太不方便、太辛苦了,一般人不会这么做,或者说一般人不会有这个奇怪的癖好,除非是过度追求至善至美的强迫症患者。所以,钱镠自然而然说出的就是"陌上花开,可缓缓归矣"这样的句子,而没有说"幽谷花儿,可缓缓归矣"。

最后解释一下"陌上花开,可缓缓归矣"的"矣"字的功能。这里的"矣"字是语气词,表示一件事情的完成或即将完成,这个"矣"字翻译成现代汉语,是"了""咧"之类的语词。一般情况下,这个"矣"字除了表示一件事情的完成或即将完成的语气之外,还会有一定的感情色彩,例如表示高兴、满意之类。但是,在"陌上花开,可缓缓归矣"这句话的语境下,这个"矣"字是有一定程度的埋怨、抱怨的意味的。这个需要仔细体味才能明白。

## 五、已经失传的临安儿歌《陌上花》的真面目

吴越王钱镠的结发之妻吴氏春节前回临安探亲,春节过后春天到了,小路上的花儿都开放了,吴夫人还没有从临安回杭州。钱镠无比喜欢吴夫人、无比依恋吴夫人,就写了一封信,写信的目的是催促吴夫人快点回来,其中关键的话是这样的:"陌上花开,可缓缓归矣。"意思是:"你春节回家探亲的时间也太长了,现在春天都到了,你看小路上的花儿都开放了,你可以慢慢回来了。"注意,钱镠这是催促吴夫人从临安回杭州,所以,表面上说"你可以慢慢回来了",实际上呢,这里的"可以"不是"可以"而是"必须",

这里的"慢慢"不是"慢慢",而是"速速""赶紧""立刻""快快"之类的语词。这个含义,当时对钱镠和吴夫人关系比较了解的人知道不知道呢?当然知道。怎么知道当时那些人知道?这从临安儿歌《陌上花》的内容可以推断出来。临安儿歌《陌上花》的内容早就找不到了,怎么推断出来的呢?从苏轼对临安儿歌《陌上花》的感受推断出来的。

那现在重新看看苏轼对临安儿歌《陌上花》的记载:

> 游九仙山,闻里中儿歌《陌上花》。父老云:"吴越王妃每岁春必归临安,王以书遗妃曰:'陌上花开,可缓缓归矣。'"吴人用其语为歌,含思宛转,听之凄然,而其词鄙野,为易之云。"

所谓"吴人用其语为歌"的"其语"自然是"陌上花开,可缓缓归矣"这句话,至少主要是这句话,除这句话外,临安人必然另外加一些话,否则仅仅吴越王钱镠这句九个字的话,很难成为儿歌。还有,苏轼所评价的"其词鄙野"表明除吴越王钱镠这句话外,临安人确实加了一些话,因为"其词鄙野"的"其词"必然是临安人增加的话,而吴越王钱镠这句九个字的话一点也不鄙野。这是其一。所谓"含思宛转",就是说《陌上花》这首临安儿歌所包含的情感和含义一方面是动听的,一方面表情达意不够直接,有点绕来绕去。注意,"宛转"的两个义项"动听"和"委婉"在《陌上花》中都是讲得通的。就动听而言,有苏轼所说的"听之凄然"为证,几乎所有动听的音乐都具有感伤色彩,因此有"哀弦"之说。就"委婉"而言,钱镠"陌上花开,可缓缓归矣"不说"必须""一定"而说"可"就是为了委婉;不说"速速""快快"而说"缓缓"也是为了委婉。也就是说,"陌上花开,可缓缓归矣"是"小路上的花儿都开了,你一定要快快回来"的双重委婉语。所谓"鄙野"有两个含义:一个是"鄙",意思是有点不文雅,有点俗;另一个是"野",意思是放得开,啥话都敢说。可惜,《陌上花》儿歌已经失传了。今人如果想通过文学创作来还原当时的临安儿歌《陌上花》的话，一定不要忽略了《陌上花》"鄙"和"野"这两个特点。还有，苏轼说"为易之云"必然是换掉"鄙"和"野"的话，变得"贵"和"文"，其他东西不变，例如"含思宛转""听之凄然"不变。是不是这样的呢？下文继续讨论。

## 六、解读苏轼的《陌上花三首》

苏轼的《陌上花》三首的序言上文已经引用过两次了，这里只抄录苏轼的《陌上花》三首诗：

一

陌上花开蝴蝶飞，江山犹似昔人非。
遗民几度垂垂老，游女长歌缓缓归。

二

陌上山花无数开，路人争看翠辇来。
若为留得堂堂在，且更从教缓缓归。

三

生前富贵草头露，身后风流陌上花。
已作迟迟君去鲁，犹教缓缓妾还家。

仔细解读这三首诗，能写很长的文章，笔者这里只简要说说每首诗的大旨。第一首说，景还是吴越国的景，但吴越国的人都慢慢老去了，已经与以前大不一样了，但临安一带的女孩子做游戏时依然唱着《陌上花》的儿歌。意思是钱镠《陌上花》的故事流传得很久远，并不会随着吴越国的消失而消失。换句话说，吴越王已成过去，但关于吴越王夫妻爱情的美丽故事没有成为过去，而是一直在流传。第二首说，长得很美的吴越王夫人吴氏在很美的春天景色里从临安回杭州的路上惹得路人争相观看，为了让路人记住吴氏的美好容貌，暂且让吴氏慢慢地走，慢慢地回杭州。

注意,就第二首诗来看,苏轼认为钱镠的"陌上花开,可缓缓归矣"是为了让人们永远记住吴氏的美好姿容,而不是后来人认为的是为了让吴氏尽情地欣赏春天的美景。补说一下,"堂堂"形容容貌的端庄大方。第三首说,荣华富贵是短暂的,关于爱情的美好故事像路边的花儿一样会年年开放,是永久的。你吴越王离开故乡时就走得很慢,现在又让我这做妻子的回家时慢慢地走。苏轼这第三首诗的后两句写得莫名其妙。

苏轼这三首诗很难看出意思上的委婉,也不够伤感。也就是说,苏轼这三首诗在"含思宛转"和"听之凄然"两个方面的特色是不够的。但是,是不是"含思宛转"、是不是"听之凄然"并不重要,何况"含思宛转"和"听之凄然"是读者的主观感受,如果有人说这三首诗很宛转、很伤感,也不能说一定不对。重要的是,第二首和第三首都误解了吴越王钱镠"可缓缓归"的意思。钱镠的意思是要吴氏快快回来,说"可缓缓归矣"是双重让步后的委婉语,苏轼以为"缓缓归"的意思是慢慢回来。这意思就完全错了。表面上看,苏轼《陌上花》三首写得很美,但就主旨而言,与吴越王钱镠原话的本来意思完全对不上号,真的是驴唇不对马嘴。只是我们今日很难知道,是当时的临安儿歌《陌上花》本来就误解了钱镠原话的意思呢,还是苏轼自己误解了钱镠原话的意思。但读者可以推测,当时的临安儿歌《陌上花》对钱镠原话的复述或引用,意思是不够明白、不够突出的,否则苏轼不会误解,除非苏轼故意篡改临安儿歌《陌上花》的本意。苏轼篡改儿歌本意的可能性不大,因为苏轼自己说,他的改编仅仅是换掉了当时儿歌《陌上花》"鄙野"的语词。就此看来,只能是原来的临安儿歌《陌上花》对吴越王钱镠原话意思的解释不够明白、不够显豁,容易让人误解。

七、晁补之、王士禛、徐志摩等人对钱镠原话的理解偏差

晁补之(1053—1110)是苏轼的朋友(而非弟子),比苏轼小 16

岁。苏轼写了《陌上花三首》，晁补之写了《陌上花》八首。现在抄录八首诗如下：

一

郊外金鞯步帐随，道边游女看王妃。
内官走马传书报，陌上花开缓缓归。

二

朝云暮雨山头宅，暖日晴风陌上花。
绛幕何妨行缓缓，送春归尽妾还家。

三

娘子歌传乐府悲，当年陌上看芳菲。
曼声更缓何妨缓，莫似东风火急归。

四

荆王梦罢已春归，陌上花随暮雨飞。
却唤江船人不识，杜秋红泪满罗衣。

五

吴歌白伫怨芳菲，肠断怀王去不归。
陌上如今小花伴，山前山后白鹇飞。

六

临安城郭半池台，曾是香尘扑面来。
不见当时翠鞯女，今年陌上又花开。

七

云母蛮笺作信来，佳人陌上看花回。
妾行不似东风急，为报花须缓缓开。

八

陌上偷来为看花，饶声鹦鹉莫天斜。
犊车缓缓随芳草，不去桃源阿母家。

晁补之这八首诗至少从表面上来看是写得挺美的。因本文篇幅所限，就不逐一解读了，只指出这八首诗所犯的错误。从第二首"绛幕何妨行缓缓,送春归尽妾还家",第三首"曼声更缓何妨缓,莫似东风火急归",第七首"妾行不似东风急,为报花须缓缓开"这些句子来看,晁补之的八首《陌上花》诗和苏轼的三首《陌上花》诗犯了同样的毛病,那就是晁补之和苏轼都误解了吴越王钱镠"陌上花开,可缓缓归矣"的意思。钱镠无比喜欢妻子吴氏、无比依恋妻子吴氏,吴氏春节回家探亲,春节过完了,春天都到了,吴氏还不回杭州。钱镠写信催促吴氏回杭州,为了委婉,说:"小路上的花儿都开了,你可以慢慢回来了。"其真实意思是:"小路上的花儿都开了,你快快回来。"苏轼和晁补之都以为钱镠真的想让吴氏慢慢地回杭州。苏轼和晁补之都误解了吴越王钱镠原话的意思,这再次说明,当时的临安儿歌《陌上花》对钱镠原话含义的解释不够明白、不够显豁。

再看清儒王士禛对钱镠《陌上花》故事的评论:

> 钱武肃王目不知书,然其寄夫人诗云:"陌上花开,可缓缓归矣。"不过数言而姿制无限,虽复文人操笔,无以过之。东坡演之为《陌上花》三绝句,云:"陌上花开胡(笔者按,胡,通蝴)蝶飞,江山犹是昔人非。遗民几度垂垂老,游女还歌缓缓归。"五代时列国以文雅称者,无如南唐、西蜀,非吴越所及,赖此一条,足以解嘲。

王士禛这里有两个错误和一个疑点。两个错误是:第一,说钱镠目不知书;第二,说"陌上花开,可缓缓归矣"是钱镠寄夫人的诗或寄给夫人的诗句。一个疑点是:"不过数言而姿制无限,虽复文人操笔,无以过之。"然后王士禛引用苏轼《陌上花》三首中的第三首来说明王士禛自己称赞的"姿制无限"。如上所述,"陌上花开,可缓缓归矣"的真实意思是:"春天的花儿都已经开放了,你快点回来吧。"苏轼和晁补之都把"可缓缓归矣"理解为钱镠要其夫人吴氏不要急着回家,一路上要好好欣赏美景。不管是苏轼、晁补之的错误理解,还是笔者自称的正确理解,都很难称得上"姿制无限",更不用说"虽复文人操笔,无以过之"了。不知王士祯何以有此种称赞。还有,王士祯说:"五代时列国以文雅称者,无如南唐、西蜀,非吴越所及,赖此一条,足以解嘲。"可见,王士祯认为"陌上花开,可缓缓归矣"的价值在于文雅。可是,上述笔者提到的两种对"陌上花开,可缓缓归矣"的理解的主要价值不在于文雅,而在于对夫人的爱和表达爱时的含蓄。不知道王士祯为何会认为钱镠这句话的价值是文雅。最后,从王士祯知道苏轼的《陌上花》三首来看,王士祯应该是看到过苏轼《陌上花》三首的,但今人没有看到王士祯指出苏轼误解了钱镠原话的含义。也就是说,今人看不出王士祯已经正确理解了钱镠原话的真实意思。

徐志摩有一篇散文《陌上花开缓缓归》,其中有如下的叙述:

那是春天里一幅最美妙的图画:在粉黛佳丽的簇拥下,一位美若天仙、仪态雍容的贵夫人款摆腰肢走在一千多年前的江南临安的阡陌上,其时陌上花团锦簇,杨柳轻摇,蝶飞蜂舞,三月风情旖旎之至。这时,一骑快马打陌头杨柳的绿荫中飘然而来,骑者翻身下马,气喘吁吁中把一封书信递给夫人。夫人展开一看,不禁满面春色。原来,吴越王钱镠身在王宫大殿却惦记着远在临安陌上的爱妃,嘱她只管怜花惜柳,消受春色,不必急着回宫,"陌上花开,可缓缓归矣。"

很明显,徐志摩也误解了钱镠原话的含义,只是今日不知道徐志摩是受了苏轼、晁补之的影响而误解的呢,还是徐志摩按照他自己的理解误解了钱镠原话的意思。

最后分析今人李钟琴(1965—    )先生的《拟陌上花》三首:

一

陌上花开香满衣,千乘万骑沐春晖。

君王触景思妃子,却促伊人缓缓归。

二

春梦醒来思绪飞,陌上花开香满衣。

岁月匆匆人易老,苹车缓缓几时归。

三

长思物是与人非,不见芙蓉缓缓归。

临风独立休惆怅,陌上花开香满衣。

从第一首的"君王触景思妃子"、第二首的"岁月匆匆人易老,苹车缓缓几时归"来看,李钟琴先生已经看出或者已经想到吴越王钱镠十分思念吴夫人、十分喜欢吴夫人,而且钱镠盼着吴夫人早点回到自己身边来。就此而言,李钟琴先生比苏轼、晁补之、王士禛、徐志摩高明多了。可是,他的这三首诗一直在渲染"陌上花开香满衣"的美景和美境,而没有指出或暗示钱镠的本意是要求吴夫人快快回来、快快回到杭州来、快快回到钱镠的身边来。而且,他的第三首诗的要旨更是赞美"陌上花开香满衣",其言外之意是"人在不在有啥关系,只要美景在就行"。这与钱镠"陌上花开,可缓缓归矣"的本意显然不相符合。

通过以上梳理可知,吴越王钱镠给结发之妻吴氏的信中所说的话"陌上花开,可缓缓归矣"的真实含义从苏轼一直到近今的学人、诗人,就没有人看懂过,几乎所有的人都一直沿袭着苏轼、晁补之的错误理解,以至对"陌上花开,可缓缓归矣"这句话的注释多达四种,而且这四种注释全都不够透彻。

## 八、前人的解释和新的解释

前人对"陌上花开,可缓缓归矣"的解释是这样的:(1)田间阡陌上的花开了,你可以一边赏花,一边慢慢地回来;(2)小路上的花儿都开了,而我可以慢慢等你回来;(3)这句话从作者(吴越王钱镠)的立场上表现了一个丈夫对妻子深沉内敛的爱;(4)路上的花儿开了,你可否慢慢归来?

　　吴越王钱镠给妻子吴氏信中说的"陌上花开,可缓缓归矣"这话,竟然有四种解释。这说明,这话究竟是什么意思学界确定不下来,只好提供了四种解释。如果这四种解释有一种是正确的和透彻的,那就说明学界总算有人把钱镠这话看懂了。可惜,这四种解释没有一种是正确的和透彻的。为什么这么说呢?第一种解释,没有指出"可缓缓归来"的"可"是"必须""一定"这类词的委婉表达,也没有指出"缓缓"实际上是"速速""快快"的意思,"缓缓"是"速速""快快"的委婉表达。第二种解释,连"可缓缓归矣"的主语都弄错了,误以为"可缓缓归矣"的主人公是吴越王钱镠。第三种解释当然正确,可是,这解释太模糊了,就像说钱镠这话的含义是"反映了钱镠和妻子吴氏的关系"一样正确而隔靴搔痒,远远不够明白和透彻。第四种解释的不足有两个:一是把陈述语气变成了疑问语气,二是没有注出"缓缓"不是"慢慢",而是"速速"或"快快"。

　　钱镠给妻子吴氏信中短短 9 个字的一句话,一千余年来,看到的解释或者完全错误,或者不够透彻。这事情让人很沮丧。可喜的是,对钱镠原话意思的正确解释最后还是出现了,尽管出现得很晚,尽管声音很微弱,尽管解释得有点前后依违,但终于出现了。这个正确解释的声音来自一位网友。

　　2017 年 11 月 1 日,一个网名为"阿海"的网友写过这样一个帖子:"'陌上花开,可缓缓归矣'出自吴越王给他夫人的一封信。意思为田间阡陌上的花开了,你可以一边赏花,慢慢回来。但真正的意思是其弦外之音:田间的小路上的花儿都开了,夫人回娘家时间不短了,我想你了,你快点回来呀!"

　　当然,仔细分析的话,网友"阿海"的帖子瑕疵不少,有的瑕疵还比较严重。这里分析一下。首先,阿海的正确解释不够利落,有点拖泥带水,因为阿海首先说钱镠那话的意思是"田间阡陌上的花开了,你可以一边赏花,慢慢回来",说明阿海并没有看出"你可以一边赏花,慢慢回来"这解释是错误的,不是钱镠的真实意思,阿海也没有否定这种错误解释。其次,阿海把自己的正确解释称为"弦外之音",这就不对了。钱镠的真实意思"小路上的花儿开放了,你快快回来",不是什么"弦外之音",就是钱镠的真实用意,只是这个真实用意表达得比较客气、比较委婉,委婉语和表示"弦外之音"的话外话是两个不同的概念。最后,阿海没有指出为什么"陌上花开可缓缓归矣"真正的意思是"田间的小路上的花儿都开了,夫人回娘家时间不短了,我想你了,你快点回来呀!"这一点,才是阿海帖子最大的缺陷和不足。正是因此,笔者才撰写此长文,解释钱镠原话的真正意思与钱镠那么表达的原因。

## 九、关于委婉语的解说

钱镠想对妻子说的心里话是:"小路上的花儿都开了,你春节回娘家探亲离开我的时间也太长了,你快点回来吧。"说出口的话却是,"陌上花开,可缓缓归矣",翻译成现代汉语是:"小路上的花儿开放了,(你)可以慢慢回来了。"说"可以",而不说"必须""一定"之类的词,仅仅是为了委婉,其真实含义当然是"必须""一定";说"缓缓""慢慢",而不说"速速""快快"之类的词,也是为了委婉,其真实含义当然是"速速""快快"。钱镠为什么要用委婉语,而且是两次委婉? 这是为了客气,而使用让步语气,而且让步让了两次:"可"是一次让步,"缓缓"又是一次让步。"可缓缓归矣"是基于让步心理、让步语气对"请快快回来""一定快点回来"的委婉表达。

有人也许会问:"钱镠妻子吴氏对钱镠来说,是自己人,不是外人,让步和委婉的必要性不大,甚至没必要。所以,钱镠不做让步,不做委婉表达,直截了当地表达自己的意思,行不行?"当然行。任何人直截了当地表情达意都是可以的,完全可以不做让步,完全可以不使用委婉语气;但是,因为群体语言的影响和群体习惯的影响,让步不让步,委婉不委婉,人很难有选择,一般都是自然而然地表达出来。如果当地人喜欢使用委婉语气,那么作为当地人之一的这个人说出的话自然而然就是委婉语气。如果当地人喜欢直言不讳、直来直去,那么,作为当地人之一的这个人说出来的话自然而然就直言不讳、直来直去。各个地方的人性格、脾气不同,说话时让步不让步、委婉不委婉的习惯也不同。有些地方的人,例如杭州一带的人和苏州一带的人,说话时喜欢让步和委婉,于是就把"你快回来""快点回来"说成"你好回来了""你可以回来了";而有些地方的人,例如陕西人,说话喜欢直言不讳、直来直去,于是"你快回来""快点回来"这样的话必然会自然而然地说成"你快回来""快点回来"甚至"你给我回来"。

再申明一下,一个地方的人使用委婉语会成为一种习惯,即使说话者主观上完全没有使用委婉语的意思,即使说话者想斩钉截铁地表达某个意思,说出来的话,也依然是委婉语。例如,杭州的某个父亲因为女儿晚饭后去同学家玩到八点半还没回家,该父亲在电话中气急败坏地怒吼让女儿回家,虽然又是气急败坏又是怒吼,但吼出来的句子依然是"你好回来了""你可以回来了"这样的委婉语表达。同理,虽然吴氏是钱镠的妻子,钱镠对妻子说话不太有必要或者完全没必要客气、没必要委婉,但说出来的话依然是、必然是"你好回来了""你可以回来了""你可以慢慢回来了"这种委婉语气的表达方式。因为,委婉表达早已经是杭州人说话的习惯了,作为杭州临安人的钱镠不得不受这个习惯的影响。正是因此,尽管吴氏是钱镠的妻子,钱镠想表达"你春节回临安探亲的时间太久了,我想你了,你快点回来"这个意思时,依然说成了"陌上花开,可缓缓归矣"。

补充一下,委婉语委婉到一定的程度,在特定的语境下只有特定的人才能听明白,局外人很难明白其中的奥妙。例如,与一个女子神交很久、聊得很投机的一个男子去看望这个女子。该女子陪伴男子七天后送男子到车站。在车站,该女子又请该男子美美地大餐一顿。该男子临分手时自言自语地说:"长达七天的时间里,天天都陪伴,天天都请吃大餐,还送很多礼物。"然后又感叹

说:"很好的啦!很好的了!很好的啦!"这话在局外人看来,当然
是该男子对招待他的女子的真诚感谢,因为证据又确凿又充分:
第一,是男子主动说的;第二,男子连说三遍;第三,男子说的时候
是感叹语气;第四,该男子还举出了那个女子优待他、款待他的证
据,而且证据有三个。由此断定该男子对招待他的女子表示感
激、感谢和满足,有什么问题吗?在局外人看来当然没问题。但
是,有问题没问题,得由那个女子来判断。如果那个女子的应答
是:"有意见就直说,不满意就直说,这是何苦呢?"那就说明那个
男子并不满意,他确实受到了优待,但他没有得到他真正想得到
的。那个女子为何会有这种应答呢?因为那个女子听出了男子
话音中自我安慰的味道。这道理具体到钱镠写那封信的语境:杭
州人说话委婉的习惯、钱镠自己吴越王的身份、钱镠妻子吴氏的
身份,还有其他相关因素,使得钱镠在信中说出的话只能是"小路
上的花儿都开了,你可以慢慢回来了",而不会是"你春节回家探
亲的时间太久了,我想你了,你快快回来"。

那么,钱镠信中说了那句话后,为什么在长达一千余年的时
间里就没有人看懂过,为什么连苏轼、晁补之、王士禛、徐志摩这
些名人名家都会理解错误呢?主要是因为粗心大意和人云亦云。
所以,只有无比仔细和独立思考才有助于解决前人没能解决的
问题。

综上所述,五代时吴越王钱镠对结发之妻吴夫人无比地喜欢
和依恋,吴夫人春节回临安探亲,春节后春天都到了,吴夫人还没
有回杭州。钱镠写信催促吴夫人回杭州时说:"小路上的花儿都
开放了,你回娘家的时间太久了,我想你了,你快回来吧。"为了委
婉,钱镠说成了"陌上花开,可缓缓归矣",其中"可"是"一定""必
须"之类语词的委婉表达,"缓缓"是"速速""快快"之类语词的委
婉表达。"陌上花开,可缓缓归矣"是基于双重让步心理的双重委
婉表达,这种委婉表达让包括北宋文学家苏轼、晁补之和清代学
者王士禛、现代诗人徐志摩在内的无数人理解成钱镠要吴夫人一
路慢慢走着欣赏美景,不要急着回杭州。最晚从苏轼开始的这个

误解,延续了一千余年没有被指出和纠正,从而让钱镠陌上花故事变了味。分析"陌上花开,可缓缓归矣"这句话的真实意思及其原因不仅有助于纠正人们对这句话的误解,而且有助于人们认识钱镠《陌上花》的魅力所在,从而还原一个美丽的爱情故事,这对人们深入认识钱镠及其吴越国很有益处。

# 吴越国文献《百家姓》的成书与流传

陕西师范大学　历史文化学院副教授　胡耀飞

　　**摘　要:**北宋以来出现的广为流传的《百家姓》一书,少有人关注其作者及成书背景。关于《百家姓》本身的流传过程,在宋代除了王明清、陆游、释居简等人提及外,并无明确的著录情况。虽然对于《百家姓》的作者尚无法定论,但不妨碍将其成书背景定位在宋初。

　　**关键词:**《百家姓》;童蒙书;古籍考辨

　　大约北宋初年以来,在吴越国地区,出现了《百家姓》这一脍炙人口并因此而广为流传的蒙书。相对于早在南朝时期即已出现的同样四字成句并押韵的《千字文》,《百家姓》虽然晚出,却因其与社会生活的密切关系,成为启蒙儿童的重要文本。但作为童蒙书,其传播的弊端也显而易见,正如我们当下各种教学课本、教辅材料用过即弃,一直在启蒙阶段流传的《百家姓》,常常没有成人用书籍那样的有序传承轨迹,甚至连作者也不知其详。因此,虽然人们经常将"赵钱孙李,周吴郑王"挂在嘴边,却少有人关注其作者及成书背景。

　　关于《百家姓》的成书,因其作者不详又广泛流传,故宋代即有相关讨论。王明清(1127?—1202?)《玉照新志》曰:

　　　世传《太公家教》,其言极浅陋鄙俚。然见之唐《李习之文集》，至以《文中子》为一律。观其中犹引周、汉以来事，当是有唐村落间老校书为之。太公者，犹曾、高祖之类，非渭滨之师臣明矣。《文中子》想亦是唐所录，其言未免疏略。经本朝阮逸为之润色，所以辞达于理，学者宜熟究之焉。如市井间所印《百家姓》，明清尝详考之，似是两浙钱氏有国时小民所着。何则？其首云"赵钱孙李"，盖钱氏奉正朔，赵乃本朝国姓，所以钱次之，孙乃忠懿之正妃，又其次则江南李氏。次句云"周吴郑王"，皆武肃而下后妃，无可疑者。①

王明清为南宋初年之人，其时距他所推测的成书时间"两浙钱氏"吴越国忠懿王时期大约隔了两百年，即已不知《百家姓》作者为谁，但又流传于"市井间"。王明清拿来对比的是《太公家教》《文中子》等蒙书，这些都是长期在"村落间"流传，而又经过许多"润色"的书。

虽然王明清推测《百家姓》属于吴越国忠懿王时期的产物，但未能认定具体的作者。与王明清同时代的陆游（1125—1210）在自注《秋日郊居》组诗之七"儿童冬学闹比邻，据案愚儒却自珍。授罢村书闭门睡，终年不着面看人"时，也只是说道："农家十月乃遣子入学，谓之冬学，所读《杂字》《百家姓》之类，谓之村书。"②而无一字提及作者。临济宗僧人释居简（1164—1246）的《丘运使后堂上梁文》也只有简单一句："抛梁下，莫论少室山人价。百家姓里圣人名，无道桓文之事者。"③

到了明代，陆深（1477—1544）的笔记《蜀都杂抄》首条即曰："蜀人多奇姓。今《百家姓》以为出于宋朝，故首以赵钱孙李，尊国

① 王明清：《玉照新志》卷三，《全宋笔记》第六编第二册，大象出版社 2013 年版，第 179 页。

② 陆游：《剑南诗稿》卷二五《秋日郊居》之七，钱仲联、马亚中主编《陆游全集校注》第四册，浙江教育出版社 2011 年版，第 9 页。

③ 释居简：《丘运使后堂上梁文》，曾枣庄、刘琳主编《全宋文》卷六八一七，上海辞书出版社、安徽教育出版社 2006 年版，第 299 册，第 114 页。

姓也。"①李诩（1506—1593）的笔记《戒庵老人漫笔》卷二"百家姓不同"条曰："《村学训蒙夜记》有《百家姓》一书，四言成句，单姓四百零八，复姓三十。以赵为首者，必宋人所编也。"②但没有深究是哪位宋人。此后，清人梁章钜（1775—1849）《浪迹续谈》卷七"百家姓"条据王明清《玉照新志》和陆游自注，认为"《百家姓》之有，自宋前无疑"，又根据宋代有一署名采真子的《千姓编》，认为《百家姓》作者或许是采真子。③ 不过根据下文考证，采真子并非《百家姓》作者。至于梁章钜所谓"宋前"，大概指《百家姓》在宋以前的吴越国时期即作为"村书"流传，不过吴越国忠懿王在位时间（948—978）已经大致在宋初，且吴越国尊奉宋朝为正朔，故陆深所谓"出于宋朝"、李诩所谓"宋人所编"，与梁章钜的"宋前"并不矛盾。

将《百家姓》成书时间加以限定的则有刘毓崧（1818—1867）《通义堂文集》所载《宋本百家姓考》一文，他认为："《百家姓》以赵姓居首，其书必作于宋代。次以钱、孙、李三姓，论者谓'钱'为吴越王之姓，'孙'为吴越王妃之姓，'李'为南唐国姓。今考宋太祖兴于建隆元年（960）正月，岁在庚申。南唐后主亡于开宝八年（975）十二月，岁在乙亥。首尾凡十六年。而开宝七年（974）九月，太祖已命吴越出师夹攻南唐，是岁在甲戌，吴越即奉宋命与南唐构兵。其境内之人编《百家姓》者，断不列李姓于首句。然则此书之成，必在庚申正月以后，甲戌八月以前。其为宋初之人所辑，无可疑矣。"④刘进有（1989— ）更进一步推测为在开宝四年（971）二月南唐与宋关系缓和，至开宝七年（974）九月宋太祖出兵江南之间。⑤ 不过这里的"李"是否真的就指南唐国姓，没有切实的证据。即使确指南唐李氏，也不一定需要将成书时间限定在如此短暂的范围内。故而以上推测只能聊备一说。

---

① 陆深：《蜀都杂抄》"蜀人多奇姓"条，《巴蜀丛书》第一辑，巴蜀书社 1988 年版，第 337 页。

② 李诩：《戒庵老人漫笔》卷二"百家姓不同"条，中华书局 1982 年版，第 61 页。

③ 梁章钜：《浪迹续谈》卷七"百家姓"条，中华书局 1981 年版，第 368—369 页。

④ 刘毓崧：《通义堂文集》卷五《宋本百家姓考》，收录《仪征刘氏集》，广陵书社 2018 年版，第 347 页。

⑤ 刘进有：《宋初〈百家姓〉刘姓排名次序蠡测》，《科学·经济·社会》2019 年第 3 期，第 115 页。

　　另一位清人王相(1789—1852)虽然也没有指出作者是谁,但提供了一些线索。其所著《百家姓考略》开首曰:"《百家姓》出《兔园集》,乃宋初钱唐老儒所作。时钱弘俶据浙,故首赵次钱,孙乃俶妃。李谓南唐主也。次则国之大族。随口叶韵,挂漏实多,识者訾之。然传播至今,童蒙诵习,奉为典册。"①王相的看法延续了王明清的推测,但将王明清的"小民"改为"老儒"。不过王相的看法并无实据,且在一定程度上误导了钱征(1952—　)对《百家姓》作者的看法。后者认为这个"老儒"是曾经用假名写《吴越备史》的钱俨,并引用《十国春秋·钱俨传》所载宋太宗的话"钱俨儒者"②作为旁证,刘进有亦赞成其说。③ 但除此之外,其余皆为钱征推测之辞,也不无因钱俨为同姓祖先而强为之说的嫌疑。

　　不过王相的话也有一定价值,即其中有一点可以指出:"《百家姓》出《兔园集》。"这里提到的《兔园集》,可以指代唐五代时期流行的村塾课本《兔园策》,也可以泛指乡间童蒙之书。《兔园策》在敦煌文献中有四个残卷,题名为《兔园策府》,学界已有许多研究。④ 不过学者认为杜嗣先的三十卷本《兔园策府》成书在唐初贞观年间,⑤且残卷中暂时没有发现姓氏方面的内容,则恐非《百家姓》的来源。但也不排除其中有与姓氏相关的内容,或在流传过程中被加入适合乡村蒙童的浅显内容。最初三十卷本《兔园策府》在唐五代逐渐被删减为十卷本《兔园策》,后者更适合于乡村童蒙教学。晁公武(1105—1180)《郡斋读书志》中即有十卷本《兔园策》,⑥明代也有陈第(1541—1617)《世善堂藏书目录》"类编"类

　　① 王相:《百家姓考略》,华东师范大学出版社 2010 年版。

　　② 吴任臣:《十国春秋》卷八三《钱俨传》,中华书局 1983 年版,第 1208 页。《十国春秋》这句话的史源则是《宋史》,参见脱脱等:《宋史》卷四八○《钱俨传》,中华书局 1977 年版,第 13914 页。

　　③ 钱征:《〈百家姓〉著者考》,《巢湖学院学报》2009 年第 4 期,第 87—90 页;刘进有:《宋初〈百家姓〉刘姓排名次序蠡测》,第 115 页。

　　④ 相关研究参见屈直敏:《敦煌写本〈兔园策府〉叙录及研究回顾》,《敦煌学辑刊》2016 年第 3 期。

　　⑤ 屈直敏:《敦煌本〈兔园策府〉考辨》,《敦煌研究》2001 年第 3 期,第 126—129 页。

　　⑥ 晁公武撰,孙猛校证:《郡斋读书志》卷一四"类书类",第 650 页。对于虞世南的署名,学者多予否定,诚然如此,盖涉此条前文署名虞世南的《北堂书钞》而误。

所载"《兔园册》十卷",①可能清代民间还有《兔园策》在流传,故王相有此言论。

《百家姓》可能出自《兔园集》的观点,虽然难以坐实,但足以说明《百家姓》这一文本应该渊源有自,并非宋初小民(老儒)凭空自创。首先,"百家"这个词长期用于谱牒类文献的书名,在《通志二十略·艺文略》中,著录了王俭(452—489)《百家集谱》、王僧孺(465—522)《百家谱》、南朝梁贾执《百家谱》、傅昭(464—528)《百家谱》、徐勉(466—535)《百家谱》等十几种以"百家"为名的谱牒书,虽然与姓氏书颇有差距,但以"百"来称呼家族,已是魏晋南北朝隋唐以来的传统。其次,根据周扬波(1976—　)的考证,《百家姓》所涉及的姓氏中有许多在唐宋之际属于大族,②可知唐宋之际的人根据当时的大族姓氏,结合传统谱牒和《元和姓纂》等姓氏书,撰写便于诵读的《百家姓》。毕竟传统的谱牒和姓氏书或按韵字编排,或按地区编排,皆不利于传播。至于具体的作者,以目前为止的信息和讨论来看,确实很难得出明确的答案,暂且存疑。

关于《百家姓》本身的流传过程,在宋代除了王明清、陆游、释居简等人提及外,并无明确的著录情况。这类似于《兔园策府》在新、旧《唐书》并未著录,却在宋代有著录,盖乡村间流传的蒙书,并非学者所访求的藏书对象。但改朝换代之后,即便是前朝的乡村蒙训之书,也成为历史文献、古籍善本,从而进入藏书家的视野。于是,到了明代,《百家姓》开始进入私家目录。比如高儒(1499&1512—1553)《百川书志》"姓谱"类记载:"《百家姓》一卷。"③又如陈第《世善堂藏书目录》"谱系"类记载:"《百家姓编》一

---

① 陈第:《世善堂藏书目录》卷上"类编",冯惠民等选编《明代书目题跋丛刊》,书目文献出版社 1994 年版,第 839 页。

② 周扬波:《从士族到绅族:唐以后吴兴沈氏家族的变迁》,浙江大学出版社 2009 年版,第134—140 页。

③ 高儒:《百川书志》卷五"姓谱",《明代书目题跋丛刊》,第 1263 页。关于高儒生平及其《百川书志》,参见罗旭舟:《高儒生平家世与〈百川书志〉》,《中国典籍与文化》2014 年第 3 期,第 96—104 页。

卷。宋人作,以赵为首。"①这里的书名是《百家姓编》,但应该就是指《百家姓》,而非另一种书。但需要说明的是,《百家姓》作为蒙书,其形态注定十分多元,会在塾师之间根据教学需要而有不同的增删,也会有不同的题名。但对于核心的数百个姓氏,不会有大的变动。

虽然对于《百家姓》的作者尚无法定论,但不妨碍将其成书背景定位在宋初。由于《百家姓》本身确实过于简短,单独成书稍显单薄。因此,宋元明清以来流传的《百家姓》文本多为在此基础上的扩展和延伸,这些可称之为衍生文献。

要说明的是,虽然《百家姓》在宋初最早出现,但宋代出现的姓氏类蒙书,并不一定都是《百家姓》的衍生文献。比如陈振孙(1179?—1262?)《直斋书录解题》中著录有一卷本的《千姓编》:"不著名氏。末云嘉祐八年采真子记。以《姓苑》《姓源》等书,撮取千姓,以四字为句,每字为一姓,题曰《千姓编》。三字亦三姓也,逐句文义亦颇相属,殆《千字文》之比云。"②这里嘉祐八年(1063)成书的《千姓编》与《百家姓》一样,也是四字成句,但数量更多,且其内容来源可明确为《姓苑》《姓源》等书,而非《百家姓》。至于该书作者"采真子",梁章钜《浪迹续谈》认为或许是《百家姓》的作者,但无实据。③ 笔者认为应该是郑樵(1104—1162)《通志·艺文略》著录"《千姓编》一卷"时所记载的"吴可几"。④ 吴可几为景祐元年(1034)进士,⑤谈钥(1181年进士)《嘉泰吴兴志》曰"吴可几,好古博雅,与弟知几相继登进士第,时号二吴。可几仕至太常少卿,着《千姓编》,凡论姓氏所出"云云。⑥ 不过陈振孙与吴可几

① 陈第:《世善堂藏书目录》卷上"谱系",第838页。

② 陈振孙:《直斋书录解题》卷八"谱牒类",上海古籍出版社1987年版,第229页。关于《千姓编》的作者,《郡斋读书志》亦曰"不着撰人",参见晁公武撰,孙猛校证:《郡斋读书志校证》。

③ 梁章钜:《浪迹续谈》卷七"百家姓"条,第368—369页。

④ 郑樵:《通志二十略·艺文略四》"谱系·总谱"类,第1588页。

⑤ 龚延明、祖慧:《宋代登科总录》"景祐元年甲戌",广西师范大学出版社2014年版,第488页。

⑥ 谈钥:《嘉泰吴兴志》卷一七《贤贵事实·安吉县》,《宋元方志丛刊》第五册,中华书局1990年版,第4828页。

都是湖州人，前者不知后者所著《千姓编》，倒也有趣。

虽然《千姓编》并非《百家姓》的衍生文献，但其四字成句的格式与《百家姓》类似，两书可归为一类。至于有宋一代保存至今的《百家姓》衍生文献当数谢维新《古今合璧事类备要》卷七《类姓门》，这是在《百家姓》的基础上添加姓源和相关姓氏人物典故而编成的文本。根据该书编排，其姓氏顺序基本与《百家姓》一致。在早期《百家姓》无刻本的情况下，这一排列可以说是《百家姓》最早的文本。其时间若按作者自序，当在宝祐六年（1258）。关于此书，刘毓崧已指出其姓氏排序为宋代《百家姓》《续编百家姓》原文，并逐姓加以按语。① 王建霞进一步对此书所出现的姓氏编排与王相《百家姓考略》的编排加以对比。②

## 参考文献

[1] 王明清.玉照新志[M].郑州：大象出版社,2013.

[2] 钱仲联,马亚中主编.陆游全集校注[M].杭州：浙江教育出版社,2011.

[3] 李诩.戒庵老人漫笔[M].北京：中华书局,1982.

[4] 梁章钜.浪迹续谈[M].北京：中华书局,1981.

[5] 刘毓崧.通义堂文集[M].扬州：广陵书社,2018.

[6] 刘进有.宋初《百家姓》刘姓排名次序蠡测[J].科学·经济·社会,2019(3).

[7] 王相.百家姓考略[M].上海：华东师范大学出版社,2010.

[8] 吴任臣.十国春秋[M].北京：中华书局,1983.

[9] 钱征.《百家姓》著者考[J].巢湖学院学报,2009(4).

[10] 屈直敏.敦煌写本《兔园策府》叙录及研究回顾[J].敦煌学辑

---

① 刘毓崧：《通义堂文集》卷五《宋本百家姓考》。
② 王建霞：《〈百家姓〉沿革及其衍生文献研究》，内蒙古师范大学硕士论文 2015 年，第 12—13 页。

刊,2016(3).

[11] 屈直敏.敦煌本《兔园策府》考辨[J].敦煌研究,2001(3).

[12] 周扬波.从士族到绅族:唐以后吴兴沈氏家族的变迁[M].杭州:浙江大学出版社,2009.

[13] 罗旭舟.高儒生平家世与《百川书志》[J].中国典籍与文化,2014(3).

[14] 陈振孙.直斋书录解题[M].上海:上海古籍出版社,1987.

[15] 龚延明,祖慧.宋代登科总录[M].桂林:广西师范大学出版社,2014.

[16] 王建霞.《百家姓》沿革及其衍生文献研究[D].呼和浩特:内蒙古师范大学硕士论文,2015.

# 吴越国诸王夫人研究

陕西师范大学　历史文化学院博士　谢宇荣

**摘　要:**该文从基本史料入手,梳理了吴越国诸王夫人的生平,并对女性相关制度进行考察,主要分两大部分,一为吴越国诸王夫人辑考,二为吴越国诸王夫人研究,梳理出了吴越国诸王夫人的整体状况。根据整理,吴越国武肃王有吴越国夫人一位(吴氏),其余夫人五位;文穆王有吴越国夫人一位(马氏),日后获封吴越国太夫人两位(许新月、吴汉月),其余夫人四位;忠献王、忠逊王各有夫人一位,皆未获封吴越国夫人;忠懿王有吴越国夫人一位(孙氏),其余夫人一位。诸王夫人的名号制度和生前身后也各有特色。名号制度方面,获封吴越国夫人者为后庭之首,又有尊号、谥号等不同称谓。生前生活方面,则大体有四:侍寝诸王、抚育诸子、勤俭持家、声色之娱。

**关键词:**吴越国;女性制度;女性政权

吴越国作为五代十国时期史料相对比较丰富的政权,学界的相关研究也十分深入。[①] 不过遗憾的是,大部分研究都集中于男性视角,特别是对吴越钱氏家族的男性成员有一边倒的关注度。相比之下,对于占人口一半的女性却并无多少关注,仅仅局限于

---

① 　近百年来吴越国与吴越钱氏研究的论著目录,参见胡耀飞:《吴越国与吴越钱氏研究》,社会科学文献出版社 2020 年版。

吴越国武肃王钱镠母水丘氏墓、吴越国文穆王妃吴汉月墓等墓葬的考古研究,而无女性视角的关注。因此,笔者拟先从基本史料梳理吴越国诸王夫人的生平,再对女性相关制度进行考察,期待学界对吴越国女性史研究予以更多的关注。

## 一、吴越国诸王夫人辑考

### (一)武肃王钱镠

吴越国武肃王钱镠(852—932)于唐昭宗乾宁二年(895)六月获封彭城郡王,[①]光化三年(900)五月获封南康王而辞让之,[②]天复元年(901)五月进封彭城王,[③]天复二年五月获封越王,[④]天祐元年(904)四月进封吴王,[⑤]梁太祖开平元年(907)五月进封吴越王。[⑥]至此,吴越国可谓正式建国,以钱镠为国王,其配偶则为夫人,另有妾媵若干。关于钱镠的婚配情况,何勇强曾根据民国钱文选(1874—1957)所编《钱氏家乘》予以列表八位妻妾和三十位儿子,不过依据近世家谱较为冒险。[⑦]胡耀飞在梳理钱镠诸子信息时也有涉及诸子的母氏,但并未专门整理。[⑧]以下在两人资料的基础上,根据相对可靠的《吴越备史》等文献予以梳理。

庆安夫人胡氏,《吴越备史·钱元玑传》曰:"玑,王之庶兄也。母庆安夫人胡氏。公性气宽厚,沉静寡言,多尚儒释,不喜奢侈。

---

① 钱俨:《吴越备史》卷一《武肃王》,《五代史书汇编》第十册,杭州出版社2004年版,第6184页。本文所引《吴越备史》基本根据此点校本。然点校本所据底本不佳,多有阙漏,故或从文渊阁四库本。

② 《吴越备史》卷一《武肃王》,第6191页。

③ 《吴越备史》卷一《武肃王》,第6193页。

④ 《吴越备史》卷一《武肃王》,第6194页。

⑤ 《吴越备史》卷一《武肃王》,第6196页。

⑥ 《吴越备史》卷一《武肃王》,第6200页。

⑦ 何勇强:《钱氏吴越国史论稿》,浙江大学出版社2000年版,第145页。

⑧ 胡耀飞:《吴越国与吴越钱氏研究》,社会科学文献出版社2020年版。

历官数年,黎庶安乐,早失夫人,终不继娶,嗣乏。"①此处"王之庶兄"指文穆王之庶兄,可知胡氏并非钱镠正室。

吴越国正德夫人吴氏(858—919),《吴越备史·武肃王》载其卒年:贞明五年(919)"冬十一月丁亥,吴越国正德夫人吴氏薨"。注文附《吴氏传》详载其生平曰:"夫人临安县人也。父仲忻,浙西观察判官,累赠吏部尚书。初,王议婚吴氏,以王豁达大度,不事产业,将不许。而吴世父有知人之鉴,固促成之。及归室,闺门整肃,孝敬如礼。王性严急,常怡颜以谏之。抚爱诸子,无分彼此之亲,累封燕、晋二国,至吴越国正德夫人。夫人将游奉国寺中,王乃命帛百匹,以备散施。夫人曰:'妾备尝机杼之劳,遽以游赏费之,非念人之道。'遂不受而罢,其仁慈节俭如此。薨年六十二岁,谥曰'庄穆'。有子十三人。"②可知吴氏为浙西观察判官吴仲忻之女,累封燕国夫人、晋国夫人,终至吴越国正德夫人,谥曰庄穆。其子十三人仅知一人为钱元瓘(878—913),余不详。《吴越备史·钱元瓘传》曰:"瓘,王长子也。母吴越国庄穆夫人吴氏。"③

李氏,《吴越备史·钱元懿传》曰:"元懿,字秉徽,武肃王第五子。母李氏。……懿性至孝而纯直,其母尝侍武肃王,指令不称旨,被捶,自是成疾。每疾发,侍婢多厌倦,惟懿不离左右,虽粪溺亦亲侍之。"④可知钱镠有夫人李氏,生钱元懿(886—951),但李氏并不受钱镠所宠。

晋国夫人陈氏,《吴越备史·文穆王》曰:"文穆王讳元瓘,字明宝,武肃王第七子也。母晋国昭懿太夫人陈氏。唐光启三年丁未冬十一月十有二日,生于杭州之东院。"⑤可知陈氏光启三年(887)十一月十二日,生文穆王钱元瓘。陈氏有兄弟一人为某地戍将,《吴越备史·文穆王》曰:"王舅陈氏历职不过一戍遏,每加

① 《吴越备史》卷二《钱元玑传》,第6225页。
② 《吴越备史》卷一《正德夫人吴氏传》,第6211页。
③ 《吴越备史》卷一《钱元瓘传》,第6208页。此处四库本仅曰"瓘,王子也",故从点校本。
④ 《吴越备史》卷四《钱元懿传》,第6249页。
⑤ 《吴越备史》卷二《文穆王》,第6221页。

厚赐而未尝迁授。"①

济南郡夫人童氏，《吴越备史·钱传瓘传》曰："瓘，王第八子也。母济南郡夫人童氏。"②可知童氏获封济南郡夫人，生钱传瓘（约887—924），他事不详。

郑氏，《吴越备史·武肃王》曰："后庭有郑氏，其父尝以罪当死，左右冀其获宥，且言斯人有息女预侍。王命出其女而后斩之，顾左右曰：'刑者公柄，岂可以一妇人而乱我法耶？'"③可知郑氏为钱镠侍妾，不过因其父犯法而被逐出后庭，大概也没有子嗣。

## （二）文穆王钱元瓘

吴越国文穆王钱元瓘（887—941）于长兴三年（932）四月即位，④长兴四年（933）七月进封吴王，⑤应顺元年（934）正月获后唐闵帝册为吴越王，六月获后唐末帝再次册为吴越王。⑥ 关于钱元瓘的夫人，何勇强根据和凝《文穆王神道碑》、钱俨《吴越备史》和吴任臣《十国春秋》，列举钱元瓘诸子名单附上生母姓氏，但并未直接研究这些生母的具体情况。⑦ 胡耀飞在梳理钱元瓘诸子信息时也有涉及诸子的母氏，但并未专门整理。以下根据相关史料，在何勇强的基础上，分别加以梳理。

吴越国庄睦夫人马氏（890—939），《吴越备史·文穆王》载其卒年：天福四年（939）"冬十月壬子，吴越国庄睦夫人马氏薨。十二月辛酉，葬恭穆夫人于衣锦军庆仙乡"。注文附《马氏传》曰："夫人临安人。父绰，淮浙行军司马、雄武军节度使、同平章事。夫人性聪慧，勤于职。初，武肃王禁中外毋得蓄声妓，夫人以王胤

---

① 《吴越备史》卷二《文穆王》，第6231页。此处点校本有阙文，从四库本。
② 《吴越备史》卷一《武肃王》，第6213页。
③ 《吴越备史》卷一《武肃王》，第6218页。
④ 《吴越备史》卷二《文穆王》，第6224页。
⑤ 《吴越备史》卷二《文穆王》，第6225页。
⑥ 《吴越备史》卷二《文穆王》，第6225页。这两次册封，源于后唐内部的权力更迭，对于吴越文穆王来说，第一次册封已经是正式的册封。
⑦ 何勇强：《钱氏吴越国史论稿》，第163—164页。

嗣未立,乃请于武肃王。王嘉之,曰:'我家宗祀,幸汝得主之矣。'因许王纳妾,遂生忠献王。诸子既长,夫人皆均养之,常置银鹿于帐前,坐诸公子于上,夫人阅其聚戏,喜动颜色。初封越国,至吴越国夫人,薨年五十,敕谥曰恭穆。"①可知马氏为吴越国开国功臣马绰之女,累封至吴越国夫人,但无子嗣。马氏有弟马充,《吴越备史·文穆王》曰:"恭穆夫人之弟马充尝以使役求免,王廷责之,遂下狱,寻黜于剡溪。"②

鲁国夫人郿氏,《吴越备史·钱弘傅传》曰:"弘傅,王第五子也。母鲁国夫人郿氏。时王年将四十,家嗣未建,及生,特所钟爱,累奏授两浙副大使、果州团练使。国建,立为世子。初,王治世子府,谣言曰:'何处有鹿脯?'将薨,乃题所居屏障曰:'四月二十九日,大会群僚。'凡题数处。及期,果薨。年方十六岁,追谥曰孝献。"③可知郿氏生钱弘傅(925—940),后者在钱元瓘即位后被立为世子,但过早去世。又生忠逊王钱弘倧,《吴越备史·忠逊王》曰:"忠逊王讳弘倧,文穆王第七子,孝献世子同母弟也。"④据胡寅(1098—1156)所撰钱弘倧夫人《吴越国济阳郡夫人江氏墓表》:"元妃鹿氏没,夫人数于守适,尽心服勤,不失恭顺。虽一衣一馔,必经手而后进。"⑤可知钱弘倧被废后,郿氏依钱弘倧居于东府越州而卒。此外也可以看到,郿氏亦可称鹿氏,故有鹿脯之谶。又考宋前姓谱和姓氏书并无郿氏,而鹿氏所在多有,疑郿氏即鹿氏,《吴越备史》所载为后人所改,当以墓表为准。

吴越国夫人许新月(903—946),《吴越备史·忠献王》曰:"忠献王讳弘佐,字符祐,文穆王第六子也。母曰吴越国仁惠夫人许氏。王以天成三年七月二十六日己巳生于功臣堂。"⑥《吴越备

---

① 《吴越备史》卷二《庄睦夫人马氏传》,第 6228 页。
② 《吴越备史》卷二《文穆王》,第 6231 页。
③ 《吴越备史》卷二《钱弘傅传》,第 6230 页。
④ 《吴越备史》卷三《忠逊王》,第 6242 页。
⑤ 胡寅:《吴越国济阳郡夫人江氏墓表》,《斐然集》卷二六,中华书局 1993 年版,第 569 页。
⑥ 《吴越备史》卷三《忠献王》,第 6233 页。

史·武肃王》亦曰:天成三年(928)"秋七月己巳,忠献王生"。[1] 又据《吴越备史·忠献王》:开运三年(946)"秋七月庚寅,吴越国夫人许氏薨"。八月"壬申,葬仁惠夫人于国城西山之原"。并附小传曰:"夫人丹丘人也,讳新月。善音律。文穆王后庭乐部,皆命掌之。初,鄜氏生孝献世子,后庭咸尊敬。有尼契云掌香火于丽春院之佛堂,颇有知人之鉴,视夫人曰:'彼鄜氏者,远不能及。'至是果如其言。王袭位,敕封吴越国夫人,薨年四十四,敕谥曰仁惠。"[2]可知许氏为台州人,生吴越国忠献王钱弘佐,获封吴越国夫人,谥曰仁惠。

陈氏,《吴越备史·钱弘偡传》:"偡,字惠达,文穆王第八子也。母陈氏。"[3]又据《吴越备史·钱弘偓传》曰:"偓,字赞尧,文穆王第十二子也。母陈氏。偓性仁慈,事母以恭勤闻。"[4]可知陈氏生钱弘偡(929—966)、钱弘偓(934—958),分别为吴越国文穆王第八子、第十二子。

吴越国顺德夫人吴汉月(913—952),《吴越备史·大元帅吴越国王》:"王名俶,字文德,文穆王第九子也。母吴越国恭懿太夫人吴氏。王以天成四年岁己丑八月二十五日生于功臣堂。"[5]《吴越备史·武肃王》亦曰,天成四年(929)"八月己酉,王孙弘俶生"。[6]《吴越备史·大元帅吴越国王》载其卒葬信息曰,广顺二年(952)"六月乙未,王妣吴越国顺德太夫人吴氏薨。秋八月丁酉,敕葬恭懿夫人于钱塘慈云岭之西原"。又附《顺德太夫人吴氏传》曰:"夫人钱塘人,讳汉月,中直指挥使珂女也。幼而婉淑,奉文穆王,恭穆夫人尤宠爱之。夫人善胡琴,性慈惠而节俭,颇尚黄老学,居常被道士服,余皆布练而已。每闻王决断政事,有及重刑者,夫人常颊蹙,以仁恕为言。诸吴将有迁授,皆峻阻之。及其入

① 《吴越备史》卷一《武肃王》,第 6216 页。
② 《吴越备史》卷三《吴越国夫人许氏传》,第 6239 页。
③ 《吴越备史》卷四《钱弘偡传》,第 6258 页。
④ 《吴越备史》卷四《钱弘偓传》,第 6253 页。
⑤ 《吴越备史》卷四《大元帅吴越国王》,第 6244 页。
⑥ 《吴越备史》卷一《武肃王》,第 6216 页。四库本作"今大元帅吴越国王弘俶生"。

对,多加训励,有过失必面责之,故诸吴终夫人之世,不甚骄恣。敕封吴越国顺德夫人,薨年四十,谥曰恭懿。"①可知吴汉月为中直指挥使吴珂之女,生吴越国忠懿王钱弘俶,获封吴越国顺德夫人,谥曰恭懿。此外可以指出,这里的"诸吴"即指吴氏的兄弟。《吴越备史·大元帅吴越国王》曰,建隆元年(960)九月"庚申,王以宁国军节度使、王舅吴延福等有罪,并除名,配外郡",附注曰"延福等兄弟五人"云云,可知有兄弟五人,统称"诸吴"。②

沈氏,《吴越备史·钱亿传》曰:"亿,字延世,文穆王第十子。母沈氏。初孕,文穆王梦僧入寝帐。及生,故字曰'和尚'。"③可知沈氏生钱弘亿(929—967),为文穆王第十子。

周氏,《吴越备史·钱弘仰传》曰:"仰,文穆王第十三子也。母周氏。"④可知周氏生钱弘仰(935—958),为吴越国文穆王第十三子。

### (三)忠献王钱弘佐

吴越国忠献王钱弘佐(928—947)于天福六年(941)九月即位,同年十一月获封吴越国王。⑤ 钱弘佐的夫人,似仅一人。

元妃仰氏,《吴越备史·忠献王》曰,天福七年(942)十一月,"是月,纳元妃仰氏。宁国军节度使、同参相府事诠之女也"。⑥ 可知仰氏为钱弘佐即位后所娶,其父仰诠的名字在《资治通鉴》中记载为"仰仁诠",且可知其为"湖州人",⑦但仰仁诠已于此前天福六年(941)六月卒。⑧

---

① 《吴越备史》卷四《顺德太夫人吴氏传》,第6250—6251页。
② 《吴越备史》卷四《大元帅吴越国王》,第6255页。
③ 《吴越备史》卷四《钱亿传》,第6259页。
④ 《吴越备史》卷四《钱弘仰传》,第6254页。
⑤ 《吴越备史》卷三《忠献王》,第6233页。
⑥ 《吴越备史》卷三《忠献王》,第6237页。
⑦ 《资治通鉴》卷二七八,后唐明宗长兴四年十二月条,第9098页。
⑧ 《吴越备史》卷三《文穆王》,第6230页。

### (四)忠逊王钱弘倧

吴越国忠逊王钱弘倧(929—971)于开运四年(947)六月即位,同年十二月被内衙统军使胡进思等人所废。[①]钱弘倧在短暂的在位期间,娶有夫人一人。

济阳郡夫人江氏。据胡寅《吴越国济阳郡夫人江氏墓表》:"武肃之孙晋诸道兵马元帅、检校太师、兼中书令,既嗣国,夫人以良家选入,见称婉淑。是冬,大将有称兵者,王释位,退即于越之别第。……及忠懿王嗣位,承制封济阳郡夫人。国入,仍本封。"[②]可知钱弘倧在即位后便选人入宫,江氏获选,成为吴越王夫人。但钱弘倧此时并未正式接受中原王朝册封,且不久即被废,故而江氏并无夫人的名义。不过在忠懿王钱弘俶即位后,以废王夫人的身份获封济阳郡夫人,并且在吴越国纳土归宋后依然保持此封号。

### (五)忠懿王钱弘俶

吴越国忠懿王钱弘俶(929—988)于开运四年(947)十二月代忠逊王钱弘倧莅事于元帅府,乾祐元年(948)正月正式即位于天宠堂。[③]乾祐二年(949)三月,后汉朝廷正式授钱弘俶为吴越国王。[④]建隆元年(960)二月,因避宋讳,改名钱俶。[⑤]钱弘俶夫人亦颇有其人,主要如下。

吴越国贤德顺睦夫人孙氏(?—976),孙氏为钱弘俶元妃,结婚时间不详。《吴越备史·大元帅吴越国王》曰:后周世宗显德二年(955)"闰月丁酉,世子惟濬生"。[⑥]据此,或当在此前不久结婚。显德六年(959)八月,后周"敕王元妃孙氏为吴越国贤德夫人,王

---

① 《吴越备史》卷三《忠逊王》,第6242页。
② 胡寅:《吴越国济阳郡夫人江氏墓表》,第569页。
③ 《吴越备史》卷四《大元帅吴越国王》,第6244页。
④ 《吴越备史》卷四《大元帅吴越国王》,第6245页。
⑤ 《吴越备史》卷四《大元帅吴越国王》,第6255页。
⑥ 《吴越备史》卷四《大元帅吴越国王》,第6252页。

世子惟濬为镇海、镇东等军节度副使、检校太保"。① 宋太祖建隆元年（960）"六月甲午，敕加吴越国贤德夫人为贤德顺睦夫人，又授两军节度副使、王世子惟濬金紫光禄大夫、检校太保，充节度使"。② 可知，孙氏生吴越国世子钱惟濬（955—991），是为钱弘俶长子，后累封吴越国贤德顺睦夫人。及至开宝九年（976）三月，"进封王夫人孙氏为吴越国王妃，封王女为彭城郡君"，③可知孙氏为吴越国历代夫人中唯一获封王妃者。可惜在同一年，已经由宋太宗改元为太平兴国元年（976）的十一月，"吴越国王妃孙氏薨"。又"太平兴国二年春二月，敕遣给事中程羽来归王妃之赠，谥王妃曰□□"。④

夫人某氏，在孙氏死后，钱弘俶身边其余夫人的情况史载不详，仅有一位见于《吴越备史・补遗》：雍熙二年（985）"冬十月，遣内使赐王夫人龙凤珠冠一顶、金三百两、银二千两"。⑤ 可知当时有一位夫人在钱弘俶身边，但此时钱弘俶早已纳土归宋，其头衔为汉南国王，故而此夫人严格来说不在吴越国诸王夫人之列。当然，也不排除在钱弘俶纳土归宋之前，此夫人早已侍奉钱弘俶，有夫人之实。

## 二、吴越国诸王夫人研究

根据上文对于吴越国诸王夫人相关史料所进行的辑考，可以进一步研究吴越国诸王夫人相关制度，以及对于这些夫人本身的研究。

---

① 《吴越备史》卷四《大元帅吴越国王》，第 6254 页。

② 《吴越备史》卷四《大元帅吴越国王》，第 6255 页。

③ 《吴越备史》补遗，第 6267 页。

④ 《吴越备史》补遗，第 6268 页。

⑤ 《吴越备史》补遗，第 6275 页。

## （一）吴越国夫人制度

吴越国名义上作为中原王朝的藩属政权,大致依循从唐末到宋初各个中原王朝的制度规定,诸王夫人相关的制度也不例外。不过对于异姓王的配偶,具体制度规定并不多见,果美侠对唐代异姓王的研究即未涉及此点。[①] 杜文玉探讨了五代十国的叙封制度,考察五代政权对叙封官员母、妻的记载,但并未涉及异姓王女眷的叙封。[②] 曾成就唐末五代王爵体系进行了全面的梳理,确立了"国王"和"一字王"的区别,不过也没有涉及国王女眷的叙封制度。[③] 不过,依然可以在零星的记载中看到规定,比如开宝九年(976)三月,在宋太祖封钱弘俶夫人孙氏为王妃后,"宰臣上言,异姓诸侯王无封妻为妃之典"。这一言论遭到了宋太祖的反对,其认为:"行自我朝,盖旌忠贤,何必古也。"[④]可见,在此之前,关于异姓诸侯王母、妻的封赠,确实有所规定。不过这类规定并非一成不变,很容易由统治者所变通,更何况在唐末五代这样一个变革时代。

虽然孙氏一度获封王妃,但不久就去世,此后似无再获封王妃者。故而此处根据包括孙氏在内的所有国夫人,为吴越国的国夫人制度进行简单的梳理。在此,笔者先就上文对各位夫人的名号情况之梳理,列表 1 如下,再做分析。

表 1　吴越国诸王夫人名号表

| 国王 | 夫人 | 父系 | 邑号 | 尊号 | 谥号 |
|---|---|---|---|---|---|
| 武肃王钱镠 | 胡氏 | | | 庆安夫人 | |
| | 吴氏 | 吴仲忻 | 燕国夫人→晋国夫人→吴越国夫人 | 正德夫人 | 庄穆 |
| | 李氏 | | | | |

---

① 果美侠:《唐代异姓王研究》,首都师范大学硕士论文 2003 年。

② 杜文玉:《五代十国制度研究》,人民出版社 2006 年版,第 225—238 页。

③ 曾成:《唐末五代王爵考》,《魏晋南北朝隋唐史资料》第二十八辑,武汉大学人文社会科学学报编辑部,2012 年 12 月,第 224—242 页。

④ 《吴越备史》补遗,第 6267 页。

续　表

| 国王 | 夫人 | 父系 | 邑号 | 尊号 | 谥号 |
|------|------|------|------|------|------|
| 武肃王钱镠 | 陈氏 | | 晋国夫人 | | 昭懿? |
| | 童氏 | | 济南郡夫人 | | |
| | 郑氏 | | | | |
| 文穆王钱元瓘 | 马氏 | 马绰 | 越国夫人→吴越国夫人 | 庄睦夫人 | 恭穆 |
| | 鄜氏 | | 鲁国夫人 | | |
| | 许新月 | | 吴越国夫人 | | 仁惠 |
| | 陈氏 | | | | |
| | 吴汉月 | 吴珂 | 吴越国夫人 | 顺德夫人 | 恭懿 |
| | 沈氏 | | | | |
| | 周氏 | | | | |
| 忠献王钱弘佐 | 仰氏 | 仰诠 | | | |
| 忠逊王钱弘倧 | 江氏 | | 济阳郡夫人 | | |
| 忠懿王钱弘俶 | 孙氏 | | 吴越国夫人→吴越国王妃 | 贤德夫人→贤德顺睦夫人 | □□ |
| | 某氏 | | | | |

　　根据上表,可以具体分析吴越国夫人制度的一些情况,主要是名号制度。

　　1.邑号

　　唐代对于外命妇的封号,一般为某国、某郡夫人,是为邑号。《唐六典·尚书吏部·司封郎中》曰:"一品及国公母、妻为国夫人;三品以上母、妻为郡夫人;四品、若勋官二品有封,母、妻为郡君;五品、若勋官三品有封,母、妻为县君。散官并同职事。勋官四品有封,母、妻为乡君。其母邑号皆加'太'字。各视其夫及子之品,若两有官爵者,皆从高。"[①]可知国夫人、郡夫人、郡君、县君、乡君,各有其等级,若是母,则加"太"字。

---

　　① 李林甫:《唐六典》卷二《尚书吏部·司封郎中》,中华书局1992年版,第39页。

对照吴越国的情况,虽然钱氏就唐五代中原王朝而言一直属于异姓王,且并无获赐国姓的情况,但因"吴越国王"这一王号属于唐末五代王爵中最高级的两字国王,[①]且其身兼的天下兵马大元帅、太师(正一品)、尚书令(正二品)、中书令(正三品)等都是位极人臣的官职,故其夫人一般都是国夫人。且其邑号遵循从小国到大国的原则,如武肃王夫人吴氏先后获封燕国夫人、晋国夫人,最后才是吴越国夫人,文穆王夫人马氏也是先获封越国夫人,再获封吴越国夫人。其中吴越国夫人最尊,与吴越国王匹配,一般为嫡夫人,可视之为吴越国的王后。武肃王仅一位吴越国夫人吴氏,忠懿王也仅一位吴越国夫人孙氏。至于文穆王的三位吴越国夫人,马氏于天福四年(939)薨逝,并无子嗣。许新月为忠献王之母,开运三年(946)薨逝,当时正是忠献王在位之时,其小传曰"王袭位,敕封吴越国夫人",[②]即在其子袭位后方才获封,且已经是"吴越国太夫人",这也符合《唐六典》的规定。至于忠懿王之母吴汉月,小传并未载其敕封吴越国夫人具体时间,[③]但与许新月的情况应当相同。因此,终文穆王之世,也只有一位吴越国夫人。

国夫人之上当然是国王妃,唐代只有亲王母、妻才能为妃,故而在吴越国属于特例,且仅有忠懿王妃孙氏一例。

吴越国夫人之外其他夫人的邑号,则为一字国,如武肃王晋国夫人陈氏、文穆王鲁国夫人郦氏,以及未晋升为吴越国夫人的武肃王燕国夫人吴氏、文穆王越国夫人马氏等。当然更多的情况是记载不详,无法得知其邑号之有无。另外则有更低一级的郡夫人,如武肃王济南郡夫人童氏、忠逊王济阳郡夫人江氏。前者似因出身较低而未达国夫人级别,后者则是忠逊王被废后,以废王夫人的身份得到一定的优待。

### 2. 尊号

邑号一般配合丈夫的爵号,此外还有尊号,类似于皇帝的尊

---

① 曾成:《唐末五代王爵考》,第239页。
② 《吴越备史》卷三《吴越国夫人许氏传》,第6239页。
③ 《吴越备史》卷四《顺德太夫人吴氏传》,第6250—6251页。

号,可与国王的功臣号同等看待,都是以寓意美好的用字加"夫人"而成。<sup>①</sup> 吴越国诸王夫人的尊号,上表有六例,分别是武肃王庆安夫人胡氏、正德夫人吴氏,文穆王庄睦夫人马氏、顺德夫人吴汉月,以及先后获封贤德夫人和贤德顺睦夫人的孙氏。夫人尊号的加封,也与皇帝尊号、功臣号类似,一般都是两字一组,每次增加也是两字为限。此外,获得尊号的往往同时有吴越国夫人这一邑号,故配合使用,如吴越国正德夫人吴氏、吴越国庄睦夫人马氏、吴越国顺德夫人吴汉月、吴越国贤德顺睦夫人孙氏等。仅有庆安夫人胡氏,并无邑号记载,当是史料有缺。另外,作为忠献王之母的吴越国夫人许新月的尊号未见记载,但应该是有的。

3.谥号

吴越国诸王夫人死后,一般若有邑号,则有谥号。武肃王吴越国夫人吴氏谥曰庄穆,文穆王吴越国夫人马氏谥曰恭穆,许新月谥曰仁惠,吴汉月谥曰恭懿,忠懿王吴越国王妃孙氏亦有谥号,但《吴越备史》正好缺此二字。另外,武肃王晋国夫人陈氏又称昭懿夫人,此处"昭懿"二字从用字来看,也应该是谥号,而非尊号。可知,上述诸王夫人的谥号,都用常见的谥号用字。

综上,可以见到吴越国夫人制度的大概面貌。总结起来可以归纳为:每位国王在位期间都有且仅有一位吴越国夫人,其余夫人或为一字国夫人,或为郡夫人;每位吴越国夫人都有尊号和谥号。

## (二)吴越国外戚

有诸王夫人,必然也有外戚。吴越国的外戚,最早当数吴越武肃王钱镠的母亲水丘氏所属水丘氏家族,该族在忠献王、忠逊王时期有内衙都监使水丘昭券。<sup>②</sup> 不过水丘氏在钱镠之后并无再

---

① 关于包括吴越国在内的五代十国时期的功臣号,参见胡耀飞:《五代十国功臣号研究》,《魏晋南北朝隋唐史资料》第 27 辑,武汉大学人文社会科学学报编辑部,2011 年 12 月,第 424—451 页。

② 《吴越备史》卷三《忠逊王》,第 6242—6243 页。

与钱氏联姻的情况,吴越国诸王夫人中并无水丘氏的记载,故而水丘昭券也算不上外戚势力。真正的外戚当数吴越国诸王夫人所属家族。根据上文考证,可以将其中有详细信息的外戚家族具列如下。

武肃王正德夫人吴氏家族,据《吴越备史·正德夫人吴氏传》,吴氏之父吴仲忻,为"浙西观察判官,累赠吏部尚书"①。从行文来看,浙西观察判官应该是吴仲忻的终官,吏部尚书则是死后赠官。不过也不排除浙西观察判官为吴氏与钱镠议婚时吴仲忻所居之官,从其长子钱元瑛(878—913)的生年来看,当在唐僖宗乾符(874—879)年间。当时镇海节度使(兼任观察使)的驻地尚在润州,节度使先后是赵隐、裴璩。②但史料并无其他记载,何志文未将其列入浙西幕府文职僚佐,即未能从一般性的史料中找到此人信息。③因此,如果浙西观察判官为吴仲忻的终官的话,那可能属于钱镠任职镇海节度使(浙西观察使)时期的判官,且在当时去世。由此而言,吴氏家族虽可谓外戚,但在吴越国正式立国之后并无更多记载。

武肃王晋国夫人陈氏家族,据《吴越备史·文穆王》:"王舅陈氏历职不过一戍遏,每加厚赐而未尝迁授。"④可知陈氏虽在武肃王诸夫人中不甚知名,但因其子钱元瓘日后被立为世子,最终继承王位,陈氏也获封晋国太夫人。不过陈氏家族并不大,仅一兄弟为某戍镇遏使。

文穆王庄睦夫人马氏家族,据《吴越备史·庄睦夫人马氏传》,马氏之父为马绰,为吴越国开国功臣。⑤马氏又有弟曰马充,据《吴越备史·文穆王》曰:"恭穆夫人之弟马充尝以使役求免,王廷责之,遂下狱,寻黜于剡溪。"⑥钱镠与马绰为同乡,早年同为董

---

① 《吴越备史》卷一《正德夫人吴氏传》,第 6211 页。
② 吴廷燮:《唐方镇年表》卷五《浙西》,中华书局 1980 年版,第 764 页。
③ 何志文:《唐代浙江西道入幕士人群体研究》,南京师范大学硕士论文 2015 年,第 54—62 页。
④ 《吴越备史》卷二《文穆王》,第 6231 页。此处点校本有阙文,从四库本。
⑤ 《吴越备史》卷二《庄睦夫人马氏传》,第 6228 页。
⑥ 《吴越备史》卷二《文穆王》,第 6231 页。

昌帐下将领。钱镠在让钱元瓘娶马氏之前,还曾将自己的一位从妹嫁给马绰。[①] 可知两家互为姻亲,根基较深。

文穆王顺德夫人吴氏家族,据《吴越备史·顺德太夫人吴氏传》,顺德夫人吴汉月为中直指挥使吴珂之女。有兄弟数人在忠懿王时期,不过吴氏经常以"诸吴将有迁授,皆峻阻之。及其入对,多加训励,有过失必面责之,故诸吴终夫人之世,不甚骄恣"。[②]可知吴氏家族从吴珂到吴氏的兄弟,都以武将身份行事。这里的"诸吴",即指许多吴汉月的亲戚,其中一位可确定为吴延福。[③]

忠献王元妃仰氏家族,据《吴越备史·忠献王》,忠懿王在天福七年(942)十一月,纳仰氏为元妃。仰氏父亲仰诠,为湖州人。

## (三)吴越国诸王夫人的生前身后

在上文厘清了吴越国诸王夫人及其家族的基本情况后,可进一步关注诸王夫人本身的生命史。她们作为吴越国统治体系中的重要组成部分,以前的学者对此缺少关注。事实上,诸王夫人的存在除了为钱氏家族开枝散叶外,还极大地关系到吴越国王位传承的稳定与否,值得加以注意。根据上文所列吴越国诸王夫人的列传,以及其他史料,可以将诸王夫人的生前活动大概归纳如下。

### 1.侍寝诸王

吴越国诸王夫人作为女性,在当时历史环境下,主要的职责自然是侍寝诸王,至于是否生子则看缘分。当然根据名分不同,诸王夫人与诸王之间的关系也有差异。作为嫡夫人的诸位吴越国夫人,一般来说都有良好的家世,故诸人传记中并不记载侍寝情况。如武肃王正德夫人吴氏的传记中,记载其:"及归室,闺门整肃,孝敬如礼。王性严急,常怡颜以谏之。"[④]又如文穆王庄睦夫

---

① 《吴越备史》卷一《马绰传》,第 6212 页。
② 《吴越备史》卷四《顺德太夫人吴氏传》,第 6250—6251 页。
③ 《吴越备史》卷四《大元帅吴越国王》,第 6255 页。
④ 《吴越备史》卷一《正德夫人吴氏传》,第 6211 页。

人马氏"性聪慧,勤于职"①。忠逊王即位后,济阳郡夫人江氏"以良家选入,见称婉淑"②。这些从诸位吴越国夫人的尊号也可以看出来,正德、庄睦、顺德、贤德、顺睦等等,都强调的是贤良淑德的品性。其余一般的夫人,方才以侍寝为主,地位也不高。比如钱元懿之母李氏,"尝侍武肃王,指令不称旨,被捶,自是成疾。每疾发,侍婢多厌倦,惟懿不离左右,虽粪溷亦亲侍之"③,可见其境遇之惨。又有郑氏,因父亲犯法而遭驱逐,想来命运悲惨。④

### 2.抚育诸子

在上文所列吴越国诸王夫人中,除了大概没有子嗣的武肃王侍妾郑氏和明确并无子嗣的文穆王庄睦夫人马氏外,一般都有子嗣。因此,她们的日常生活除侍寝诸王外,当以抚育诸子为主。诸如武肃王正德夫人吴氏"抚爱诸子,无分彼此之亲"⑤,乃至并无子嗣的马氏,主动向武肃王请求,让文穆王纳妾,并等"诸子既长,夫人皆均养之,常置银鹿于帐前,坐诸公子于上,夫人阅其聚戏,喜动颜色"。⑥ 这些记载,虽然不一定是看上去那般美好,但也能反映出这些夫人的日常生活状态。

### 3.勤俭持家

除了侍寝诸王、抚育诸子外,吴越国诸王夫人还需要主持后庭内务,特别是作为嫡夫人的诸位吴越国夫人。在上文所引相关传记中,也经常能够看到她们勤俭持家的形象。比如在关于武肃王正德夫人吴氏的传记中:"夫人将游奉国寺中,王乃命帛百匹,以备散施。夫人曰:'妾备尝机杼之劳,遽以游赏费之,非念人之道。'遂不受而罢,其仁慈节俭如此。"⑦可知吴氏之节俭。又如文穆王顺德夫人吴汉月的传记中记载:吴汉月"性慈惠而节俭,颇尚

---

① 《吴越备史》卷二《庄睦夫人马氏传》,第6228页。
② 胡寅:《吴越国济阳郡夫人江氏墓表》,第569页。
③ 《吴越备史》卷四《钱元懿传》,第6249页。
④ 《吴越备史》卷一《武肃王》,第6218页。
⑤ 《吴越备史》卷一《正德夫人吴氏传》,第6211页。
⑥ 《吴越备史》卷二《庄睦夫人马氏传》,第6228页。
⑦ 《吴越备史》卷一《正德夫人吴氏传》,第6211页。

黄老学,居常被道士服,余皆布练而已。每闻王决断政事,有及重刑者,夫人常频蹙,以仁恕为言。诸吴将有迁授,皆峻阻之。及其入对,多加训励,有过失必面责之,故诸吴终夫人之世,不甚骄恣"①。这里的"王"其实指吴汉月之子忠懿王,即当时吴汉月以太夫人的名义主持后庭,以节俭为务。虽然这两位吴夫人估计没有亲缘关系,但从武肃王到忠懿王,作为吴越国夫人的节俭形象倒也一以贯之。

### 4. 声色之娱

吴越国后庭,可能在武肃王时期并没有多少声色之事,正如《吴越备史·庄睦夫人马氏传》记载:"武肃王禁中外毋得蓄声妓。"②另有一次,马氏请武肃王更换寝帐,武肃王曰:"作法于俭,犹恐其奢,但虑后代皆施锦绣耳。此帐虽故,犹可蔽风。"最终没有更换。③ 这些事例,大概可以体现武肃王本人半生戎马,对于声色之事并不热爱,甚至"每夕必列侍女,各主一更,戒之曰:'外有报事,当振铃声以为警省。'凡有闻报,实时而遣"。故而其对诸子也是如此要求,以身作则,比如,"又尝夕宴诸王子及诸孙,命鼓胡琴,未数曲,遽止之曰:'外闻当谓我不恤政事,为长夜之饮宴。'遂罢"。④ 不过到了文穆王时期,国泰民安,歌舞升平之事便多了起来。文穆王两位夫人都是善音乐者,仁惠夫人许新月"善音律,文穆王后庭乐部,皆命掌之"⑤,顺德夫人吴汉月"善胡琴"⑥,皆是因此得到文穆王宠爱,正好与武肃王的要求相反。

诸王夫人死后,除了个别有邑号的能够获得谥号外,其余不一定有谥号。在入葬方面,也各有入葬之所,不一定祔葬吴越国王陵。

---

① 《吴越备史》卷四《顺德太夫人吴氏传》,第 6250—6251 页。
② 《吴越备史》卷二《庄睦夫人马氏传》,第 6228 页。
③ 《吴越备史》卷一《武肃王》,第 6218 页。这一事例中,提出更换建议者为"恭穆夫人",但恭穆夫人为文穆王夫人,即武肃王儿媳,或有误。考虑到谥号相似,更有可能是庄穆夫人,即武肃王的吴越国夫人吴氏。
④ 《吴越备史》卷一《武肃王》,第 6218 页。
⑤ 《吴越备史》卷三《吴越国夫人许氏传》,第 6239 页。
⑥ 《吴越备史》卷四《顺德太夫人吴氏传》,第 6250—6251 页。

如文穆王庄睦夫人马氏死后，"谥曰恭穆"，后"葬恭穆夫人于衣锦军庆仙乡"①。其墓号为康陵，今已有考古发掘。② 同为文穆王夫人的许新月死后，以太夫人之尊，得谥曰仁惠，后"葬仁惠夫人于国城西山之原"③。又有顺德夫人吴汉月死后，亦以太夫人之尊，得谥曰恭懿，后"敕葬恭懿夫人于钱塘慈云岭之西原"④，今亦有考古发掘⑤。这两位夫人，都未能祔葬文穆王。

此外，作为忠懿王母，顺德夫人吴汉月在死后得到更多的尊奉。广顺三年（953）"夏四月，建报恩元教寺于城北，荐王姒也"。⑥ 显德元年（954）"夏五月辛巳，王命铸王姒恭懿太夫人铜容二，至于奉国、金地二尼寺"。⑦ 结合忠懿王奉佛的诸多体现，更可见其获得的优奉。

# 三、结　语

综合全文，可以得到吴越国诸王夫人的整体状况。大概而言，在家谱文献不参与的情况下，主要通过《吴越备史》，我们依然可以获得吴越国诸王夫人的相关史料。根据整理，吴越国武肃王有吴越国夫人一位（吴氏），其余夫人五位；文穆王有吴越国夫人一位（马氏），日后获封吴越国太夫人两位（许新月、吴汉月），其余

---

① 《吴越备史》卷二《庄睦夫人马氏传》，第6228页。

② 马氏墓于1950年代得到发掘，但考古报告较为晚出。简报参见张玉兰：《浙江临安五代吴越国康陵发掘简报》，《文物》2000年第2期，第4—34页；杭州市文物考古研究所、临安文物馆：《五代吴越国康陵》，《文物》2014年第6期。详细的报告参见杭州市文物考古研究所、临安文物馆：《五代吴越国康陵》，文物出版社2014年版。对于该墓的研究较多，此不赘述。

③ 《吴越备史》卷三《吴越国夫人许氏传》，第6239页。

④ 《吴越备史》卷四《顺德太夫人吴氏传》，第6250—6251页。

⑤ 吴汉月的墓目前在慈云岭下，但并无墓志出土，考古人员根据《吴越备史》的记载推定其墓主人为吴汉月。该墓早期被盗，后于1958年得到考古发掘，2006年5月25日由中华人民共和国国务院公布为全国重点文物保护单位"吴越国王陵"的组成部分。其中所刻星像图最受关注，相关信息参见献璋：《吴汉月墓石刻》，《杭州通讯》（下半月）2009年第1期，第65页。

⑥ 《吴越备史》卷四《大元帅吴越国王》，第6251页。

⑦ 《吴越备史》卷四《大元帅吴越国王》，第6252页。

夫人四位;忠献王、忠逊王各有夫人一位,皆未获封吴越国夫人;忠懿王有吴越国夫人一位(孙氏),其余夫人一位。这些夫人中,又可得到相应的外戚势力若干家。此外,诸王夫人的名号制度和生前身后也各有特色。名号制度方面,获封吴越国夫人者为后庭之首,又有尊号、谥号等不同称谓。生前生活方面,则大体有四:侍寝诸王、抚育诸子、勤俭持家、声色之娱。

## 参考文献

[1] 胡耀飞.吴越国与吴越钱氏研究[M].北京:社会科学文献出版社,2020.

[2] 钱俨.吴越备史//五代史书汇编[M].杭州:杭州出版社,2004.

[3] 何勇强.钱氏吴越国史论稿[M].杭州:浙江大学出版社,2000.

[4] 胡寅.吴越国济阳郡夫人江氏墓表//斐然集[M].北京:中华书局,1993.

[5] 司马光.资治通鉴[M].北京:中华书局,2011.

[6] 果美侠.唐代异姓王研究[D].北京:首都师范大学硕士论文,2003.

[7] 杜文玉.五代十国制度研究[M].北京:人民出版社,2006.

[8] 李林甫:唐六典[M].北京:中华书局,1992.

[9] 曾成.唐末五代王爵考[J].魏晋南北朝隋唐史资料,2020(00).

[10] 吴廷燮.唐方镇年表[M].北京:中华书局,1980.

[11] 何志文.唐代浙江西道入幕士人群体研究[D].南京:南京师范大学硕士论文,2015.

[12] 杭州市文物考古研究所、临安文物馆.五代吴越国康陵[J].文物,2014(6).

# 民在心中　文必兴盛

## ——概述吴越文化形成的历史必然性

杭州钱镠研究会　秘书长　钱奕富

**摘　要:**吴越文化是以吴越国名命名的区域文化,既是中华优秀传统文化的重要组成部分,又是对诸多优秀传统文化元素的创新发展。确立这个定位,既要摒弃道统观念,重视藩国(区域)文化,又要正确认识在乱世中割据东南一隅以求安民、富民决断的正面意义,从而不因"封建割据势力"这个表象而否定吴越文化的优秀品质或内核。

**关键词:**吴越文化;区域文化;五代十国

　　吴越文化的形成,不是一个偶然的社会历史现象,而是唐末乱世中吴越国在其辖地治乱安民并取得重大成就的必然结果。这个必然性既可以从中华优秀传统文化在其丰富、发展的进程中去认识,也可以从历史上出现的盛世及其经验中去寻找,还可以以唐末五代乱世优秀文化传承处于低谷这个特殊阶段吴越国探寻文化传承路径及其后的成功实践中去揭示。本文仅就吴越文化形成的起始阶段史实做一概述,以揭示吴越文化本质属性和特征,是为抛砖引玉。

一

中华传统优秀文化源远流长、博大精深。厘清中华文化与吴越文化即中华文化大传统与吴越区域文化的源流关系,只需抓住封建时代权力观的两个核心问题:家天下与公天下、君本与民本问题,特别是看后者在实践与斗争中形成、丰富和发展便可了然于胸。

尽管钱镠出生在"贞观之治"终结二百年后,但仍能将民本思想铭记在心、自觉践行,并以这个思想作为决策的根本依据和家教的核心内容。仅举二例:第一例,批驳方士之言,原址建王宫。912年,梁敕钱镠增广牙城建王宫,时有术者告镠:"王若改旧为新,有国止及百年,如填西湖以为之,当十倍于此,王其图之。"镠顾谓术者曰:"百姓借湖水为生,无水则无民。吾之遵诏广城,原冀卫民,何敢稍存他念。况于百年之内,必有真主。尔无妄言,吾不为也。"应当说这个决断不仅饱含钱镠的西湖情结,更是其信奉民本思想的一次展示。第二例,作《八训》《遗训》,贯穿民本思想。《遗训》总体要求中即明确"十四州百姓,系吴越之根本"。为此,引用圣人之言,如"使民以时""宽则得众,信则民任""惠则足以使人""省刑罚、薄税敛""百姓安而兄弟睦、家道和而国治平",然后提出具体要求:"第一,要尔等心存忠孝,爱兵恤民。第二,凡中国之君,虽易异姓,宜善事之。第三,要度德量力而识时务,如遇真主,宜速归附。圣人云顺天者存,又云民为贵社稷次之。免动干戈,即所以爱民也。""第七,多设养济院,收养无告四民,添设育婴堂,稽察乳媪,勿致阳奉阴违,凌虐幼孩。第八,吴越境内绫绢绸绵,皆余教人广种桑麻;斗米十文,亦余教人广辟荒亩;凡此一丝一粒,皆民人汗渍辛劳才得岁岁丰盈。汝等莫爱财无厌征收,毋图安乐逸豫,毋持势力而作威,毋得罪于群臣百姓。"这些引述和训言,足以表明"民本思想"深深扎根在钱镠心中和宗族理念里。

我以民本思想为主线,概述其生成、丰富、发展及在吴越落地生根,意在阐明认定文化属性的两个基本条件:其一,中国文化因其优秀品质和共同价值取向,具有广泛传播和强力渗透的特性,因而不分朝代、不分疆域、不分等级,广为流传,源远流长。其二,中华优秀文化是一个由广泛区域、众多元素汇集而成的大传统。区域文化或元素是川或细流,而这种川、细流又具有当地独特的个性和特色,并引领区域经济社会的发展。正是这些区域文化或元素的汇集,才致传统文化博大精深、丰富多彩。换言之,越是区域的,就越是民族的和全局的;区域的文化继承和发展、理论与实践探索,都以不同方式和途径推动大传统总体的丰富和发展。故尤应重视区域文化研究,以富源强流。

## 二

值得认真研究的是,文景之治、贞观之治对吴越文化形成的影响是不同的。后者具有比前者强大得多甚至包括许多方面的直接作用。

首先是文化底蕴深厚、影响力大。隋唐时期,以儒家思想为主干,儒、释、道三教逐渐渗透合流,是这一时期思想文化的显著特征。道教的"无为而治"已阐释为积极无为。尽管太宗朝有过释放僧尼的政策,旨在扩大劳动力、税源和抑制盲目扩张;此后武宗会昌法难也仅四年(842—845)便被废止,因而并未改变这个时期的思想文化主流,南方特别是吴越地区佛寺更没有受到破坏。

其次是盛世文化号召力强。唐朝大体分为盛唐、晚唐两段。盛唐,既有贞观之治好的开局,亦有较好的继承,其中武则天勇于作为,起到的作用不小。高宗李治即位不久,即于655年立武则天为皇后,其开始协助裁决政事,威势日显;中宗李显及其后世,武则天皆临朝称制直到690年称帝至705年,前后实际掌控国政

50年,正处于贞观与开元盛世之间。武则天有感于官员素质和从政规矩的需要,亲撰《臣规》,寓国策于规范之中,如要求所有从政者惠于民、益于国、忠于君;一心为公、廉洁无私、诚信待人、体恤部下;达道明权、谨言慎行,通达事理、善于权变。她强调"建国之本必在于农""家给人足则国自安"。同时实行轻徭薄赋的"无为"治农方针,重视兴修水利,在边境要地实行屯田,促进农业生产,也利于巩固国防。武周年间,更提出"劝农桑、薄赋税"的农本思想,取得了显著成效,至武则天结束统治的神龙元年(705),人口比唐初增加了一倍,且粮食储备充足,百姓安居乐业;基本保持唐朝的昌盛态势。但武则天的酷吏政治和权术政治也在中国历史上留下野蛮黑暗的一页,最终导致五王政变,结束了武周王朝。中宗李显于706年恢复唐国号。玄宗李隆基于713年开始"开元之治",持续时间超过贞观之治23年,虽不属盛唐的巅峰,却也是盛唐的一个翘尾表现。宋代诗人晁说之有一首《打球图》,借古讽今,大体揭开了"开元之治"终结之谜。诗云:"阊阖千门万户开,三郎沉醉打球回。九龄已老韩休死,无复明朝谏疏来。"李隆基一改初衷,耽于逸乐,荒废政事,使唐朝在经过140年努力造就盛世、获得盛唐之名后开始走下坡路了。

再次是晚唐某些文化元素传承存在具体直接影响。以两组事例为证。一是继续鼓动信奉佛教:唐宣宗847年即位后,即废除会昌灭佛法令;890年受董昌、钱镠上表推荐,唐昭宗赐予高僧文喜紫袈裟,897年,唐朝又赐其号"元著大师",这无疑是对吴越佛教的支持。二是授予钱镠最高荣誉:大顺元年(890)钱镠组织军民合力筑杭州夹城、景福二年(893)筑罗城、光化三年(900)修镇海军治,唐昭宗不仅三加钱镠官爵,还专人取钱镠画像入凌烟阁,使其成为最后一批登上凌烟阁的唐朝有功大臣之一。乾宁二年(895),董昌在越州称帝,唐昭宗命钱镠前往征讨,经过数次与董昌部及董昌请来的吴国援兵作战,董昌败亡。897年为嘉奖平昌功,唐加钱镠镇海、威胜两军节度使,特赐金书铁券一具。唐廷所有这些举措对在唐朝生活五十余年、且经过三十年征战屡受褒封的钱镠来说,既是巨大的激励,也是反面警示,都将积极影响钱镠成为优秀文化传承人。

## 三

传统优秀文化的前传后承根本动力在于后者的信仰与抱负,而信仰与抱负能否成功实现又由争得主导权和所选择的传承路径所决定,无权则无以选路,而道路总是决定命运。

首先,吴越取得文化主导权演绎了另一番精彩。纵观历史,人们很容易发现,在封建专制、皇权至上的时代,文化传承主导权的获得其基本路径不外两条:改朝、换代,由乱而治。楚汉相争,刘邦战胜项羽建立汉朝,确定和实现了"与民休息"的方针,为汉初社会稳定、发展和繁荣,也为后来的文景之治奠定了基础。这是一个因秦暴政、社会分裂、两派争夺并由强者获取政权的例子。李世民之成为太宗,既改朝又换代。贞观之治前,李世民做了三件事:一是面对隋朝的颓势,鼓动父亲李渊起兵灭隋,自己则英勇作战,功勋卓著,升尚书令,被封秦王;二是于626年发动玄武门之变,消灭太子李建成、齐王李元吉的势力,铲除了嗣位的障碍;三是迫使高祖退位,自即帝位,次年改元贞观。联系此后的二十余年的贞观之治,显见李世民的坚定信仰、宏大抱负和展示才华的强烈欲望。而吴越钱镠取得文化传承主导权则是另一番景象,称得上独树一帜。

钱镠自从军至智退黄巢义军先头部队,即以骁勇善战、有勇有谋而获得唐诸道行营都统、淮南节度使高骈的召见和关注,杭州始建八都时即为指挥使(880),旋升都指挥使。此后,钱镠东征西讨,日夜领兵,七十来战,先后剿灭进犯杭州的浙东观察使刘汉宏,亲斩刘汉宏于越州;战胜南下的孙儒部队;粉碎杨行密、田頵率兵进占浙西的图谋;官升杭州刺史、镇海军节度使。在这一过程中,钱镠选优汰劣、锻炼出一批志同道合的治军理政骨干队伍,包括自己的胞弟钱镖、钱铎和堂弟镒、铼、锯、镇。895 年董昌称帝,自称"大越罗平国",改元"顺天",并移书于镠,告以权即罗平国位,仍想以镠为副。镠念董昌"昔吾乡党、今吾邻藩","其丰功茂绩、崇阶厚禄,又吾所以赞成",故先致书"救其覆族之祸"。继之,亲率师三万至越州城下,至延恩门见昌,再拜言曰:"大王位兼将相,奈何舍安就危! 镠将兵前来,以俟大王改过耳。纵大王不自惜,乡里士民何罪,随大王灭族乎!"如此再三劝告,董昌不听,镠乃上表于唐,五月唐命镠以本军讨董昌。董昌的顽固性还表现在,为了挽救被灭亡的命运,致书淮南节度使杨行密,请求派兵救援,杨派田頵、安仁义率兵攻东安、苏州、嘉兴。危急之中,钱镠决定先平董昌再收复失地,遂于三月十八日抓获董昌。八月,唐授镠检校太尉、兼中书令;十月,唐加授钱镠镇海、威胜(后改镇东)两军节度使,最终获得主政两浙的大权。

其次,钱镠在三十年征战中另一个重大收获是探索形成了具有乱世、藩国特征且贯彻始终的治国理政、传承中华优秀文化的正确路径,其基本目标是:做出人头地事——定东瓯、兴经济、富两浙、造盛世、择主归朝。其体系和主要政策有五。

第一,尊奉中原。钱镠同其子孙先后尊奉唐、五代、宋七朝,是三世五王家国情怀和沐浴皇恩后一心报国报恩思想的集中表现,也是安民的政治前提。为此,坚持在经济上按常额和追加纳贡;组织上为主要官员请授勋职;军事上遵诏出兵助统一;更可贵的是钱镠在开国不久即提出训言:"中国之君,虽易异姓,宜善事之。""度德量力而识时务,如遇真主,宜速归附。"此外,还有在策略上借助朝廷影响力牵制邻国的含义。

第二,保境安民。钱镠集三十余年保障乡里、保卫浙西的经验深知,非保境不能在乱世中安民、非安民而不能富民。但其内心追求与邻为善、和睦相处;在多国觊觎两浙的当时,确保安民之上策是武装割据,但从未放弃"和",做到和、战两手并用。钱镠首先是派出第六子元瓘、第七子元璙、第十二子元珦逆妇于邻国之女,走和亲之路。但这一手并未完全奏效,最后还是以战促和,经过多年迎战，直至919年与吴国在长江决战并取得了胜利，吴国才遣使求和。从此两浙边境安宁，民众真有"老死不识兵革"的感叹，且过着丰衣足食、四时嬉游的幸福生活。

第三，杭越一体共治。钱镠为何在唐敕"以彭城郡王进爵越王(902)后尝求吴越王？"唐昭宗为何"未之许"而又给封吴王(904)？朱全忠于907年农历四月代唐称帝，当月二十一日急派金吾卫大将军安崇隐来杭并于五月三日宣布"进封钱镠吴越王"，仅是"市恩"(笼络、拉拢之意)吗？这三个问题似乎令人费解。其实，唐昭宗不允镠之请授的答案就在史实中：唐朝中期，一度封藩之风又起，柳宗元据史认为，分藩与郡县制并行的行政体制，往往因同姓藩王权力过大，尾大不掉，成为致乱之源，而郡县制单行却没有发生致乱的先例。由此纠正了兴藩的错误倾向。唐昭宗先祖一直坚持这种治政理念和制度，这不能不对他产生约束，故坚持祖宗传下来的治政规矩，不允镠之请授。而解开钱镠求封吴越王的动机却是个难点。笔者经过多方查证和研究认为，我们应当换位思考并设身处地求证方能找到开锁之钥。这些思考应当包括三层：一是钱镠及其执政团队成员均为两浙人，对浙江山脉、水系、人文以及自然条件，对州县民众的利害关系都十分熟悉，只有整体谋划，以整体力量做前人想做而没有做成的事，才能从根本上兴利除害、能让更多民众长远受益。二是经过三十年征战和初步治政实践，杭州的中心城市地位已经基本形成，统筹治理的组织框架和工作思路也已形成并运转，军队的组织、指挥、保障以及防御设施的构建已能满足保境安民的实际需要。在这种情况下，继续实行杭、越分治就会化优势为劣势，即使一人兼领也难以统筹并保证高效。三是钱镠大体在890年前后已初步形成化家为国的构想，其初衷是依靠兄弟同心和家族式同盟保证政权的稳定性和施政的有效性。这种构想显然有违唐昭宗坚守的祖制，即使当时掌握实权的朱全忠在一旁做工作，"为之言于执政"也不起作用。但朱全忠对钱镠的真正动机和正面意义还是基本理解的，于是"代唐称帝"后即"授镠吴越王，满足了钱镠吴越共治、造福东南一隅"的创新型道路选择要求。至于说朱全忠"市恩",兴许确有此意,但钱镠接受此封笑曰:"古人有言,屈身于陛下,是其略也。吾岂失为孙仲谋耶!"

第四,发展经济。吴越国民本思想的核心是富民,而民富则国强。吴越国尊奉中原、保境安民、杭越共治以及为富民所采取的其他一系列重大措施,其出发点和归宿全在于此。吴越仍处农耕社会,其经济大体经历两个发展阶段:第一阶段,坚持农本思想,钱镠在大开兴修水利的同时,"教人开辟荒亩",以至有余粮、市场斗米十文;"教人广种桑麻",境内绫绢绸绵质优价廉,基本实现丰衣足食。第二阶段,农工商全面发展。得益于五水共治、农业岁岁丰盈和多种经营,家庭手工业开始呈现与农业分离的趋势,吴越国渐次提出并贯彻"工商皆本"政策,政府甚至去北方招收丝织、印刷、制瓷等专业人才,在筑城之初,国办丝绸作坊已达数百人的规模,其中北方人才即有 300 余人。在国办手工业的同时,积极鼓励民间兴办前店后厂式的生产经营,既促进城市就业、人口聚集,又引发生产方式的转变;乘钱塘江东流入海之利,发展造船业,开辟新的贡道,开展与北方的贸易和海外贸易,外贸甚至做到了高丽、日本、西竺(印度)、大食(中亚、伊朗、北非)等国,主要出口茶叶、丝绸、青瓷等精品。种种情况表明,吴越在富民的路上正大踏步前进:为出口而发展的专业化生产,已成为中世纪晚期经济革命和城市革命的重要因素;其生产方式也已显露出资本主义萌芽,这早于中国明朝和英国出现资本主义生产方式萌芽近六百年。

第五,优秀文化传承与创新。文化发展基本上是两条路,以传统文化为基础的继承发展或以传统文化元素为基础的创新发展;吴越国走全面继承基础上的创新发展之路。这是钱镠祖孙三代七十二年既善始又善终的动力和智慧的源泉所在。

主要受唐初、中期文化影响,吴越国儒、释、道三教融合取其精华而治国。吴越国三世五王对三教及其经典怀有敬仰敬畏之心,他们很明确:"儒,吾之师;道,儒之师;释,道之宗。唯此三教,并自心修。"不仅把修身摆在修齐治平的第一和基础的地位,既注重内省又注重实践养成和知行合一,还通过修国学、修寺观引导民众明伦察物、辨别是非、纯正人心、敦厚风气,尤其重视在治国实践中彰显贯通三教,把仁政善行同道法自然统一起来。这在五水共治和建设"人间天堂"杭州的实践上表现得十分突出,堪称践行经典的典范。

吴越文化在继承中发展,具有多方面内容,仅以钱镠筑捍海塘为例:考古发现,堤为三层,内为土堤、中是石堤(大石砌垒)、外为护卫堤(以竹笼装巨石,再用土石夯实)。堤外为幌柱(打下六排大木,以减缓水势)。如此多重大堤,终吴越之世再未决堤。水利专家们认为,这样科学合理和坚固的结构,在中国水利史上是个创举。这是后人的评价。实际上,早在筑堤前,钱镠即对大禹治水经验和贞观前后仅用民力、不费官帑治堤导致失败的教训进行总结,因而,下决心倾国力办民力难为之事,图"经久乐利",储"精气之美"和"人文之盛","征科有据、常赋无亏",所以"岁获屡登,民亦奠业"。这显然是治水文化的创新和发展。

综上所述,我觉得可以对吴越文化做出基本认定:吴越文化是以吴越国名命名的区域文化,既是中华优秀传统文化的重要组成部分,又是对诸多优秀传统文化元素的创新发展。历史和现实告诉我们,确立这个定位,既要摒弃道统观念,重视藩国(区域)文化,又要正确认识在乱世中割据东南一隅以求安民、富民决断的正面意义,从而不因"封建割据势力"这个表象而否定吴越文化的优秀品质或内核。但核心是强化对优秀文化的信仰。信仰愈坚定,对吴越文化愈崇敬。从而,认真发掘、辨析、考证成文。我们应当有此历史担当。

# 钱岱其人及评价

浙江农林大学　文法学院副教授　付庆芬

　　**摘　要:** 钱岱,明朝后期人,吴越国钱镠后裔。他曾任御史,出按齐、楚,贵盛一时,但正当壮年,却回归田园,优游林下三十多年,沉溺于他的"小辋川"园林。钱岱本人的选择和人生历程在当时既有人称扬,也有人贬责,可谓褒贬不一。本文从他生活的前后两个时期,详细分析他一生的状况,以期对他的一生做出较客观的评价。

　　**关键词:** 钱岱;《海虞钱氏家乘》;《笔梦》;"小辋川"

　　钱岱(1541—1622),字汝瞻,号秀峰,江苏常熟人,吴越国钱镠二十五世孙。他出生之时,父亲龙桥公钱亨梦见一位老僧,"丰颐大耳,径造其家,云自泰山来,欲借此了缘"。醒来后,他的夫人正好生了个男孩,因此就给他取名岱。① 他的一生,大概可以按为官与归养田园分为前后两个阶段。前一阶段为官时期,是他为国为民,也是人生"飞黄腾达"得意之时,后一阶段则是他倏然回归田园,优游自在看似快意的闲居无为而沉溺于园林景色与声色的人生后半场。以下就他人生的两个阶段稍做详细介绍。

---

　　① 《笔梦》,《笔记小说大观》05 编 06 册,台北新兴书局景印。

## 一、为官贵盛期

钱岱小时,其父钱亨并没指望他日后读书发达,但他入小学后却"不二年而经书皆诵,并晓大义",于是龙桥公才为他择师学习,使之应举考试,又"甫搦管而文理斐然"。至明朝隆庆五年(1571)中进士,出自张居正门下。钱岱为官时,"三持斧钺代巡,四典乡会试",主要做了以下事情。

第一,执政为民。钱岱出按山东时,诛除豪猾大狙,定议开凿河渠之事。当时山东有狡猾的经纪人,抓住地方官的缺点过失,从中操纵,钱岱"掩捕按治论死,豪强慑服"。又有建言开凿河渠灌溉田亩一事,朝廷让山东、河南御史讨论定夺,钱岱考证事情来龙去脉,列出利害所关,"谓当坏官亭庐舍千万,所费水衡钱万万,两省骚动而无补国计",从而停止开凿河渠之议。钱岱出按楚时,楚适有黠卫士,作乱,他设方略平之,而纵舍协从。①

第二,主持山东、湖广乡试,引领文风,使"程文简洁圆润",文体一变,同时给国家选拔了许多优秀人才。钱岱出按山东时,主持山东己卯(1579)考试,出按湖广时,主持湖广壬午(1582)考试,"程世之文皆出手笔,脍炙天下,一时文章名隽之辈,拔举殆尽,才士吐气矣"②。在湖广主持考试刚结束,因其父钱亨去世,钱岱遂归家赴丧,归则绝意仕进。对他引领文体之变,与他同举进士的庄天合颇为称赞:"嘉隆间天下习为靡靡之音,时卓然大雅,称名家者十有二人,先生为冠。公车之义出,海内人挟一编,摹以为矩。文运更始,先生功也。"③虽然难免有奉承之意,但也反映了一定的事实。

---

① 庄天合:《贺秀峰钱公祖借寿序(庚子科应天同年同赠)》,钱岱:《海虞钱氏家乘》卷八《文苑外集考二》,万历二十八年刻本。
② 庄天合:《贺秀峰钱公祖借寿序(庚子科应天同年同赠)》,钱岱:《海虞钱氏家乘》卷八《文苑外集考二》。
③ 庄天合:《贺秀峰钱公祖借寿序(庚子科应天同年同赠)》,钱岱:《海虞钱氏家乘》卷八《文苑外集考二》。

## 二、归田闲居优游期

明万历壬午（1582）年，张居正病死，失宠，明神宗下令抄其家，并削尽其官秩，追夺生前所赐玺书、四代诰命，以罪状示天下。张居正家属或饿死或流放，张居正在世时任用的官员有的削职，有的弃市，凡与张居正厚善者，都被看作张党。归家守丧的钱岱也因此被斥而不用。中年归田，气力壮盛，钱岱转而出其精神才术，从事于田园声妓以耗壮心。每日管弦铿锵，弈棋饮酒，如是者四十余年。但在他的内心，他并不想让自己的才华被埋没，让自己的生命慢慢流逝而无所为。因而，一方面看似是沉溺在景色和声色中，一方面则积极整理家谱。也许他在等待，等待朝廷哪天能重新想到他，等待他的东山再起。他在归田闲居时期，主要做了三件事。

### （一）编纂《海虞钱氏家乘》

钱岱之前，海虞谱初纂于海虞钱氏柳溪竹深公，次友澜，次虚菴公。钱岱此次编纂，做了大量搜集考证工作，对海虞钱氏的始祖，各支派源流等做了详细梳理，明确了海虞钱氏的一些情况。

为编纂家乘，钱岱尽可能穷尽资料的收集。他在《谱叙乞言（附）》中说："岱自归田，十有五年之间，蒐访故老，翻阅卷册，颇得其什之四五，会五卿弟令新昌，集诸宗人家藏旧谱凡若干帙，缄以见遗，再加翻阅，又得什之六七。岁甲午，游武林，渡钱塘，访绍兴族长名之选者，因出其真谱，而相校订，始获睹其大全，演辑成稿。"[1]他在家谱《跋》中又说："自归田后，凡天下谱牒、古今子史，苟有预吾钱者，必为之索委寻源，积十四年始得成帙，复集轶闻之士，错综而参伍之，于前未必无遗，遗者少矣。"其子钱时俊所做

---

[1]　钱岱：《谱叙乞言（附）》，《海虞钱氏家乘》。

《家乘跋》亦言:"长公自解组以来,十有五载,日夕留神肆力于是,蒐罗散轶,久而得其大全。"①

可见,在资料的搜集上,钱岱不遗余力,可以说是穷尽了当时所有能看到的资料,对海虞钱氏的来龙去脉一清二楚,因而在家谱中能够言之凿凿,对各派源流也能区别清楚,是武肃王钱氏家谱中不可多得的一部信谱。

钱岱厘定了海虞钱氏始迁祖及支派源流情况。钱岱所在的海虞钱氏,始迁海虞者为千一公,后虽有禄园、奚浦、仲桥、新宅、庆安、港口支派,但都出于禄园、奚浦二支,即钱昌宗生二子,长钱镛居禄园,次钱珍居奚浦。而海虞始迁祖千一公又是为何而迁的? 以前有所谓南渡说。钱岱搜集各方资料,详细考证,认为千一公为通州公长子元孙。他说:"通州公生六子,长元孙,次思孙、宪孙、奕孙、文孙、诒孙。而元孙即所称千一者,始来吾虞。元兵绝路,不知所踪,浙谱至佚其名,而海虞亦佚其五弟之名,伯仲裔亲,至不通谱,甚至讹千一为南渡人。岱博综宋元史暨浙地诸宗谱,则高宗赐荣国公忱第于台。夫荣国至千一悬五世历百五十余年,岂容倒置宗祖,紊乱年世至是耶? 今谱悉从国史宗谱改正,以订海虞旧谱之讹。"②他又说:"先王先公,我得而传之证之吴谱,吴谱不足征之越谱,越谱不足,征之国史,国史不足,索之稗史。"③

钱岱又进一步考定海虞钱氏各支派源流情况。他参伍浙谱,咨访宗老,考清只有海虞一支系光禄公端仁之派,余元璙之派为诸暨为缸灶,忠逊之派为山阴为营斟基,惟潜之派为山阴为项里,端礼之派为临海为会稽。

对同在海虞的钱姓,他也备考清楚,不因近而牵强归入,也不因远而遗弃浙江同源。他说:"海虞之钱凡四,吾宗居一焉。其下

---

① 钱岱:《海虞钱氏家乘》。
② 钱岱:《海虞钱氏家乘·凡例》。
③ 郭正域:《海虞钱氏家谱序》,《海虞钱氏家乘》。

宅、瞿舍、哮塘,并称武肃之裔,并以衣冠门阀称雄邑中,然与吾宗世不相认。盖谱自柳溪而后,凡四纂矣,其与台会姚江探讨靡遗,独此三支,语不一及。岱窃疑之:毋舍近而求远耶?今次修谱,因索其家藏谱系,备考来历,则皆称端礼之后,与禄园、奚浦委非同派,渐虽远而世次甚明,不得以远而遗之,同邑虽近,而宗支各别,不得以近而强合之也,第皆裔武肃又同邑,今其乘迹亦略存谱中。"①

从上可见他搜集之勤,用功之深,因而《海虞钱氏家乘》是一部可信度较高的家谱,对研究元明时期海虞钱氏提供了较高的文献价值,也为研究明代经济社会情况提供了较可信的资料。

## (二)营建宅第园林——城西之望

归田后,钱岱优游林下三十多年,他自由自在地安居乡间,徜徉于自己所构建的山水园林中,过着闲适恬淡的生活。为此,他给自己建造了华堂美宅,建设了优美园林,连房洞阁,几四百间,可以想见其规模之大。其主要工作有两部分,一是建造宅第,二是布局园林。二者相互结合,成为当时常熟城西一道美丽的风景线。在常熟,今天仍有钱氏园林的遗物——钱岱手植的红豆,至今已有近四百年历史。

其所建造的主要建筑有四顺堂:集顺堂、怡顺堂、百顺堂和其顺堂。四堂前后相望,翚飞斗角,盘亘山塘。其中,集顺堂是钱岱主要的居住之地,怡顺堂为子孙读书处,其顺堂是钱岱晚年所建,为其长子钱时俊所居之处,而百顺堂则是他的戏曲家班中的演员所居之地。集顺堂、其顺堂、怡顺堂前,每大门前开凿一大荷花池,石栏周围,夏月则荷香数里。百顺堂在山塘泾西岸,荷花池在听事旁边,也极广大。园内虽不像四照轩集有各种名石,但四时百花盛开,亦是让人流连忘返。

除了四顺堂外,还有亭台楼阁充斥其间。有名的山满楼,位

---

于集顺堂右边。此楼当时居常熟通邑名楼之冠。山满楼的右边则是四照轩。轩有池，池上有湖石假山，都是他的学生从各地选择最精致的湖石运来，皆玲珑禄秀。假山之上还有亭，叫抱翠亭。西城山景，踊跃亭前。亭下又有五石壁，划削如天成。刻营造年月于其上，钱岱的自记亦刻在上面。轩前都是美丽的山石。有两棵大松树，挺秀天表。四照轩的左右两边也都是湖石堆叠为山。山径幽折，峰峦隐秀，是钱岱一生最快乐的地方，他也因此以秀峰为号。

钱岱在闲居建造高楼大宅的同时，又按自己的想法创建园林——小辋川。他非常欣赏唐朝大诗人王维在陕西蓝田设"辋川别业"，仿照王维，钱岱设计建造了他的园林，并取名"小辋川"，以示对王维的崇慕。小辋川在常熟西城九万圩西偏。城河自南门依城趾直西至此，而缭绕回环，中多曲港方为之窪，圆为之沼，俱与城河相通。围以高垣，甃以水门。水门时启闭，容游船出入。内则石梁木槎，或造台观以架其上。水边植柳桃李梅芙蓉等。每春，乡人载妇女荡桨入水门。浓荫垂庇，落英缤纷，皆欢呼终日以为胜游。窪之中有亭无基址，以大木作桩，凌空结撰，所谓空心亭也。其铺板不用实心，俱雕镂花胜如窗棂，以透水面凉风，为夏日避暑所在。①

钱岱本人也很享受他的归田生活，他让画家把自己的园林风景画了十幅图，并在上面画上自己的小像，题曰"丘壑中人"。明人屠隆亦对他的园林和闲适生活有所描绘："杖屦所之，遇有会心处辄辟一圃，构一亭，垒石引泉，莳花艺竹；思由景生，景随地出。有细草幽篁蒙茸而覆地，有长林乔木扶疏而造天，有广堂华敞纳云月来凉风，有曲房深邃列鼎彝置髹几，有村巷逶迤竹篱茆屋宛野人之居，……时复悉令屏去，与客作寂寂霞外清言，冷然以，洒然以适。"②

---

① 《笔梦》。
② 屠隆：《丘壑中人卷叙》，《海虞钱氏家乘》卷八《文苑外集考二》。

今人王晓明在《城西之望》中对他的园林建造给予很高的评价,说小辋川"成为江南园林中别具匠心的名园。它的整体规模,如果不是因为被时光湮没、战火毁灭,那在如今现存的江南园林中,无论是形制布局、造园艺术、建筑风格等方面,也会占有重要的一席之地"。① 确实,虽然钱岱的城西之望的具体面貌已不可知,但从文献记载来看,对我们今天城市园林的建设还是有重要的启发。单是想想他的湖山水石与城一体的诗意美景,就不难看出他的园林布局是多么的自然而又惬意。

## (三)组建家乐班

为了享受他的归田生活,钱岱还创建了他的家庭乐班。当时,听戏赏曲已是士大夫休闲娱乐的主要活动,一些有势力的官僚地主甚至组建自己的私人乐班。钱岱的私人家乐班虽为他个人享受而建,但为今天研究中国戏曲的发展提供了很好的研究材料。今人陆树峛、李平在《研究明代戏曲的一份珍贵史料——读据梧子〈笔梦〉》②中对此有较深的论述。这里只简单谈谈钱岱家乐班的情况。

钱岱家乐班组成有两类:教师和女优,而女优即女演员又是最主要的。具体如下。

女教师:

沈娘娘,苏州人。少时为申相国家女优,善度曲。年六十余。

薛太太,苏州人。旧家淑媛,善丝竹,兼工刺绣。年五十余。宅中皆称为太太。

女优十三名:

老生,张寅舍,家人女。两眉疏秀,颜色洁白。颊有微靥,体态端雅。弓足。得幸于侍御,改名素玉。为侍妾三十年。侍御卒

---

① 王晓明:《城西之望》,《钟山》2013年第2期,第118页。

② 陆树(山仑)、李平:《研究明代戏曲的一份珍贵史料——读据梧子〈笔梦〉》,《复旦学报(社会科学版)》1983年第3期。

后,入尼庵,奉佛终身。

正旦,韩壬壬,北京人。紫膛色,颐额方称,丰姿绰约。足略弓。后适张仆子五郎。

外,冯观舍,扬州人。姿容秀丽,长大姣好。弓足。名翠霞。侍御于侍妾中命为首领。侍御卒后,旋卒第中。

老旦,张二姐,小东门竹匠女。姿色红白停匀,身材五短。弓足。侍御卒,年已四十余,适人。

小生,徐二姐,苏州人。脸如鹅子,丰满洁白,小口花牙;态度娴雅。弓足。为侍御妾,貌独冠群妾上。名佩瑶。后终其家。

小旦,吴三三,苏州人。眼微似斗鸡,而丰姿俏丽,色态双绝。弓足而纤小。后适顾氏子为妾。

小旦,周桂郎,苏州人。姿容妍丽,体态娉婷。弓足纤小。其平正轻利为众妾莫及。有凌波微步之致。为侍御妾,改名连璧。

大净,吴小三,家人女。面白而圆,身材微胖。足未弓。后适家人长寿。

二净,张五舍,扬州人。姿色红晕,身材短俏。足略弓。终于侍御家。

小净,徐二姐,韦县人。面洁白,唇有黑痣,颇妩媚。独足未弓。后适苏州一富人。

贴旦,月姐,眉梢长曲,面颊微靥,姿色颇艳。弓足。后配家人子谭四。

家乐班演习的剧本主要有十种:《跃鲤记》《琵琶记》《钗钏记》《西厢记》《双珠记》《牡丹亭》《红梨记》《浣纱记》《荆钗记》《玉簪记》。

在秀美的园林中,钱岱观赏着戏曲演员的表演,过着优游自在的林下生活。据《笔梦》记载:"春时小辋川花发似锦,侍御日偃息其间。诸女或打十番,或歌清曲,张素玉中坐司鼓,余女团团四围,笙歌相闻,几于满城。墙外游人,竟日立听,皆作李暮想。夏时则避暑小辋川空心亭。……倦则偃卧鼾睡以消永昼。时或卷帘凭栏，惟觉荷香风送，清气袭人。……秋时或小辋川，或四照轩。遇枫叶落，则登挹翠亭。"①

## 三、钱岱的评价

关于钱岱的评价，时人即形成了两派意见。一派是他的亲朋故人、学生等，认为他是颇有才干之人，归田后又能安居乡里。另一派则把他目为张居正一派，是权相张居正的鹰犬帮凶。

在正史中没有钱岱专门的记载，即便是散见于《明史》他人传记中的记载，也往往是把他目为张党，作为张居正爪牙的面貌呈现的。如《明史》卷二百二十六《丘橓传》记载，丘橓进言："钱岱监湖广乡试，先期请居正少子还就试，会居正卒不果，遂私中篆子之衡。"《明史》卷二百二十《曾同亨传》则记载："九年，京察拾遗，给事中秦燿、御史钱岱等复希居正指，列同亨名。勒休致。"时人顾大韶则著有《讨钱岱檄》，极力声讨钱岱充当张居正鹰犬，归田后又横行乡里，贪贿累累，恶贯满盈。著此文的顾大韶是顾大章双胞胎弟弟，虽雅擅古今文词，但为人恃才任气，因科场案而绝意仕进，终老于国子生。此文虽然写得酣畅淋漓，但也实有些任气的意味。

第一，钱岱和张居正的关系，他的族弟清人钱谦益在《文林郎湖广道监察御史钱府君墓表》中对此专门有讨论："公长才伟节，骋足仕塗，中年牵累，一斥不复，以座主江陵公之故也。公为御史八年，未尝有不次迁拜。其在山东，岁所决囚不满额，江陵恚之，顾亦以此知公。江陵故急才，得公所上封事。辄反复称善。江陵未为不知公，公故未尝附江陵也。夫不附江陵者，公之义也。江陵之能知公者，公之材了，江陵之察也。江陵功在社稷，久而著明矣。以江陵牵累者，是不获伸于生前，亦可以白于身后矣。……

---

① 《笔梦》。

公酒间与余语万历初事,娓娓不休,以此知公有心于当世者也。由上言之,谓公附江陵,不知公者也。讳公为江陵所知,又岂知公之意哉!"①

张居正时正为国家拣选人才,钱岱的才能深受张居正的赏识。张居正时正权势显赫,当时士大夫想见他一面都不可得,而钱岱至则接见,好像有夙缘似的。初授广州府推官,任期届满后即被提拔为御史。万历壬午(1582)即被命为湖广主试。湖广是张居正的老家。此次考试,张居正的儿子亦高中。因而有人认为钱岱有从中做手脚的嫌疑。实际上,钱岱为人煦煦和厚而后虑深远,张居正又善于明察,所以钱岱遇事绝不干涉请托,而遇公事,则能委曲开导。而张居正虽刚愎自用,也因此"未常不改容以听"。张居正延揽人才,每得钱岱章奏,连连称好,其对钱岱尤其另眼相看。"故事元辅不谒客,而江陵尤贵倨。顾独枉驾过汝瞻,呼守邸人属曰:'传语主人,吾不以此礼加他御史也。'"②而且,对于张居正的评价,在明朝天启时已为他复官,认可了他对明朝的贡献。后明朝国事日衰,"国成溃弛,寇氛日炽,追思综覈初政,咸叹息于江陵,思其所录用之人,皆精强干办,可资缓急。"③明朝当危急之时,反对张居正的人终于明白了张居正对国家之用心,而为时已晚。后人则对张居正评价极高。梁启超在《中国历史研究法补编》中说"他是近三百年大明史上唯一的政治家"。尽管张居正当权时确实存在擅权的问题,但他的改革和对人才的选拔却对明朝有重要的作用。对张居正评价可说是已经定论了,但包括钱岱在内当时受张居正提拔的很多官员却仍被目为张党的帮凶,确实有失公允。

从上所述钱岱的一生可知,钱岱在当时可以算是不可多得的人才,他为官时也为地方做了一些事情。如若不是受张居正的牵

---

① 钱谦益:《牧斋初学集》卷七十六,上海古籍出版社1985年版。
② 见《笔梦》。
③ 见《笔梦》。

连,凭他的才能,他也许能为国为民做更多的事情。可惜受张居正的影响,再没得到施展的机会。据《笔梦》,明天启时,王象乾开镇前辽,钱岱听说后笑曰:"王霁宇遂作擎天一柱,朝家可谓乏人矣。"据梧子之父则认为,如果钱岱没有被免职,"当任边督为名本兵,晋溪、虞坡,其在季孟之间乎?"钱岱则"举酒属先君而笑,以为知言也"。可见,钱岱本人对自己的才能还是颇为自信的。

第二,归乡之后的钱岱,并非恶贯满盈,一无是处。回乡之后,《笔梦》说他"居乡,加惠于寒微,而待绅衿则殊倨傲。生平未常作威福,亦未尝与当道关谈一事。虽声所甚广,束修之问,接踵门庭,皆及门显位者,为报师恩,实未尝遗介致书以求分润也。故江陵身后,大滋物议,而侍御脱然无累,优游林数十年,声色自娱,无纤芥祸云"。这个论述还是比较中肯的。如果钱岱为官时有大的贪贿行为,以他与张居正的关系,朝廷也不会让他安居乡里。至于他的享受资本,一方面来源于他作为官僚地方拥有大量的田产,另一方面,他主持考试选拔的学生也有大量馈赠。而这些,不能简单地归为搜刮民财和不义之财。

然而,今人陆树崙、李平在《研究明代戏曲的一份珍贵史料——读据梧子〈笔梦〉》中对钱岱评价仍然极低,仍把他看作是张党,收受贿赂,搜刮民财,沉溺享乐之人。其说:"钱岱为人很坏:一方面,他是张居正的门生,利用这层关系,以伪装的柔顺迎合刚愎自用的权相,博得了张的欢心,所以张居正虽然专断,有时却还愿意改容倾听和采纳他的意见;另一方面,他又利用张居正的宠信,为那些'热中之士'出谋划策,代为引荐,并以之作为接受贿赂的一种交易。告归之后,横行乡里,作恶多端。还利用从各处搜刮的馈遗,在常熟西城建起了连云甲第。"

诚然,钱岱不是历史上一心为民的清官形象,也不是凛然一身为国家为民族有大功劳、大贡献的英雄形象,但也并不是坏透了的奸臣贪官形象。如果只认为他"为人很坏",也实欠公允。对历史上类似钱岱这类比较复杂的人物,本身就不是非黑即白、截然分明的。因此,对他们的评价也应相对客观和全面,以相对中立和站在时代的背景下来认识他们,而不应苛责古人于地下。对于钱岱,则可以说,他是一个有一定的才华但受张居正影响而没有充分展现其才华的人。同时,归乡四十余年中,他"内行淳备,以尊祖敬宗收族焙,建五王祠,修族谱",宗人中贫老破衣芒履蒙袂与金章朱履者,他都一视同仁。他还关心故人之子。对推荐他的李官之子,他一直关心备置,不因李在官与否而改变。尤其难能可贵的是,在李去世二十多年,李之子失音后,钱岱仍每年问候馈赠。① 当然,我们所期望的是,钱岱本可以更加积极有为,而不应沉溺于山水园林、戏曲声色中。但就当时的整个明朝社会而言,他也很难跳出统治阶级的束缚。

**参考文献**

[1] 钱岱.海虞钱氏家乘[M].明万历二十八年刻本.

[2] 笔记小说大观[M].台北:台北新兴书局景印本.

[3] 张廷玉.明史[M].北京:中华书局,2015.

[4] 钱谦益.牧斋初学集[M].上海:上海古籍出版社,1985(9).

[5] 陆树崙,李平.研究明代戏曲的一份珍贵史料——读据梧子《笔梦》[J].复旦学报(社会科学版),1983(3).

[6] 王晓明.城西之望[J].钟山,2013(2).

---

① 余寅:《题丘壑中人卷》,《海虞钱氏家乘》卷八《文苑外集考二》。

# 钱俶刻印《宝箧印经》与吴越国
# 阿育王塔之关系重考①

广州美术学院　图像与历史高等研究院讲师　吴天跃

**摘　要:**吴越国王钱俶三次刻印《宝箧印经》、三次造塔时间上联系紧密,以往大部分学者都认为钱俶所造阿育王塔均用于装藏《宝箧印经》。本文首先引述和辨析了中日学者关于日僧道喜《宝箧印经记》的最新研究进展,提示其背后道喜的撰述立场可能影响了历史记述。继而考察目前存世的钱俶刻印《宝箧印经》的贮存方式、吴越国阿育王塔的内部构造,试图厘清经、塔的真实共存关系,发现两者往往分离贮存。最后将钱俶所刻《宝箧印经》与其所造阿育王塔在吴越至宋大塔中共存的仪轨实践和历史背景作一引申推测,认为《宝箧印经》乃是一种"法舍利",吴越国阿育王塔在当时应是将其作为"法身舍利"和江南佛教圣物加以供奉,而非根据《宝箧印经》所造。钱俶造塔纳经的幕后推动者很可能是力倡印经造塔弘法的吴越高僧永明延寿。

**关键词:**《宝箧印经》;钱俶;阿育王塔;法舍利;永明延寿

---

①　本文是广东省重点学科科研项目"20世纪的中国美术史知识谱系和知识生成研究"的阶段成果;广州美术学院学术提升计划B类"东亚文化圈视野下的10至14世纪中国东南沿海佛教艺术研究"的阶段成果,项目编号:20XSB11。浙江省博物馆历史部黎毓馨主任为实物考察提供了诸多便利。匿名审稿人、中国社科院廖旸博士和陈志远博士、北京科技大学池明宙博士、中山大学王磊博士都对本文提出了宝贵的修改意见,特致谢忱!

本文在前人的研究基础上,重新考察五代十国之一的吴越国末代国王钱俶(948—978年在位)①三次刻印的《一切如来心秘密全身舍利宝箧印陀罗尼经》②(以下简称《宝箧印经》)与吴越国阿育王塔③的关系问题,梳理其装藏和瘗埋形式,进而理解吴越国阿育王塔的性质和功能。

目前考古发掘与传世的吴越国王钱俶所刻《宝箧印经》可分为三种年代刻本。钱俶分别于丙辰岁(956)、乙丑岁(965)、乙亥岁(975)三印《宝箧印经》,这一时间与钱俶造乙卯岁(955)铜塔、乙丑岁(965)铁塔以及雷峰塔天宫、地宫出土的纯银和银鎏金阿育王塔的时间④相嵌合,钱俶刻经与造塔之举究竟是何种关系,有必要详加考证。下文从日僧道喜《宝箧印经记》重考、钱俶所刻《宝箧印经》的贮存方式、造"塔"纳经与"法舍利"供养等三个方面展开讨论。

## 一、日僧道喜《宝箧印经记》重考

日僧道喜所撰《宝箧印经记》是最早明确提到钱俶所刻《宝箧印经》与其所造阿育王塔关系的文献。《宝箧印经记》作于日本村

---

① 钱俶,原名钱弘俶,字文德。公元960年,北宋建国,为避赵匡胤之父宋宣祖赵弘殷之讳,改称钱俶。下文凡出现"钱弘俶"之名,为了避免混淆,统一为"钱俶"。

② 《宝箧印经》,为佛教密宗经典。收入《大正藏》的汉译本有三种,唐开元三大士之一的不空(Amoghavajra,705—774)译No. 1022A本、No. 1022B本《宝箧印经》以及北宋施护译No. 1023《宝箧印经》。吴越钱俶刻印的是卷末附有音译陀罗尼咒的No. 1022A本。北宋施护所译《一切如来正法秘密箧印心陀罗尼经一卷》,亦收录于清代官修的《乾隆大藏经》中,但后世并不见流行。《宝箧印经》全经一卷,2700余字,其中意译的经文约2300字,音译的陀罗尼神咒、边注(序号、注音)和题记共400余字,叙说了佛陀应婆罗门无垢妙光之请,到他宅中接受供养,在丰财园朽塔处说法之事。唐代不空译出该经,至五代吴越国刊行,相隔近两百年。

③ 关于五代吴越国所造塔的定名尚存争议,主要有"金涂塔""阿育王塔""宝箧印塔"和"钱俶造塔"等多种定名,已另撰文辨析。本文采用"阿育王塔"这一约定俗成的定名,并加前缀,以示区分。

④ 纯银和银鎏金阿育王塔何时纳入雷峰塔天宫、地宫之中至今仍无定论,根据雷峰塔创建和竣工年代的推测,可能在972年至977年之间。

上天皇康保二年(965)七月二十六日,由于这则材料距钱俶三次造塔时间上最为接近,史料价值突出,引发了诸多中日学者对其详加考证(见图1)。①

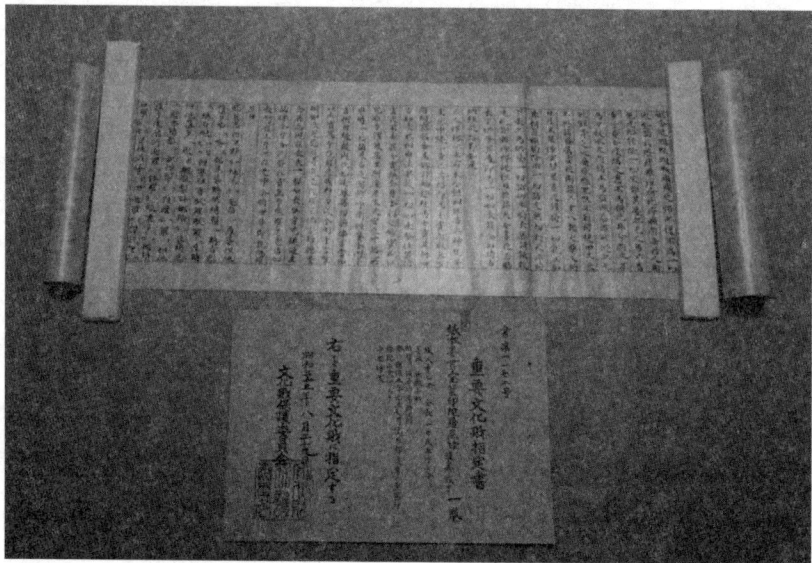

图1　道喜所撰《宝箧印经记》及"重要文化财指定书",965年,大阪长野金刚寺藏

（吴天跃　拍摄）

薮田嘉一郎对日本现存《宝箧印经记》的多个版本②加以比较考订。五个流行版本之间相比较,长短不一,多有谬误和别字。薮田嘉一郎最终整理出定本。本文在薮田氏整理的定本基础上,再作断句标点:

---

①　中国学者对《宝箧印经记》的注释与研究,参见闫爱宾:《宝箧印塔(金涂塔)及相关研究》,第19—21页,同济大学2002年硕士学位论文。陈平:《钱(弘)俶造八万四千〈宝箧印陀罗尼经〉》(下),《荣宝斋》2012年第2期,第48—53页。由于条件受限,陈平和闫爱宾对日本学界关于《宝箧印经记》的研究,未予以充分关注。

②　目前所见共有5种:(1)皇円的《扶桑略记》第廿六、村上天皇应和元年(961)十一月廿日条全文记载;(2)广岛市西福院藏、绀纸金泥《宝箧印经》(藤原时代书写、重要文化财)的题辞,但是文首三行五十一字缺失;(3)大阪河内长野市金刚寺藏、纸本墨书《宝箧印经》(藤原时代书写、重要文化财)的跋尾;(4)栗原信充撰高山寺古写本题跋备考所收、二条天皇永历元年(1160)书写栂尾十无尽院藏《宝箧印经》的跋尾;(5)《大日本佛教全书》之《遊方传业书》第四,以《宝箧印陀罗尼传来记》为题(以高山寺本为底本、与诸本参校)登载。

## 宝箧印经记

去应和元年，游右扶风。于时肥前国刺史称唐物出一基铜塔示我，高九寸余，四面铸佛菩萨像，德宇四角，上有龛形如马耳。内亦有佛菩萨像，大如枣核。捧持瞻视之顷，自塔中一囊落，开见有一经。其端纸注云："天下都元帅吴越国王钱弘俶揩本《宝箧印经》八万四千卷之内安宝塔之中，供养回向已毕，显德三年丙辰岁记也。"文字小细，老眼难见，即雇一僧，令写大字，一往视之，文字落误，不足眈读。然而粗见经趣，肝动胆奋，泪零涕迸，随喜感悦。问弘俶意，于是刺史答曰：由无愿文，其意难知，但当州沙门日延，天庆中入唐，天历之杪归来，即称唐物，付嘱其塔之次谈云。大唐显德以往，天下大饥，黄巾结党，抄劫边州，烟尘张天，殆及邦畿。弘俶为大将，领天下兵征伐凶党及九年，比与贼合战二十四度，斩首五万余级。显德元年春，人弥饥荐，乌合蚁结，螯食华鄙。弘俶麾其师旅，应响攻击。贼饥不战，立以大败。乘胜追北，至汶水边。洪水顿涨，激浪鼓怒，津处无船。贼徒知其巨脱，各投深水。暴虎冯河之辈追捕溺杀，其数不知几亿万，汶水为之不流。自尔以降，天下清肃。弘俶复命之日，主上大喜，作九锡命，封王吴与越。弘俶不几坐杀若干人罪，得重病送数月。常狂语云："刀剑刺胸，猛火缠身。展转反侧，举手谢罪。"爰有一僧，告云："汝愿造塔，书《宝箧印经》安其中，供养香花。"弘俶咽中发件愿两三度，合掌礼谢，即得本心。随喜感叹云："愿力无极，重病忽差。"于时弘俶思阿育王昔事，铸八万四千塔，揩此经，每塔入之。是其一本也，云云。妙哉！大国之僧有此优识；惜哉！小苈之客无其精勤。爰我价募身命，访求正本，京中郊外，踬履遍问。适于江郡禅寂寺得件经，其本亦多误。然两本相合，互检得失，终获其真，然后日分转经终无倦。夜日诵呪，每夜不眠，渐经三个月。于时空中有声告曰："汝于此经，殷重渴仰，但此经由两译，师所持者先译，多除梵本，其后译者，为之具足也，其本在伊豆国禅院，天下无二本。我常与二十八部大药叉大将等守护彼经。我独感汝精诚，常回汝边，亦告此事。"于时小僧就国司便佻触可书赠彼经之状。遂以康保二年四月十三日送件经。披阅其卷，功能绝妙。眈弄其文，深理染肝。十二分教为砾，是经其中如意珠；八万法藏为沙，是经其中紫磨金。一句之味如醍醐，百病万恼，一般消灭；一字之光超日月，铁围沙界，俱时照明。非可忽灭重罪，证佛果者，何得见是经典，闻斯妙理哉。

康保二年岁次乙丑七月廿六日甲午　释道喜记

关于作者道喜的资料甚少，《觉禅抄》的经部在引述《宝箧印经记》之后，附加了一句"道喜南京人也云云"，其他便语焉不详。据薮田嘉一郎推断，道喜并非中央名山大寺的贵僧、高僧或学匠，也不是地方布教师，身份地位较低。道喜其名也未出现于史传中，可能是台密系的念佛僧。[①] 小野英二的看法略有不同，他认为《觉禅抄》是后世之书，其记述未可绝对信赖。他推测道喜可能是南都之僧，《宝箧印经记》中所述"然后日分转经终无倦。夜日诵呪每夜不眠"，正是南都佛教重视昼夜二分之供养作法的特征，再加上文中对天台僧日延的详述，后面又提及江郡禅寂寺、伊豆国禅院等天台宗有关的寺院，更进一步旁证。而从其能与肥前国刺史交游、又赠送国司转抄之经，道喜可能是当时有名望和社会影响力的人物。[②]

关于文本内容。《宝箧印经记》所述与史实多有乖违矛盾，前

---

①　[日]薮田嘉一郎：《宝箧印塔の起原，续五輪塔の起原》，綜藝舍1966年版，第28页。
②　[日]小野英二：《「宝箧印经記」にみる日本の阿育王塔信仰受容の一断面》，《奈良美術研究》第7号，早稲田大学奈良美術研究所2008年版，第191—192页。

人已详加考订其中错讹之处，文本暂且悬置具体考辨，重点关注《宝箧印经记》所录经塔关系，以及背后所隐藏的道喜著述意图和时代背景。

据道喜撰述，日僧日延①曾于日本朱雀天皇天庆年间（938—946）来华礼佛，村上天皇天历末年（956）归国时，随身带回吴越国王钱俶颁赐的阿育王塔。日延将吴越国阿育王塔献给了肥前国司多治比实相，而道喜于村上天皇应和元年（961）②春在多治比实相处见到了此塔。四年之后，道喜在《宝箧印经记》中记录了《宝箧印经》与吴越国阿育王塔的共存形态："捧持瞻视之顷。自塔中一囊落，开见有一经。其端纸注云：'天下都元帅吴越国王钱弘俶揩本宝箧印经八万四千卷之内安宝塔之中供养回向已毕显德三年丙辰岁记也。'"

薮田嘉一郎认为《宝箧印经》与当时日本宗教界的末法思想、舍利信仰、造塔和净土思想、阿弥陀－弥勒信仰的气息相吻合，"宝箧印塔"可能是作为台密系宝塔制作的，而台密系宝塔正与当时流行的显教系如法经十种供养（埋经）相对抗。其结果便是藤原时代以后出现的八万四千塔和石造宝箧印塔开始流行。③言外之意便是，《宝箧印经》与吴越国阿育王塔密切结合的思想基础是根植于当时日本宗教界的佛教思想状况，而在中国两者并没有如此紧密的联系，道喜的记录渲染了这一联系，表明了其作为天台系僧人的立场。追盐千寻也同意道喜特别强调《宝箧印经》的功德，有当时密教信仰之考量，作为密教信仰之一种的阿育王信仰

---

① 关于日延身份，鹫尾顺敬氏古经跋语所载古版《往生西方净土瑞应删传》之识有云："天德二年（岁以戊午）四月二十九日（庚辰木曜紫宿）延历寺（度西海）沙门日延（大唐吴越州□日赐紫□光大师初导传持写之得焉）。"参见《佛教史学》第一编第十号史话《日延和清算》，转引自［日］木宫泰彦著，陈捷译：《中日交通史》（三），商务印书馆1931年版，第311页。综合多条史料可知，日延是平安时代中期肩负特殊使命前往中国求法的延历寺僧人，生于肥前国。他于天庆年间入吴越国，天历末年返回日本，将钱俶所造塔赠予肥前国司多治比实相，后又创立大浦寺。

② 村上天皇于公元947年登基，年号天历；957年改元天德；961年二月再次改元，之前为"天德五年"，之后为"应和元年"。

③ ［日］薮田嘉一郎：《宝箧印塔の起原，续五轮塔の起原》，综艺舍1966年版，第36—39页。

在日本日渐普及。①

小野英二进一步指出《宝箧印经记》体现的灭罪思想。他注意到道喜的这段记述文字,可能在模仿《金光明经》卷四末尾《金光明经忏悔灭罪传》感应故事的写法,两者记述的全部格式也非常接近。道喜所看重的《宝箧印经》明确记录了解救杀生之罪的功德。小野英二联系道喜所处的 10 世纪中叶,日本国内混战不断,从濑户内海起兵叛乱的藤原纯友的军队,袭击了大宰府,席卷了北九州,似乎暗合了末法时代到来的惨状。这一时期道喜在九州停留,对战乱耳濡目染,联想起钱俶追杀反叛军队的场景,又何其相似,在这样的背景下,动笔题写《宝箧印经记》。②

在日本,《宝箧印经》这部经典本身,是由入唐求法僧圆仁、圆珍等密教大师从中国请来的经典。③ 在道喜的时代,也并没有新传来的译本。后世宝箧印塔也在日本全境流行,10 世纪之后的日本阿育王塔信仰中强烈的"供养—灭罪"的性格被接受,其基础就是《宝箧印经》奠定的"供养—灭罪"的意识。④ 将吴越国阿育王塔与《宝箧印经》密切联系起来,道喜的《宝箧印经记》起到了至关重要的作用,并对日本镰仓时代以来流行的石造宝箧印塔(其形制与吴越国阿育王塔近似)的功能属性产生了极大的影响。凡此种种,与道喜的佛教宗派立场密不可分。但在中国,吴越国阿育王塔与《宝箧印经》的关系并没有如此紧密,史传文献对此唯一的记录见于南宋天台僧人志磐《佛祖统纪》卷四十三:"吴越王钱俶,天

---

① [日]追盐千寻:《日本中世の説話と仏教》,和泉書院 1999 年版。转引自小野英二:《〈宝箧印経記〉にみる日本の阿育王塔信仰受容の一断面》,《奈良美術研究》第 7 号,早稻田大学奈良美術研究所 2008 年,第 188 页。

② [日]小野英二:《〈宝箧印経記〉にみる日本の阿育王塔信仰受容の一断面》,《奈良美術研究》第 7 号,早稻田大学奈良美術研究所 2008 年版,第 189—191 页。

③ [日]薮田嘉一郎:《宝箧印塔の起原,続五輪塔の起原》,綜藝舎 1966 年版,第 28 页。

④ 在诸多密教经典中,《宝箧印经》在道喜之前被使用的行迹几乎难以寻觅,可以说,随着《扶桑略記》和《宝箧印経》的诸多写本对《宝箧印経記》的采录,《宝箧印経記》思想的扩散流布成为可能,对于《宝箧印経》在日本的流行起到了非常重要的作用。[日]小野英二:《〈宝箧印経記〉にみる日本の阿育王塔信仰受容の一断面》,《奈良美術研究》第 7 号,早稻田大学奈良美術研究所 2008 年版,第 192 页。

性敬佛,慕阿育王造塔之事,用金铜精钢造八万四千塔。中藏宝箧印心咒经,布散部内,凡十年而迄功。"①

薮田嘉一郎对此大胆推测,考虑到吴越国王听从僧人净光羲寂建言,曾向日韩求取散佚的天台教籍一事,北宋建国之后,日本入宋僧计有数十人,渡宋期间日僧附赠大宋欠失的经典著作极有可能,天台僧人志磐很有可能是在撰写《佛祖统纪》时参考了入宋僧随身携带而来的道喜《宝箧印经记》的说法。② 因此,中国的吴越国阿育王塔中安置《宝箧印经》是否为事实,仍有待考证。志磐撰写《佛祖统纪》时大抵在南宋理宗的宝祐六年(1258)至度宗的咸淳五年(1269),去吴越国造塔远矣,志磐所述多为传闻,真实性待考,薮田嘉一郎的猜想并非没有根据。

针对小野英二、薮田嘉一郎和追盐千寻忽略的《宝箧印经》在日本的贮存方式,笔者再做一点补充。道喜《宝箧印经记》明确记录了该塔中装藏的是显德三年丙辰岁(956)的《宝箧印经》,但今日在日本虽有若干吴越国阿育王塔出土与传世,都未见传世文献确证为日延所携归国的阿育王塔,③日本和歌山那智经塚与奈良大峰山寺出土的阿育王塔中均未发现丙辰岁刻印的《宝箧印经》。目前日本传世的古写经《宝箧印经》中,大多数与《大正藏》第19册 No.1022B 本一致,卷末不附陀罗尼咒,No.1022A 本未成为主流,④暂未发现吴越国刻印的三种版本纸高不及10厘米的《宝箧印经》。⑤

---

① 《大正藏》,第49册,No.2035。

② [日]薮田嘉一郎:《宝箧印塔の起原,统五輪塔の起原》,綜藝舍1966年版,第25—27页。

③ 参见吴天跃:《日本出土的吴越国钱俶造铜阿育王塔及相关问题研究》,《艺术设计研究》,2017年第2期(夏刊),第98—105页。

④ [日]小野英二:《〈宝箧印経記〉にみる日本の阿育王塔信仰受容の一断面》,《奈良美術研究》第7号,早稻田大学奈良美術研究所2008年版,第187页。

⑤ 目前在中国发现的两卷丙辰岁刻本,其卷首刊刻四行题记:"天下都元帅吴越国王/钱弘俶印宝箧印经/八万四千卷,在宝塔内供/养。显德三年丙辰岁记。"与道喜所录《宝箧印经》的卷首文字内容也有差异,或为道喜误记。

## 二、钱俶所刻《宝箧印经》的贮存方式

目前有发现记录的钱俶所刻《宝箧印经》，并非如南宋志磐和多数现代学者所认为的装藏于吴越国阿育王塔之中，往往分离贮存。需要说明的是，上述钱俶所刻《宝箧印经》的发现年代均较早，出土原始情境大多没有翔实的考古报告支撑，且佛塔、经幢内装藏的实物很可能受到后世的干扰，并非初始形态，未必能直接说明钱俶所处时代《宝箧印经》的最初贮存形态和装藏意图。表1显示了钱俶所刻《宝箧印经》的贮存方式。

表1　钱俶所刻《宝箧印经》的贮存方式统计表

| 刻经年代 | 出土地 | 经塔关系 |
| --- | --- | --- |
| 五代后周显德三年丙辰岁（956） | 在浙江湖州天宁寺佛顶尊胜陀罗尼经幢幢顶象鼻中发现① | 藏于经幢内 |
| 五代后周显德三年丙辰岁（956） | 安徽无为北宋景祐三年佛塔地宫（佛塔下砖墓小木棺）② | 藏于大塔地宫内 |
| 北宋乾德三年乙丑岁（965） | 在浙江绍兴物资公司工地出土的吴越国造铁阿育王塔中发现 | 藏于钱俶造铁塔内，未发现大塔 |
| 北宋乾德三年乙丑岁（965） | 浙江嵊州应天大塔 | 藏于大塔内，未发现钱俶造阿育王塔 |
| 北宋开宝八年乙亥岁（975） | 出土较多，均藏于浙江杭州雷峰塔的藏经砖内③ | 藏于大塔内，有钱俶造银阿育王塔（小塔内无刻经） |

检索目前已发现的钱俶所造铜、铁、银阿育王塔，明确藏有《宝箧印经》的只有1971年11月浙江绍兴物资公司工地出土的

---

① 1936年杭州《文澜学报》发行了关于浙江文化遗产的双号特刊，其中有一则是潘廉深对丙辰岁刻本发现、流传经过的记载。参见《文澜学报》，第2卷第3—4期合刊，第327—328页。转引自［美］艾思仁（Soren Edgren）：《公元956年陀罗尼经》，黎毓馨主编：《吴越胜览国际学术研讨会论文集》，中国书店2011年版，第192页。

② 《无为宋塔下出土的文物》，《文物》1972年第1期，第77—78页。

③ 雷峰塔倒塌后散佚各处的乙亥岁刻经，据柳向春目前统计，海内外所存约计30、40卷，但真伪错杂，难以取信。最近浙江省博物馆的库房整理又新发现10多卷雷峰塔所出的乙亥岁刻经。

**图2 浙江绍兴物资公司工地出土的钱俶造铁塔,965年,绍兴博物馆藏(吴天跃 拍摄)**

**图3 浙江绍兴吴越国乙丑岁(965)刻本《宝箧印经》卷首扉画变相图**

**浙江省博物馆藏(吴天跃 拍摄)**

一座乙丑岁(965)铁阿育王塔(见图2),仅为孤例,且无正式考古发掘报告。张秀民记录了乙丑岁刻本《宝箧印经》(见图3)藏于乙丑岁铁阿育王塔的贮存方式,即"塔内放一小木筒,长约10厘米,红色,短而粗,一端有木套,筒内藏经一卷",[①]但不知是否为其亲眼所见。经笔者上手观察,乙丑岁铁塔的铸造方式,以四片铁版围合焊接成塔,每片铁版的基座、塔身和塔顶的山花蕉叶三部分通体连铸而成,底部是刻有钱俶铭文的可拆卸的底板护封,以塔基座底部四边焊接的铁钩来固定。但乙丑岁铁阿育王塔内四壁、顶部均无挂钩,塔内小木筒究竟如何悬挂仍存疑问。

---

① 张秀民:《五代吴越国的印刷》,《文物》1978年第12期,第74—76页。

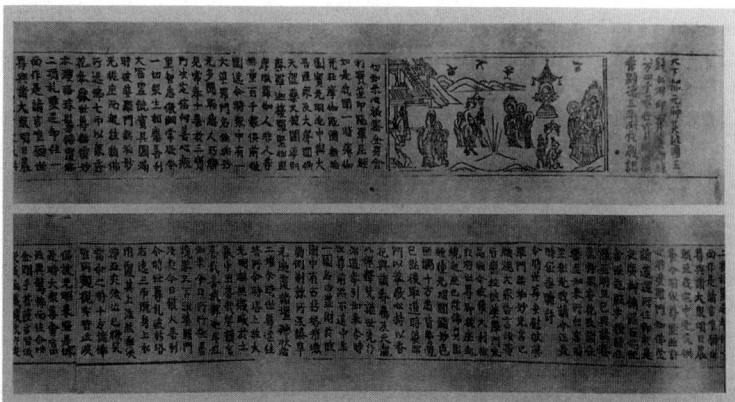

图 4　浙江湖州天宁寺石经幢发现的丙辰岁刻本《宝箧印经》,956 年,瑞典斯德哥尔摩博物馆藏(黎毓馨主编:《吴越胜览国际学术研讨会论文集》,中国书店 2011 年版,第 182 页)

表 1 也说明了其他版本《宝箧印经》的贮存地点。其中,丙辰岁(956)刻本(见图 4)于 1917 年夏在原湖州天宁万寿寺经幢象鼻中发现,并未藏于钱俶造乙卯岁(955)铜塔内。目前世界各地考古发现以及传世收藏共计有 37 座铜塔。[①]尽管乙卯岁铜塔的内壁铸有铜钩,具备了悬挂佛经经筒的物质条件,但塔内均未发现《宝箧印经》,其他学者仅以时间久远,佛经易风化毁损为由加以解释,难以令人信服。乙丑岁(965)刻本,目前存世仅有 2 件,其中 1 件如前所述藏于吴越钱俶所造乙丑岁(965)铁塔中,另 1 件则藏于浙江嵊州应天大塔中,该塔并未出土吴越阿育王塔。

乙亥岁(975)刻本多藏于雷峰塔藏经砖内(见图 5),独具匠心,前所未见。[②]这类特殊的藏经砖,"只砌在塔的顶层,即第五层

---

[①]　不同学者对吴越国钱俶所造的乙卯岁铜塔的统计数目有差异,这是由于考古发掘报告记录的混乱、后世的摹造以及搜集检索范围不同导致,个别学者未将欧美、日本所藏的吴越国钱俶所造阿育王塔统计在内。目前所见主要有黎毓馨、闫爱宾、泷朝子和笔者的四种统计版本。

[②]　据考古报告:"佛经置于藏经砖的小圆孔内,圆孔一头露在砖缘,一头深入砖身,并不横贯。由于经卷的宽度不足 10 厘米,孔洞的设计多为 10 厘米深,直径 2 厘米,正好与之匹配。待经卷庋藏其中,外端再以黄泥护封,个别则以木塞封口,巧妙地给藏经营造了一个密封的保存氛围。"该藏经方式为雷峰塔独有,特制的藏经砖亦为雷峰塔专有,迄今已知的各代佛塔都不见同类藏经砖。参见浙江省文物考古研究所编:《雷峰遗珍》,文物出版社 2002 年版,第 66 页。

**图 5　2000 年杭州雷峰塔遗址出土的"天"字藏经砖与普通藏经砖。馆藏地不详**
**（浙江省博物馆编：《地涌天宝》，中国文化艺术出版社 2009 年版，第 130—132 页）**

位置，多余的藏经砖被有意堆放在底层塔心室里"。①

雷峰塔藏经砖并非都用于贮藏《宝箧印经》，还藏有少量佛教徒王承益所造塔图（见图 6）。② 说明吴越国民间僧众曾以塔图替代造小塔，舍入大塔中供奉，可能此时塔图与《宝箧印经》的性质相似，均作为"法舍利"供养。

从唐宋辽金之际更广阔的地域审视《宝箧印经》的版本、流传体系，经过详细比对，可将塔藏的《宝箧印经》分作吴越版和契丹版两大类版本，两者不见互通、传承关系。③ 目前虽暂未发现五代吴越国民间僧俗摹刻、摹写的《宝箧印经》，但在北宋、辽金、高丽国统治地域的佛塔（含塔身、地宫、天宫）中，却发现了不少民间僧俗助缘的《宝箧印经》刻本、写本与石本。说明在这一阶段，《宝箧

---

　　① 浙江省文物考古研究所编：《雷峰遗珍》，文物出版社 2002 年版，第 66—67 页。

　　② 雷峰塔塔砖发现的王承益塔图为纸本版画，全卷长 47.6 厘米，纸高 6.8 厘米，塔图分四层，边作忍冬纹。每层外绘龛形，内画塔之一面，四塔前后相接。相关研究参见吴天跃：《宋代阿育王塔图像之演变——以南宋大足宝顶山"释迦舍利宝塔禁中应现之图"碑和雷峰塔塔砖藏"王承益塔图"为例》，《美育学刊》2020 年第 4 期。

　　③ 参见黎毓馨主编、浙江省博物馆编：《远尘离垢：唐宋时期的宝箧印经》，中国书店 2014 年版，第 28—41 页。其中，吴越版除了吴越国王钱俶刻印的丙辰本、乙丑本和乙亥本之外，还有高丽国统和二十五年丁未岁（1007）惣持寺刻本、瑞安慧光塔出土的五卷刻经等等。契丹版主要包括辽庆州白塔开泰十年刻经（节本）、辽庆州白塔刻经（节本）和金房山云居寺石经。吴越、契丹虽交流频繁，但选用的经本不同，按照黎毓馨的分析，吴越版的经本应为河东五台山经本，契丹版的经本为幽州本（燕本）。

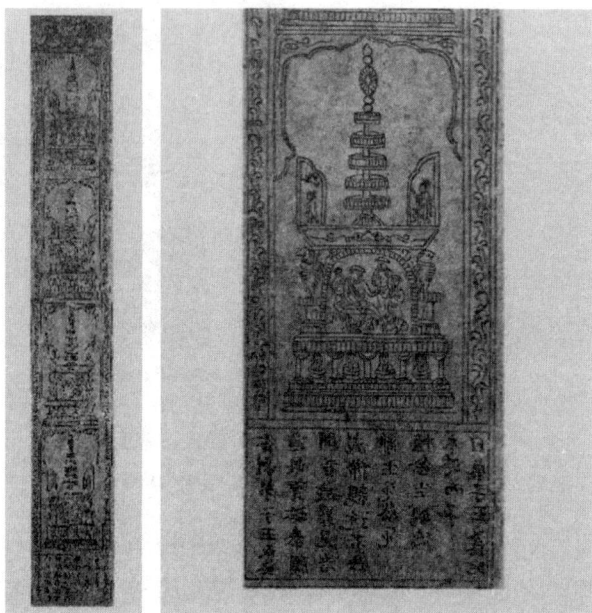

图 6  雷峰塔遗址出土带孔塔砖所藏 976 年王承益塔图及其局部,北京故宫博物院藏
(故宫博物院编:《故宫博物院藏品大系——绘画编 1:晋隋唐五代》,故宫出版社
2008 年版,第 268 页)

印经》仍然盛行不衰,且在地域上有了扩展。

　　通过前文的考证,道喜的《宝箧印经记》、南宋志磐的《佛祖统纪》均无法作为直接证据证明钱俶造塔与印经之缘由。考古发掘的材料也难以证实钱俶所造阿育王塔和《宝箧印经》之间的共存关系。以往学者的观点需要重新考虑。韩国学者周炅美和闫爱宾未仔细核实钱俶造塔与《宝箧印经》之间的贮存、装藏关系,将二者合为一体,径直称吴越国阿育王塔为"法舍利塔"或"宝箧印塔"。① 只有美国学者艾思仁（Soren Edgren）指出："金涂塔（即阿育王塔，笔者注）与 956 年经卷之间的关系也许只是象征性的，金涂塔只是用来保护少量的经卷，其余经卷则用于发行。同样，可能一定比例的经卷安放于雷峰塔（纪念宝塔落成），大部分用来流通和供奉。在虔诚佛教徒之间广泛的流通可揭示佛经的遗逸。"② 限于文章篇幅，他在正文中缺乏具体论证。下文将进一步说明《宝箧印经》的性质。

## 三、造"塔"纳经与"法舍利"供养

钱俶所刻的《宝箧印经》乃是一种"法舍利"，以代替身骨舍利。③

《宝箧印经》自身就宣称，若书写此经安置塔中，可获佛护念，

---

① 如韩国学者周炅美在《吴越国时代宁波阿育王塔及其影响》一文中指出："宁波阿育王塔与钱弘俶的八万四千塔相比有一定差异，阿育王塔为供奉真身舍利的小塔，而钱弘俶的八万四千塔供奉的是作为法舍利的《宝箧印经》。崇拜、敬仰佛祖的语录，将佛经或陀罗尼供奉于塔内之举在中国是没有先例的，应是此次初次在中国出现的舍利信仰。……也就是说，这八万四千塔的铸造源于具有护国性质的法舍利信仰，值得注意的是这样的先例亦见于统一新罗与高丽。"参见黎毓馨主编《吴越胜览国际学术研讨会论文集》，中国书店 2011 年版，第 137 页。如冒爱宾认为在钱俶时期，"阿育王塔以其与《宝箧印经》之间的关系而成为名副其实的'宝箧印塔'"。参见冒爱宾同济大学 2002 年硕士学位论文《宝箧印塔（金涂塔）及相关研究》，第 168 页。

② ［美］艾思仁（Soren Edgren）：《公元 956 年陀罗尼经》，黎毓馨主编：《吴越胜览国际学术研讨会论文集》，中国书店 2011 年版，第 193 页。

③ 自王国维以来，诸多学者对《宝箧印经》的属性更为关注，然而论证仍有偏颇之处。韩裔学者 Seunghye Lee 在 2013 年提交芝加哥大学的博士论文中，专设一章讨论吴越国阿育王塔，她指出 10 世纪吴越国舍利信仰的形式转变，从"身舍利"到"法舍利"供养，并与韩国同一时期的舍利信仰新变化展开比较，但对吴越国阿育王塔和《宝箧印经》之间的实际纳藏关系缺乏考察，得出的结论有待推敲。参见 Seunghye Lee, *Framing and framed：Relics，Reliquaries，and Relic Shrines in Chinese and Korean Buddhist Art from the tenth to the fourteenth centuries*，pp. 45－88，Universtiy of Chicago ，2013. 此外，Shi Zhiru 也同样认为这一时期舍利信仰完成了从"身舍利"到"法舍利"的转变，甚至提出钱俶造八万四千塔的行为不能仅从崇奉佛教来理解，还可以放在中国本土王权的神话和传说，比如"九鼎传说"的脉络中考察，她一一对应了钱氏家族寻找上虞县某处舍利等行为与九鼎传说的关系。参见 Shi Zhiru. "From Bodily Relic to Dharma Relic Stupa：Chinese Materialization of Aoka Legend in the Wuyue Period". John Kieschnick and Meir Shahare ed. ，*India in the Chinese Imagination：Myth，Religion，and Thought* ，pp. 97－99，University of Pennsylvania Press，2014.

兼具避祸趋福的功能:"若人书写此经置塔中者。是塔即为一切如来金刚藏窣堵波。亦为一切如来陀罗尼心秘密加持窣堵波。即为九十九百千俱胝如胡麻如来窣堵波。亦为一切如来佛顶佛眼窣堵波。即为一切如来神力所护。"①经中又云:"此是一切如来未来现在及已般涅槃者全身舍利。皆在宝箧陀罗尼中。是诸如来所有三身亦在其中。"②

既然《宝箧印经》之供养功德被推崇至如此高度,那么,将《宝箧印经》藏于宝塔之中以禳灾祈福就不足为奇了。需要说明的是,依据《宝箧印经》所造装藏供养此陀罗尼的宝塔即为"宝箧印塔",可以是诸种形制、材质的宝塔,并非特指吴越国阿育王塔,两者并没有一一对应关系,且《宝箧印经》卷首变相图中所绘窣堵波式大屋檐刹座宝塔,对应经文所述的"从朽塔处有七宝窣堵波自然涌出",并非吴越国阿育王塔形制。诸刻本卷首题记也与《宝箧印经》"书写此经安置塔中"的仪轨主张相吻合。③

唐宋交替之际的吴越国已有"法舍利"观念之流传。其佛教经典依据在吴越高僧珍视的《妙法莲华经》之《法师品》中一目了然:"在在处处,若说、若读、若诵、若书,若经卷所住处,皆应起七宝塔,极令高广严饰,不须复安舍利。所以者何?此中已有如来全身。"④

王国维先生早在 1927 年便特撰《显德刊本〈宝箧印陀罗尼经〉跋》一文,提出钱俶所刻《宝箧印经》的"法舍利"之说,并追溯其法承自印度。⑤《大唐西域记》摩揭陀国条云:"印度之俗,香抹

---

① 《大正藏》,第 19 册,No. 1022A。

② 《大正藏》,第 19 册,No. 1022A。

③ 吴越国《宝箧印经》的丙辰岁(956)刻本卷首有钱俶纪年题记,共四行三十六字:"天下都元帅吴越国王/钱弘俶印宝箧印经/八万四千卷在宝塔内供/养显德三年丙辰岁记",强调"宝塔内供养",虽未指明是大塔还是小塔。乙亥岁(975)刻本的卷首题记中也有"天下兵马大元帅吴越国王钱俶/造此经八万四千卷舍入西关/砖塔永充供养乙亥岁八月日记",直指"西关砖塔"雷峰塔。唯独乙丑岁(965)刻本未提入塔中供养。

④ 《大正藏》,第 9 册,No. 0262。

⑤ 王国维:《观堂集林(外二种)》之《观堂集林》卷第二十一(史林十三),河北教育出版社2001 年版,第 518 页。

为泥,作小窣堵波,高五六寸,书写经文以置其中,谓之法舍利。数渐盈积,建大窣堵波,总聚于内,常修供养。"①此处记载提示所谓"经文"先置于小窣堵波,待"数渐盈积,建大窣堵波"以常修供养。后世东南沿海吴越至宋造大塔以装藏小塔与经文的做法与此一致。"法舍利"的观念和仪轨实践从印度传至中国,在中国境内的实践应早于10世纪的吴越国,但尚未发现更早的实物证据。

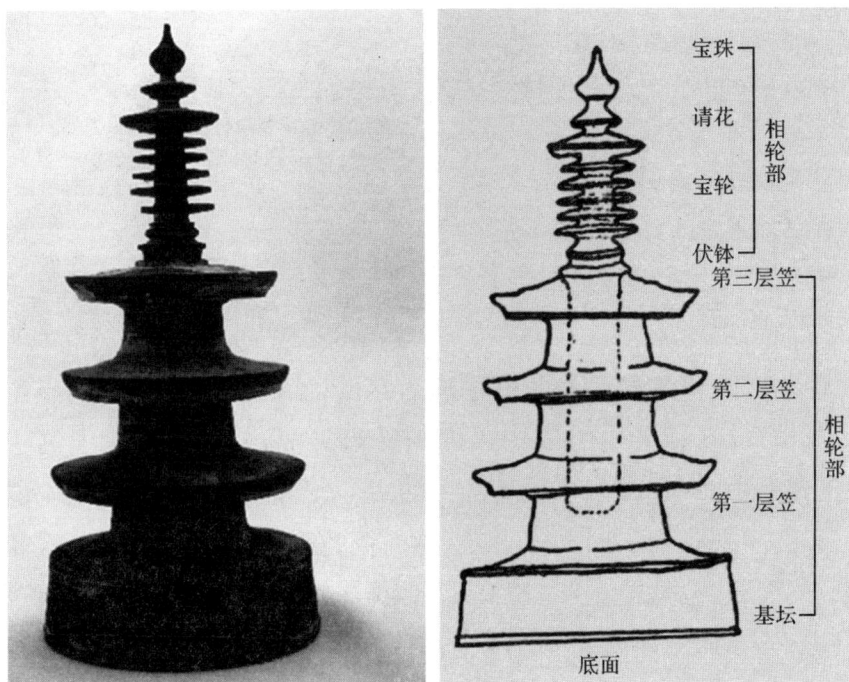

图7　左图为百万塔第1,塔身部、基坛底面墨书"元十二月廿八",日本静嘉堂文库藏右图为增田晴美所绘线图,塔身部中间虚线所示即用于纳藏陀罗尼经(左图采自增田晴美:《百万塔陀羅尼の研究—静嘉堂文庫所蔵本を中心に》,彩图版百万塔第1,右图采自同书第20页,汲古書院2007年版)

---

① 玄奘、辩机著,董志翘译注:《大唐西域记》,中华书局2012年版,第534页。

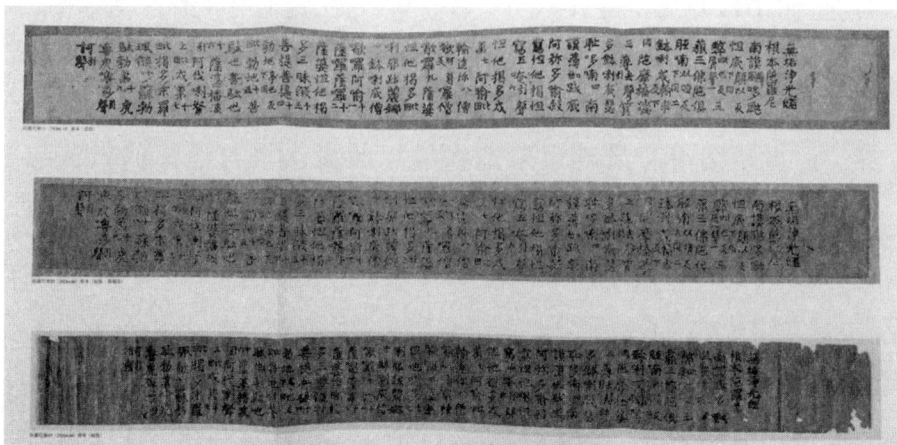

**图8** 《无垢净光陀罗尼经》刻本陀罗尼第 11（根本，长版）、第 25（根本，长版，异种版）和第 45（根本，短版），8 世纪，日本静嘉堂文库藏

（增田晴美：《百万塔陀羅尼の研究—静嘉堂文库所蔵本を中心に》，彩图版，无页码，汲古書院 2007 年版）

与钱俶造塔纳经时间最接近的案例，当数日本奈良时代宝龟元年（770）孝谦天皇为镇护国家与忏悔灭罪，雇一百五十七名工匠历时五年八个月制作的百万小木塔，塔内供养《无垢净光陀罗尼经》。① （见图 7、图 8）。该经卷的高度与钱俶刻印的《宝箧印经》高度相当，略窄一些，卷长则约为《宝箧印经》的五分之一至四分之一。《无垢净光陀罗尼经》和《宝箧印经》都是中古时期密宗的重要经典，且都被刻印成微缩版流通于世，刻版精美。韩国也有类似现象。②

不过，东南沿海地区吴越至两宋时期的《宝箧印经》装藏仍有

---

① 据增田晴美的测量，日本静嘉堂文库所藏的 40 座百万小木塔（见图 5）平均总高 21.5 厘米，塔身部高 13.0 厘米，相轮部高 8.5 厘米，中央上部的孔洞直径 2.2 厘米，深 8.5 厘米。孔洞用于纳藏黄麻纸印制的《无垢净光陀罗尼经》中的四部陀罗尼之一部，经卷分为长版和短版，高约 6.0 至 7.0 厘米，卷长约 47.0 至 60.0 厘米不等。［日］增田晴美：《百万塔陀羅尼の研究—静嘉堂文库所蔵本を中心に》，汲古書院 2007 年版，第 20 页。

② 笔者曾在韩国东国大学博物馆观摩该馆所藏的 5 座朝鲜半岛统一新罗时期（约 668—901，具体年代不详）的蜡石制小方塔（高约 8.0 厘米至 10.0 厘米之间）与小字版《无垢净光大陀罗尼经》刻经 1 卷。出土地不详。具体研究可参见韩政镐：《新罗无垢净小塔研究》第 8 期，第 35—58 页。

一些独创做法。

　　首先,目前考古发现的无论是钱俶还是民间僧众所造的吴越国阿育王塔,基本上埋藏在楼阁式塔的天宫、地宫当中,即将金属小塔装藏于大塔之中。

　　其次,在东南沿海地区吴越至宋的大塔中,也装藏了数量颇多的佛教经典。这些佛经有木刻和石刻等多种形式,装藏在佛塔的天宫、地宫当中。在中国东南沿海地区,五代至宋的舍利瘗埋与唐代所见,无论在结构还是内容上均极为不同。该地区唐代的舍利瘗埋多位于塔基下,并且未见有瘗藏经典的实例。[①]沈雪曼对五代至北宋江浙地区舍利塔内藏经经名及数量作了统计,以《妙法莲华经》《宝箧印经》等较为常见。[②]

　　最后,该区域吴越至宋的大塔往往同时装藏阿育王塔和佛经(未必是《宝箧印经》)的现象,被诸多学者所忽视。基于这些材料,笔者提出一种新的看法,或许当时的吴越官府与僧众是将整座阿育王小塔视为象征佛陀的"法身舍利"[③]和江南佛教圣物,而佛经是"法舍利",连同吴越地区特有的佛教题材线刻铜镜,[④]共同贮存于大塔营造的内部封闭空间,构成这一时期僧众舍利供养的实践。以钱俶所造的雷峰塔为例,经考古发掘发现,在大塔的天

――――――――――

　　① 冉万里:《中国古代舍利瘗埋制度研究》,文物出版社2013年版,第196—209页。

　　② 沈雪曼:《辽与北宋舍利塔内藏经之研究》附录四,第203—204页,"国立台湾大学"艺术史研究集刊编辑委员会编:《美术史研究集刊》第十二期抽印本,2002年。她分析了这些舍利塔内藏经的性质:"尽管少数个案中曾出现于末法之世传播佛法的决心,大多数江浙的经藏是在当地人们为求个人福报与解脱的前提下建立的。经卷作为供品项目之一,被人们舍入佛塔以换取佛陀的福荫。它们负有传达供养主的祈求的功能,并且被用以交换对等的利益。"参见同书,第184页。

　　③ 在各种针对舍利的分类中,大致可以分为佛舍利、法舍利和僧舍利。其中,佛舍利又可分为"生身舍利"(身骨舍利)与"法身舍利"。10至13世纪,汉传佛经中对佛舍利划分最清晰的是《大宝广博楼阁善住秘密陀罗尼经》(《大正藏》,第19册,No.1005A)。该经是不空所译诸陀罗尼经之一,与《宝箧印经》(主要流行也是不空译本)的整体语境非常接近,因此无论从历史年代、信仰实践的角度看,宝楼阁的舍利观念应该直接决定了对装藏阿育王小塔和《宝箧印经》的性质的认知。

　　④ 吴越国特有的佛教题材线刻铜镜,上刻释迦牟尼佛、四大天王、水月观音等尊像,出土于杭州雷峰塔、苏州瑞光塔、台州灵石寺塔等吴越至宋的佛塔之中,2016年发掘的上海青龙镇隆平寺塔地宫也出土了这样的线刻铜镜。区域性装藏实践的共性十分显著。关于吴越国线刻铜镜及其对日本影响的研究,参见[日]浣朝子:《東アジアにおける工芸を中心とした文物の様相とその交流:十世紀の呉越国をめぐって》,神户大学博士(文学)论文,甲第5126号,2010年。

宫、地宫当中瘗埋了集"真身舍利"与"法身舍利"于一身的两座银阿育王塔,以及装有所谓"法舍利"《宝箧印经》和"王承益塔图"的藏经砖,塔身基座四周又嵌有钱俶亲自题跋的石刻《华严经》,"法身舍利"与"法舍利"共同供养以传达"菩萨行"思想的意图十分明确。建于北宋初年的金华万佛塔和台州黄岩灵石寺塔的装藏方式也同样如此。

而这一造塔纳经仪轨实践的幕后倡议者,很可能是钱俶最倚重的力推印经弘法、禅净兼修的高僧永明延寿(904—975)。北宋赞宁(919—1002)的《宋高僧传》记述永明延寿:"汉南国王钱氏,最所钦尚,请寿行方等忏,赎物类放生。……诵《法华》计一万三千许部。多励信人,营造塔像,自无贮畜。"[①]而活跃于宋初的释元照(1048—1116)所撰《永明智觉禅师方丈实录》记载更为翔实:"乃结一万人弥陀社,曾亲手印弥陀塔十四万本,遍施寰海。……又印《楞严》《法华》《弥陀》《观音》等经,《佛顶》《大悲》等咒,普劝受持。"[②]"每日清旦,集徒百人,普为法界含生,礼《大佛名经》三十六卷一万五千佛,及礼阿育王塔、《梁武忏》、《法华经》。……甲戌年(974),开二十四应现观音像版,王赐钱千贯,用绢素印二万本。又开法界心图版,印七万本,辗转遍施,劝诱于人。"[③]其广印弥陀塔、观音像与经咒之举可谓虔敬至极。"又募缘造夹纻育王塔一万所,及请国家铸八万四千铁塔,与一切众生作得度缘。"[④]总之,吴越至宋造大塔以装藏小塔、刻印经咒塔图双管齐下,很可能是高僧力倡之下吴越国"法舍利"观念的特殊实践。

---

① 延寿著、于德隆点校:《永明延寿大师文集》附录三:永明大师传记资料《宋高僧传—宋钱塘永明寺延寿传》,九州出版社 2013 年版,第 499 页。

② 释元照:《永明智觉禅师方丈实录》,国家图书馆藏宋刻本,附于宋释行拱等所刊刻《心赋注》之后。载(五代)延寿著、于德隆点校《永明延寿大师文集》,九州出版社 2013 年版,第 494—495 页。

③ 同上,第 497 页。

④ 同上,第 497 页。

## 四、小 结

钱俶刻印《宝箧印经》、集中人力铸造塔幢，既为避祸趋福，又为五代末期紧张动乱局势所迫而寻求庇佑。[①] 此外，吴越国刻印经咒规模之大、数量之巨，并不亚于钱俶造八万四千塔之举。

本文重新解读了日僧道喜的《宝箧印经记》，并逐一考察钱俶所刻《宝箧印经》的贮存方式，发现钱俶所造阿育王塔与钱俶所刻《宝箧印经》，往往分离贮存，对以往学者的旧判提出质疑。根据目前的考古发现和文献梳理，《宝箧印经》乃是"法舍利"，吴越国阿育王塔则作为象征佛陀的"法身舍利"和江南佛教圣物加以供奉，小塔与佛经、吴越国特有的线刻佛镜共同装藏于东南沿海吴越至宋所造的大塔之中，构成了新的舍利瘗埋仪轨。造塔纳经的供奉实践很可能受到吴越高僧永明延寿的大力推动。10世纪以降，中国东南沿海特殊的舍利瘗埋实践，究竟与辽金、朝鲜半岛和日本存在何种异同与互动，将是下一步有待深入探讨的课题。

（本文原载于《世界宗教研究》，2020年第4期）

---

[①] 本文对吴越国王钱俶刻印《宝箧印经》的意图探讨暂不详细展开。赵永东认为初印二印《宝箧印经》是为祛病禳灾，而三印《宝箧印经》是为保身遣祸。"开宝七年对于吴越来说是不平静的一年。这年秋七月，宋廷诏钱俶助攻南唐。……（开宝八年）十一月，江南平，俶奉表贺，且请入觐。至九年正月，方启程入宋。对于宋廷的诏觐，钱俶看来确是忧心忡忡，于是便于开宝八年（975）八月三印《宝箧印经》，并将其藏入特制的塔砖内，以求得到讲究'报应'的佛家经咒的护佑，而身遣祸。"参见赵永东：《吴越国王钱俶三印〈宝箧印经〉与造金涂塔、雷峰塔的缘起》，《东南文化》2004年第1期，第72页。暂备一说。

# 吴越国茶文化在五代十国的地位

浙江农林大学　文法学院　关剑平

**摘　要:**今天的研究者对茶文化的研究多强调唐代,即便研究五代也还是概括性比较强。本文尝试把吴越国的茶文化放在中国茶文化的发展史上,尤其在唐宋的发展过程中来审视其地位。吴越国在唐宋研膏——蜡茶的发展变化中发挥了承上启下的作用,转型后的草茶仍然领导中国茶业发展,最终取代固形茶成为茶叶市场上的主要消费品种,其成果至今仍可以从日本抹茶窥见。

**关键词:**五代十国;吴越国;茶文化

唐代茶业迅速发展,产业规模的扩大引起朝廷的关注,开始对茶叶贸易征税。毫无疑问,产业扩大的基础是消费的增加,唐代的饮茶在中原达到"比屋之饮",即家家户户都在饮茶的普及程度,在边疆地区至少形成了茶马贸易的雏形,不管是生产技术还是消费文化也都传播到了整个东亚。之后的宋代茶文化发展到了极致的程度,榷茶制度在国家经济中扮演了重要的角色,尤其是直接贡献于国防。学界、业界、文化界都对于唐宋时期的茶文化有高度的评价,但是对于五代(907—960)十国(902—979)的茶文化往往是因为作为唐的延续,比如人物还健在,不得不说一下而已。五代朝代更迭频繁,而且几个政权分立,本不是令人自豪的时代,而且时代短暂,发端的事情也没有显示出意义所在,没有通史的眼光很难准确评价。于是今天的研究者即便以唐五代为研究的时间对象也多强调唐代,①即便研究五代也因为宋代的影响而关注福建,②也有进一步聚焦研究对象的尝试,③但是还是概括性比较强。本文尝试把吴越国的茶文化放在中国茶文化的发展史上,尤其在唐宋的发展过程中来审视其地位。

## 一、五代十国茶文化概况

五代是指唐朝灭亡后依次定都于中原地区的五个朝代,即后梁、后唐、后晋、后汉、后周。在唐末、五代及宋初,中原地区之外存在过许多割据政权,其中前蜀、后蜀、南吴、南唐、吴越、闽、楚、南汉、南平(荆南)、北汉等十余个割据政权被后世史学家统称十国。五代十国虽然是一个分裂的时代,但是茶作为安抚心灵的嗜好饮料,战乱中也同样有需求。更何况茶在唐代后期发展势头迅猛,五代十国也乘此东风继续发展,为之后宋代茶文化的极致性发展奠定了扎实的基础。由此看来,五代十国的茶文化具有承上启下的作用。

即便在北方,饮茶习俗也同样延续着唐代的繁荣景象。五代文学家、法医学家和凝(898—955)是郓州须昌(今山东东平)人。后梁末帝乾化四年(914)明经及第。二年后进士及第。其好文学,长于短歌艳曲。郓州节度使贺瑰聘他为府中从事。胡柳陂(今山东濮县西南)一战,后梁军大溃,贺瑰在护兵的保护下冲出

---

① 陶德臣:《唐五代茶业技术述论》,《贵州茶叶》2010 年,第 38 卷第 1 期,第 36—38 页;林家骊、杨健:《唐五代茶诗的发展演变及其文化风貌》,《浙江树人大学学报》(人文社会科学版)2011 年第 11 卷第 4 期,第 52—57 页;章丽:《唐五代时期茶叶贸易中的走私问题探究》,《古今农业》2014 年第 3 期,第 78—83 页。

② 徐晓望:《唐末五代福建茶业考》,《福建茶叶》1991 年第 1 期,第 38—42 页。

③ 罗婵玉、金寿贤、孙云:《五代十国时期的南北茶饮文化特征》,《福建茶叶》2016 年第 38 卷第 11 期,第 285—287 页;徐午苗:《诗僧齐己与湘茶》,《湖南城市学院学报》2012 年第 33 卷第 2 期,第 22—28 页。

重围逃跑,最后只剩下和凝一人紧跟不舍,还救了贺瑰一命。后唐时官至中书舍人,工部侍郎。后晋天福五年（940）拜中书侍郎同中书门下平章事。入后汉,封鲁国公。后周时,赠侍中。"和凝在朝率同列递日以茶相饮,味劣者有罚,号为汤社。"①

胡峤《飞龙磵饮茶》诗曰:"沾牙旧姓馀甘氏,破睡当封不夜侯。"新奇哉! 峤宿学,雄材未达,为耶律德光所虏北去,后间道复归。②

胡峤在辽任宣武军节度使萧翰的掌书记,翰因谋反被诛,胡峤居契丹七载,于周广顺三年逃归。这样一位北方人也留下了茶的诗作。不过下面的史料更能说明北方饮茶的普遍性:

进士于则谒外亲于汧阳,未至十余里,饭于野店。旁有紫荆树,村民祠以为神,呼曰紫相公。则烹茶,因以一杯置相公前,策马径去。是夜,梦峨冠紫衣人来见,自陈:"余则紫相公,主一方菜蔬之属隶,有天平吏掌丰,辣判官主俭,然皆嗜茶,而奉祠者鲜以是品为供。荷蒙厚饮,可谓非常之惠。"因口占赠诗曰:"降酒先生风韵高,搅银公子更清豪。碎牙粉骨功成后,小碾当衔马脚槽。"盖则是日以小分须银匙打茶,故目为"搅银公子"。则家业蔬圃中祠之,年年获收。③

北周天和五年（570）于马牢故城（今陕西千阳县西北）设汧阳。千阳县在西安与天水之间,宝鸡以北。在这样的地方烹茶,顺手以茶供神,一切都是自然而然。

---

① 陶毅、吴淑:《历代笔记小说大观》,上海古籍出版社 2012 年版,第 101 页。
② 陶毅、吴淑:《历代笔记小说大观》,上海古籍出版社 2012 年版,第 102 页。
③ 陶毅、吴淑:《历代笔记小说大观》,上海古籍出版社 2012 年版,第 116—117 页。

宋代茶叶生产中心在福建建阳，建茶代表着茶叶生产的最高水准，北苑专门生产供朝廷使用的蜡茶，而建阳的茶叶生产在五代格外受关注，大有取代湖州领导中国茶叶发展之势：

> 显德（954—960年，后周太祖郭威开始使用的年号，其后世宗柴荣在元年正月即位沿用）初，大理徐恪见贻卿信锭子茶，茶面印文曰玉蝉膏，一种曰清风使。恪，建人也。①

得到"玉蝉膏"的陶谷特别强调了送礼人徐恪是建人，间接地传达了玉蝉膏是建茶的信息。看来建茶在五代已经很著名。下面的引文里还会出现"建州茶膏"，表明建茶已经研磨成膏，并成为建茶的重要标志。闽国朝廷上下也把茶视为荣誉：

> 伪闽甘露堂前两株茶郁茂婆娑，宫人呼为清人树。每春初，嫔嫱戏摘新芽，堂中设倾筐会。②

闽帝王鏻在永和元年（935）二月设倾筐会，宾妃以采茶为乐。清史梦兰作宫词使用了这个典故：

> 那用茶膏献耐重，清人树独郁葱茏。
> 堂前共作倾筐会，摘得新芽带露浓。③
> 伪唐徐履掌建阳茶局。弟复治海陵盐政，监检烹炼之亭榜曰金卤。履闻之，洁敞焙舍，命曰玉茸。④

盐与茶是当时两大朝廷专卖商品，徐履、徐复兄弟掌握着经

---

① 陶毂、吴淑：《历代笔记小说大观》，上海古籍出版社2012年版，第101页。
② 陶毂、吴淑：《历代笔记小说大观》，上海古籍出版社2012年版，第101页。
③ 史梦兰著，黑土、水秀校注：《全史宫词》，大众文艺出版社1999年版，第366页。
④ 陶毂、吴淑：《历代笔记小说大观》，上海古籍出版社2012年版，第16页。

济命脉的关联工作。这里的建阳茶局是北苑的前身。不过建茶
的发展在唐末已经出现端倪:

> 孙樵《送茶与焦刑部书》云:"晚甘侯十五人,遣侍斋
> 阁。此徒皆请雷而摘,拜水而和,盖建阳丹山碧水之乡,
> 月涧云龛之品,慎勿贱用之。"①

建阳作为最高品质的茶叶产地,不仅提供给朝廷,当地人也
消费,拥有浓厚的饮茶风气,斗茶盛行,并影响着宋一代。宋代斗
茶非建盏不用,而重视建盏的取向在五代也已经形成:

> 闽中造盏,花纹鹧鸪斑点,试茶家珍之,因展蜀画鹧
> 鸪于书馆。江南黄是甫见之,曰:"鹧鸪亦数种,此锦地
> 鸥也。"②

宋代有很多对于建盏使用鹧鸪斑的说法,比如释惠洪
(1071—1128)在《与客啜茶戏成》中说:

> 道人要我煮温山,似识相如病里颜。
> 金鼎浪翻螃蟹眼,玉瓯绞刷鹧鸪斑。
> 津津白乳冲眉上,拂拂清风产腋间。
> 唤起晴窗春昼梦,绝怜佳味少人攀。③

全诗描述了一次茶会的全过程,从缘起到功用都有交代,在
点茶方面不仅提到了建盏鹧鸪斑,还间接涉及茶筅。不过,相比

---

① 陶毂、吴淑:《历代笔记小说大观》,上海古籍出版社 2012 年版,第 102 页。孙樵字隐之。
大中九年(855 年,唐宣宗李忱的年号)进士。广明(880—881,唐僖宗李儇的年号)初,狂寇犯阙,
赴岐陇,授职方员外。

② 陶毂、吴淑:《历代笔记小说大观》,上海古籍出版社 2012 年版,第 56 页。

③ 释惠洪:《注石门文字禅 卷十》,中华书局 2012 年版,第 437 页。

之下,秦观(1049—1100)的三首《满庭芳》对于建茶、建盏的描述更加经典,给予后世很大的影响,惠洪也不例外:

### 味茶

北苑研膏,方圭圆璧,万里名动京关。碎身粉骨,功合上凌烟。尊俎风流战胜,降春睡、拓愁边。纤纤捧,香泉溅乳,金缕鹧鸪斑。

相如方病酒,一觞一咏,宾有群贤。便扶起,灯前醉玉颓山。搜揽胸中万卷,还倾动、三峡词源。归来晚,文君未寝,相对小妆残。

### 又

晓色云开,春随人意,骤雨方过还晴。高台方榭,飞燕蹴红英。舞困榆钱自落,秋千外、绿水桥平。东风里,朱门映柳,低按小秦筝。

多情行乐处,珠钿翠盖,玉辔红缨。渐酒空金榼,花困蓬瀛。豆蔻梢头旧恨,十年梦、屈指堪惊。凭阑久,疏烟淡日,寂寞下芜城。

### 茶词

雅燕飞觞,清谈挥尘,使君高会群贤。密云双凤,初破缕金团。窗外炉烟似动,开尊试、一品香泉。轻涛起,香生玉乳,雪溅紫瓯圆。

娇鬟宜美盼,双擎翠袖,稳步红莲。坐中客翻愁,酒醒歌阑。点上纱笼画烛,花骢弄、月影当轩。频相顾,余欢未尽,欲去且留连。[①]

三首词描写了茶的各个方面,比如其中鹧鸪斑前的金缕是一款名茶,全称为"缕金耐重儿":

---

① 秦观著,徐培均校注:《淮海居士长短句》,上海古籍出版社1985年版,第99—108页。

有得建州茶膏,取作耐重儿八枚,胶以金缕,献于闽
王曦(939—944年在位)。遇通文之祸,为内侍所盗,转
遗贵臣。①

鉴于本文主题,仅用来证明宋代茶文化对于五代的继承发
展,不做全面解读。五代的点茶技术本身也日益讲究,出现了苏
廙《十六汤品》专门论述烹点茶所用的水,宋代茶文化的极致也就
是这样发展而来的:

苏廙《仙芽传》第九卷载作汤十六法,以谓汤者茶之
司命,若名茶而滥汤,则与凡末同调矣。煎以老嫩,言者
凡三品;自第一至第三。注以缓急,言者凡三品;自第四
至第六。以器标者共五品;自第七至第十一。以薪论者
共五品。自第十二至十六。②

可见唐末五代已经高度重视茶汤的烹点,由此出现了一些以
擅长烹点茶汤著称的人:

吴僧文了善烹茶,游荆南。高保勉白子季兴(858—
929,南平,又称荆南开国君主)延置紫云庵,日试其艺。
保勉父子呼为汤神,奏授华定水大师上人,目曰乳妖。③

而茶汤游戏更是流行一时:

馔茶而幻出物象于汤面者,茶匠通神之艺也。沙门
福全生于金乡,长于茶海,能注汤幻茶成一句诗,并点四

---

① 陶穀、吴淑:《历代笔记小说大观》,上海古籍出版社2012年版,第101页。
② 陶穀、吴淑:《历代笔记小说大观》,上海古籍出版社2012年版,第98页。
③ 陶穀、吴淑:《历代笔记小说大观》,上海古籍出版社2012年版,第101页。

瓯共一绝句,泛乎汤表,小小物类,唾手办耳。檀越日造门求观汤戏,全自咏曰:"生成盏里水丹青,巧画工夫学不成。却笑当时陆鸿渐,煎茶赢得好名声。"①

茶至唐始盛,近世有下汤运匕,别施妙诀,使汤纹水脉成物象者。禽兽虫鱼花草之属,纤巧如画,但须臾即就散灭。此茶之变也,时人谓之茶百戏。②

漏影春,法用镂纸贴盏,糁茶而去纸,伪为花身,别以荔肉为叶,松实鸭脚之类珍物为蕊,沸汤点搅。③

这里的生成盏、茶百戏、漏影春所使用的手法各不相同,可见茶的游戏种类很丰富。不过也有把茶放在信仰层面的故事:

吴僧梵川誓愿燃顶供养双林傅大士,自往蒙顶结庵种茶,凡三年,味方全美,得绝佳者圣杨花、吉祥蕊、共不逾五斤,持归供献。④

使用茶元素的化妆品今天作为茶叶深加工产品备受青睐,建阳对于茶产品的开发还有今人所难以想象的项目:

江南晚季,建阳进茶油花子,大小形制各别,极可爱。宫嫔缕金于面,皆以淡妆,以此花饼施于额上,时号北苑妆。⑤

由此可见,五代十国时期对于茶的应用非常广泛,对于今天也不乏借鉴、启发之处。不过就现有史料来说,建州的地域色彩

---

① 陶穀、吴淑:《历代笔记小说大观》,上海古籍出版社2012年版,第102页。
② 陶穀、吴淑:《历代笔记小说大观》,上海古籍出版社2012年版,第103页。
③ 陶穀、吴淑:《历代笔记小说大观》,上海古籍出版社2012年版,第103页。
④ 陶穀、吴淑:《历代笔记小说大观》,上海古籍出版社2012年版,第101页。
⑤ 陶穀、吴淑:《历代笔记小说大观》,上海古籍出版社2012年版,第77页。

特别强烈,吴越国是中国传统的饮茶地区,同时也是最重要的产茶地区,再看一例浙江的饮茶史料:

> 皮光业最耽茗事。一日,中表请尝新柑,筵具殊丰,簪绂丛集。才至,未顾尊罍而呼茶甚急。径进一巨瓯,题诗曰:"未见甘心氏,先迎苦口师。"众噱曰:"此师固清高,而难以疗饥也。"①

皮光业主要生活在五代,唐末为余杭从事。尽管此故事讲的是个人,但是也可以作为吴越国饮茶、嗜茶者的代表吧。

## 二、承前启后的吴越国茶文化

仕于前、后蜀的毛文锡著有《茶谱》,是五代时期唯一一部具体记载茶叶的茶书,可惜已经散佚,不过由于其内容翔实可靠,尤其被宋人大量引用,从这些引文中还可以窥见五代十国的茶叶概况,由此编制了《十国茶叶产地一览表》。②

从表中可以看出,南唐和后蜀的茶叶产地比较多,吴越国不仅产地相对数量少,而且内容也不丰富。历史遗产似乎是最宝贵的部分,湖州的紫笋是唐代的名茶。福州的腊面是蜡茶,尽管行政上属于吴越国,但毕竟与南唐的剑州、建州无论在自然地理位置上,还是在文化传统上都更接近,而且福州纳入吴越国版图也是后来的事情。前文概观五代十国茶文化时,建阳的茶非常引人注目。众所周知,晋、唐以来湖州引领着中国茶业的发展,其象征就是御茶园以及贡茶,社会各界的消费者、生产者也给予顾渚紫笋高度的评价。尽管如此,到了宋代,建阳却后来居上,生产蜡

---

① 陶穀、吴淑:《历代笔记小说大观》,上海古籍出版社 2012 年版,第 103 页。
② 吴淑:《事类赋注》,中华书局 1989 年版。

茶,而蜡茶是中国标志性茶叶品种。《宋史》记载:

> 茶有二类,曰片茶,曰散茶。片茶蒸造,实棬摸中串之,唯建、剑则既蒸而研,编竹为格,置焙室中,最为精洁,他处不能造。有龙、凤、石乳、白乳之类十二等,以充岁贡及邦国之用。[①]

由于建茶的重要性,宋代非常关注其历史,曾经负责监造北苑贡茶的熊蕃、熊克父子就进行了考察:

> 陆羽《茶经》、裴汶《茶述》皆不第建品。说者但谓二子未尝至闽,而不知物之发也固自有时。盖昔者山川尚閟,灵芽未露。至于唐末,然后北苑出为之最。是时伪蜀词臣毛文锡作《茶谱》,亦第言建有紫笋,而腊面乃产于福。五代之季,建属南唐,[南唐保大三年(945),俘王延政而得其地。]岁率诸县民,采茶北苑。初造研膏,继造腊面。[丁晋公《茶录》载泉南老僧清锡,年八十四,尝视以所得李国主书寄研膏茶,隔两岁方得腊面,此其实也。至景佑(1034—1038,宋仁宗赵祯的年号)中,监察御史丘荷撰《御泉亭记》,乃云唐季敕福建罢贡橄榄,但赞腊面茶,即腊面产于建安明矣。荷不知腊面之号始于福,其后建安始为之。按唐《地理志》福州贡茶及橄榄。建州惟贡練练,未尝贡茶。前所谓"罢供橄榄,惟赞腊面茶"皆为福也。庆历初,林世程作《闽中记言》,福茶所产在闽县十里,且言往时建茶未盛,本土有之,今则土人皆食建茶。世程之说盖得其实,而晋公所记腊面起于南唐,乃建茶也。][②]

---

① 脱脱等:《宋史》卷一百八十三,中华书局1977年版,第4477页。
② 熊蕃:《宣和北苑贡茶录》,中华书局1991年版,第5—8页。

按照熊蕃的说法，腊面是研膏的升级产品。《旧唐书·哀帝本纪》记载：

> 丙申，敕："福建每年进橄榄子，比因阉竖出自闽中，牵于嗜好之间，遂成贡奉之典。虽嘉忠荩，伏恐烦劳。今后只供进蜡面茶，其进橄榄子宜停。"[①]

由此看来，腊面茶的技术在唐末已经有了。至于研膏与腊面之间的区别还不明确，但是似乎没有原则性区别，"自建茶入贡，阳羡不复研膏，秖谓之草茶而已"。[②] 如果研膏与腊面有很大的区别，它们就成为不同种类的茶，而事实上一旦建茶的蜡茶被社会认可，阳羡的紫笋就没有研膏的意义了，不研膏的紫笋也就成了草茶。这里想说的是研膏技术最早应用于紫笋，因为大中十年（856）进士李郢在《茶山贡焙歌》中说："蒸之馥之香胜梅，研膏架动轰（一作声）如雷。"[③]这里具体指湖州顾渚紫笋，其技术来源是阳羡紫笋。《唐义兴县新修茶舍记》记载：

> 义兴贡茶非旧也。□前此故御史大夫李栖筠实典是邦，山僧有献佳茗者，会客尝之。野人陆羽以为芬香甘辣冠于他境，可荐于上。栖筠从之。始进万两，此其滥觞也。厥后因之，征献寖广，遂为任土之贡，与常职之邦侔矣。每岁选匠征夫至二千余人云。尝谓后世，士大夫区区以口腹玩好之献为爱君，此与宦官、宫妾之见无异，而其贻患百姓，有不可胜言者。如贡茶至末事也，而调发之扰犹如此，况其甚者乎？羽盖不足道。於乎！孰谓栖筠之贤而为此乎？书之可为后来之戒，且以见唐世

---

① 刘昫等：《旧唐书》卷二十，中华书局 1975 年版，第 797 页。

② 葛立方：《韵语阳秋》，上海古籍出版社 1984 年版，第 73 页。

③ 王全等点校：《全唐诗》，中华书局 1960 年版，第 6846—6847 页。

义兴贡茶自羽与栖筠始也。①

大历二年（767）开始，陆羽在宜兴生活了一段时间，鉴赏、推荐宜兴紫笋茶盖在这个时期。由于进贡数量多达"万两"（约 413 千克），顾渚又是界山，湖州自然而然地参加进来，何况还有行政的干预：

> 旧编云：顾渚与宜兴接唐代宗以其岁造数多遂命长兴均贡自大历五年始分山析造岁有客额罱有禁令诸乡茶芽置焙于顾渚以刺史主之观察使总之裴文茶录云顾渚蕲阳蒙山最上其次寿州阳羡代宗以其岁造数多，遂命长兴均贡，自大历五年（770）始分山析造，岁有客额，罱有禁令。诸乡茶芽，置焙于顾渚，以刺史主之，观察使总之。

之后生产规模扩大，生产中心转到了湖州长兴，其实茶山本是湖州、常州的界山：

> 唐茶品虽多，亦以蜀茶为重。然惟湖州紫笋入贡，每岁以清明日贡到，先荐宗庙，然后分赐近臣。紫笋生顾渚，在湖、常二境之间。当采茶时，两郡守毕至，最为盛会。②

虽说贡茶院建在湖州一方，但是每年制茶的季节，湖州、常州刺史都要聚会，被视为盛事，成为话题，以至身为姑苏太守的白居易心生羡慕之情，撰写了《夜闻贾常州崔湖州茶山境会，想羡欢

---

① 赵明诚：《金石录》卷二十九，文物出版社。
② 胡仔著，廖德明校点：《苕溪渔隐丛话·后集》，人民文学出版社 1962 年版，第 314 页。

宴,因寄此诗》。①

从《十国茶叶产地一览表》上也可以看出,蜡茶的产地并非只有建阳,但是建阳是蜡茶的标志性产地,质优量大。于是,两浙放弃了研膏技术的进一步使用,但是两浙茶业并没有因此荒废,而是成了草茶的生产中心,即便在元代也有"建芽浙茗"②的说法,两浙茶业还是处于与建州抗衡的地位:

> 腊茶出于剑、建,草茶盛于两浙。两浙之品,日注为第一。自景祐(1034—1038 年)以后,洪州双井白芽渐盛,近岁制作尤精,囊以红纱,不过一二两,以常茶十数斤养之,用辟暑湿之气。其品远出日注上,遂为草茶第一。③

这个改革的成果在宋初就显示出来了:

> 开宝(968—976 年)中,窦仪以新茶饮余,味极美,盒面标云"龙陂山子茶"。龙陂是顾渚之别境。④

对于两浙地区为什么转产宋赵汝砺有一个解释:

> 盖建茶味远而力厚,非江茶之比。江茶畏流其膏,建茶惟恐其膏之不尽。膏不尽,则色味重浊矣。⑤

以技术的角度分析,两浙茶树是小叶种,滋味相对淡薄;而福建是中叶种,滋味浓重。《北苑别录》将蜡茶的工艺流程总结为:

---

① 白居易:《白居易集笺校》,上海古籍出版社 1988 年版,第 1659 页。
② 王祯:《农书》卷十,中华书局 1956 年版,第 112 页。
③ 欧阳修等:《历代笔记小说大观》,上海古籍出版社 2012 年版,第 13 页。
④ 陶毂、吴淑:《历代笔记小说大观》上海古籍出版社 2012 年版,第 101 页。
⑤ 赵汝砺:《北苑别录》,中华书局 1985 年版,第 5 页。

开焙—采茶—拣茶—蒸茶—榨茶—研茶—造茶—过黄。①经过榨茶的工艺,茶叶所含汁水被充分榨出舍弃,蜡茶的整体滋味符合了当时的审美。另外,宋代气候相比于唐代气温降低,要赶在清明喝上研膏工艺的新茶,湖州无法完成。尽管两浙放弃了自己孕育的研膏技术,但是两浙为宋代茶叶技术的发展做出了巨大的贡献。而且,浙江的散茶技术之后被荣西带回日本,成为今天日本抹茶的原型,由此评价两浙的草茶技术,又可以看出其世界性的贡献。

## 三、小 结

因为前有唐代,后有宋代,而使得五代十国往往被忽视,就茶来说,其历史地位还是值得肯定的。其中的吴越国在唐宋研膏——蜡茶的发展变化中发挥了承上启下的作用,转型后的草茶仍然领导了中国茶业发展,最终取代固形茶成为茶叶市场上的主要消费品种,其成果至今仍可以从日本抹茶窥见。

**参考文献**

[1] 陶德臣,唐五代茶业技术述论[J].贵州茶叶,2010,38(1).

[2] 林家骊,杨健.唐五代茶诗的发展演变及其文化风貌[J].浙江树人大学学报(人文社会科学版),2011,11(4).

[3] 章丽.唐五代时期茶叶贸易中的走私问题探究[J].古今农业,2014(3).

[4] 徐晓望.唐末五代福建茶业考[J].福建茶叶,1991(1).

[5] 罗婵玉,金寿贤,孙云.五代十国时期的南北茶饮文化特征[J].福建茶叶,2016,38(11).

---

① 赵汝砺:《北苑别录》,中华书局1985年版,第3—7页。

[6] 徐午苗.诗僧齐己与湘茶[J].湖南城市学院学报,2012,33(2).

[7] 陶毂,吴淑.历代笔记小说大观 清异录 江淮异人录[M].上海:上海古籍出版社.2012.

[8] 史梦兰著;黑土,水秀校注.全史宫词[M].北京:大众文艺出版社,1999.

[9] 释惠洪.注石门文字禅 卷十[M].北京:中华书局,2012.

[10] 秦观;徐培均校注.淮海居士长短句[M].上海:上海古籍出版社,1985.

[11] 吴淑.事类赋注[M].北京:中华书局,1989.

[12] 脱脱等.宋史[M].北京:中华书局,1977.

[13] 熊蕃.宣和北苑贡茶录[M].北京:中华书局,1991.

[14] 刘昫等.旧唐书[M].北京:中华书局,1975.

[15] 葛立方.韵语阳秋[M].上海:上海古籍出版社,1984.

[16] 王全等点校.全唐诗[M].北京:中华书局,1960.

[17] 赵明诚.金石录 第8册 卷二十九[M].北京:文物出版社.

[18] 胡仔,廖德明校点.苕溪渔隐丛话(后集)[M].北京:人民文学出版社.1962.

[19] 白居易.白居易集笺校[M].上海:上海古籍出版社.1988.

[20] 王祯.农书 卷十[M].北京:中华书局.1956.

[21] 欧阳修等.历代笔记小说大观 归田录[M].上海:上海古籍出版社,2012.

[22] 赵汝砺.北苑别录[M].北京:中华书局.1985.